20
24

Rafael
CALMON
COORDENADOR

Ensaios Sobre
DIREITO PROCESSUAL
das FAMÍLIAS

*Estudos em Homenagem ao
Professor Cristiano Chaves de Farias*

Adriana Sayuri Okayama • Alexandre Chaves • Alina Bueno Pessoa Toledo • Aline Trigueiro do Rosario • Ana Elisa Coelho Miranda Menezes • Ana Lígia Cagliari Homem de Mello • Ana Luiza Pires Moreira • Ana Maria Moreira Marques • Ana Rachel de Miranda Ferreira Carneiro • Analuísa de Freitas • Andréia Luz de Medeiros • Anelise Arnold • Bárbara Xavier Figueiredo • Betina Kasper Glasser • Caio Aleksander Jacob Gomes de Oliveira • Camilla Amaral de Paula Caetano • Charles Lucas Dias • Clarice Calgarotto • Cláudia Brandão Carneiro da Cunha • Cláudia Sanches Magalhães Tunes Rodrigues • Daniel Calado • Diane Capponi Gisler • Eduardo G. Amorim • Elaine Abud • Elton Costa • Fernanda Barros • Flávia Cristina Pagnoncelli Corrêa • Flávia Gomes do Nascimento • Gianne Bezerra • Helio Sischini de Carli • Iêda Coêlho • Jaqueline Prestes Ferreira • Judith Fernanda Oliveira de Cerqueira • Juliana de Britto Mello • Juliana Travassos Siqueira • Karina Pereira Antunes • Karla Pereira Fortuna • Larissa Brecht Reche Feitosa • Letícia Peres Silva • Liza Jung • Márcia Fátima da Silva Giacomelli • Mariana Pena Costa e Costa • Milena Seidl • Mônica Engelmann • Monique Caroline Silva Rodrigues • Naara Pedrosa • Nicean Ribeiro Paiva • Nilson Portela Ferreira • Pamella Suelen de Oliveira Alves • Patrícia Rosado Ribeiro • Patricia Torres • Priscilla Silva Ferreira Barbosa • Silvana Lima de Oliveira • Simone Porter • Talissa Caldonazo • Thatiana Biavati • Valéria Cristina de Oliveira Silva Lima • Vitória Krawczenko Feitoza Mello • Viviane Raniel • Yuri Vargas

Dados Internacionais de Catalogação na Publicação (CIP) de acordo com ISBD

E59

Ensaio sobre direito processual das famílias: estudos em homenagem ao Prof. Cristiano Chaves de Farias / coordenado por Rafael Calmon. - Indaiatuba, SP : Editora Foco, 2024.

256 p. : 16cm x 23cm.

Inclui bibliografia e índice.

ISBN: 978-65-5515-980-6

1. Direito. 2. Direito familiar. I. Calmon, Rafael. II. Título.

2023-3617

CDD 342.16   CDU 347.61

Elaborado por Vagner Rodolfo da Silva – CRB-8/9410

Índices para Catálogo Sistemático:

1. Direito familiar 342.16

2. Direito familiar 347.61

Rafael
CALMON
COORDENADOR

Ensaios Sobre
DIREITO PROCESSUAL
das FAMÍLIAS

Estudos em Homenagem ao
Professor Cristiano Chaves de Farias

Adriana Sayuri Okayama • *Alexandre* Chaves • *Alina* Bueno Pessoa Toledo • *Aline* Trigueiro do Rosario • *Ana* Elisa Coelho Miranda Menezes • *Ana Lígia* Cagliari Homem de Mello • *Ana Luiza* Pires Moreira • *Ana Maria* Moreira Marques • *Ana Rachel* de Miranda Ferreira Carneiro • *Analuísa* de Freitas • *Andréia* Luz de Medeiros • *Anelise* Arnold • *Bárbara* Xavier Figueiredo • *Betina* Kasper Glasser • *Caio Aleksander* Jacob Gomes de Oliveira • *Camilla* Amaral de Paula Caetano • *Charles Lucas* Dias • *Clarice* Calgarotto • *Cláudia* Brandão Carneiro da Cunha • *Cláudia* Sanches Magalhães Tunes Rodrigues • *Daniel* Calado • *Diane* Capponi Gisler • *Eduardo* G. Amorim • *Elaine* Abud • *Elton* Costa • *Fernanda* Barros • *Flávia Cristina* Pagnoncelli Corrêa • *Flávia* Gomes do Nascimento • *Gianne* Bezerra • *Helio* Sischini de Carli • *Iêda* Coêlho • *Jaqueline* Prestes Ferreira • *Judith Fernanda* Oliveira de Cerqueira • *Juliana* de Britto Mello • *Juliana* Travassos Siqueira • *Karina* Pereira Antunes • *Karla* Pereira Fortuna • *Larissa* Brecht Reche Feitosa • *Letícia* Peres Silva • *Liza* Jung • *Márcia Fátima* da Silva Giacomelli • *Mariana* Pena Costa e Costa • *Milena* Seidl • *Mônica* Engelmann • *Monique Caroline* Silva Rodrigues • *Naara* Pedrosa • *Nicean* Ribeiro Paiva • *Nilson* Portela Ferreira • *Pamella Suelen* de Oliveira Alves • *Patrícia* Rosado Ribeiro • *Patricia* Torres • *Priscilla* Silva Ferreira Barbosa • *Silvana* Lima de Oliveira • *Simone* Porter • *Talissa* Caldonazo • *Thatiana* Biavati • *Valéria Cristina* de Oliveira Silva Lima • *Vitória* Krawczenko Feitoza Mello • *Viviane* Raniel • *Yuri* Vargas

2024 © Editora Foco

Coordenador: Rafael Calmon

Autores: Adriana Sayuri Okayama, Alexandre Chaves, Alina Bueno Pessoa Toledo, Aline Trigueiro do Rosario, Ana Elisa Coelho Miranda Menezes, Ana Lígia Cagliari Homem de Mello, Ana Luiza Pires Moreira, Ana Maria Moreira Marques, Ana Rachel de Miranda Ferreira Carneiro, Analuísa de Freitas, Andréia Luz de Medeiros, Anelise Arnold, Bárbara Xavier Figueiredo, Betina Kasper Glasser, Caio Aleksander Jacob Gomes de Oliveira, Camilla Amaral de Paula Caetano, Charles Lucas Dias, Clarice Calgarotto, Cláudia Brandão Carneiro da Cunha, Cláudia Sanches Magalhães Tunes Rodrigues, Daniel Calado, Diane Capponi Gisler, Eduardo G. Amorim, Elaine Abud, Elton Costa, Fernanda Barros, Flávia Cristina Pagnoncelli Corrêa, Flávia Gomes do Nascimento, Gianne Bezerra, Helio Sischini de Carli, Ieda Coelho, Jaqueline Prestes Ferreira, Judith Fernanda Oliveira de Cerqueira, Juliana de Britto Mello, Juliana Travassos Siqueira, Karina Pereira Antunes, Karla Pereira Fortuna, Larissa Brecht Reche Feitosa, Letícia Peres Silva, Liza Jung, Márcia Fátima da Silva Giacomelli, Mariana Pena Costa e Costa, Milena Seidl, Mônica Engelmann, Monique Caroline Silva Rodrigues, Naara Pedrosa, Nicean Ribeiro Paiva, Nilson Portela Ferreira, Pamella Suelen de Oliveira Alves, Patrícia Rosado Ribeiro, Patricia Torres, Priscila Silva Ferreira Barbosa, Silvana Lima de Oliveira, Simone Porter, Talissa Caldonazo, Thatiana Biavati, Valéria Cristina de Oliveira Silva Lima, Vitória Krawczenko Feitoza Mello, Viviane Raniel e Yuri Vargas

Diretor Acadêmico: Leonardo Pereira

Editor: Roberta Densa

Assistente Editorial: Paula Morishita

Revisora Sênior: Georgia Renata Dias

Capa Criação: Leonardo Hermano

Diagramação: Ladislau Lima e Aparecida Lima

Impressão miolo e capa: FORMA CERTA

DIREITOS AUTORAIS: É proibida a reprodução parcial ou total desta publicação, por qualquer forma ou meio, sem a prévia autorização da Editora FOCO, com exceção do teor das questões de concursos públicos que, por serem atos oficiais, não são protegidas como Direitos Autorais, na forma do Artigo 8º, IV, da Lei 9.610/1998. Referida vedação se estende às características gráficas da obra e sua editoração. A punição para a violação dos Direitos Autorais é crime previsto no Artigo 184 do Código Penal e as sanções civis às violações dos Direitos Autorais estão previstas nos Artigos 101 a 110 da Lei 9.610/1998. Os comentários das questões são de responsabilidade dos autores.

NOTAS DA EDITORA:

Atualizações e erratas: A presente obra é vendida como está, atualizada até a data do seu fechamento, informação que consta na página II do livro. Havendo a publicação de legislação de suma relevância, a editora, de forma discricionária, se empenhará em disponibilizar atualização futura.

Erratas: A Editora se compromete a disponibilizar no site www.editorafoco.com.br, na seção Atualizações, eventuais erratas por razões de erros técnicos ou de conteúdo. Solicitamos, outrossim, que o leitor faça a gentileza de colaborar com a perfeição da obra, comunicando eventual erro encontrado por meio de mensagem para contato@editorafoco.com.br. O acesso será disponibilizado durante a vigência da edição da obra.

Impresso no Brasil (11.2023) – Data de Fechamento (11.2023)

2024

Todos os direitos reservados à
Editora Foco Jurídico Ltda.
Avenida Itororó, 348 – Sala 05 – Cidade Nova
CEP 13334-050 – Indaiatuba – SP

E-mail: contato@editorafoco.com.br
www.editorafoco.com.br

PREFÁCIO

"A tarefa primordial do professor:
seduzir o aluno para que ele deseje e,
desejando, aprenda."
(Rubem Alves, *Ao professor, com carinho:*
a arte do pensar e do afeto.
2. ed. Sao Paulo: Planeta, 2021, p. 102)

Nada há nas relações familiares contemporâneas que não seja objeto de questionamentos, debates e proposições a partir de diferentes pontos de vista. Desde temas persistentes (como a fixação da guarda compartilhada em demandas litigiosas e os problemas relativos à dissolução da afetividade), passando por temas emergentes (exemplificáveis com a definição dos confins da ação de reembolso de alimentos, com o cabimento da arbitrabilidade familiar e com a possibilidade de uso de um processo estruturante no âmbito das famílias), vem se debatendo a melhor significação e os limites para o uso e aplicação das categorias familiares.

As vantagens decorrentes dessa prática saltam aos olhos. Além do aperfeiçoamento e maturação das ideias, conferem mais segurança na prática cotidiana, dotando o jurista de mais qualificação e argumentos. O professor Amartya Sem, em instigante texto (*East and West: the reach of reason*) publicado na prestigiosa *The New York Review of Books* (v. 47, n. 12, 20.7.00), alertava para a importância de problematizar as coisas importantes: "a questão crucial não está em saber se os sentimentos e as atitudes são consideradas importantes..., mas em saber se – e até que ponto – esses sentimentos e atitudes podem ser influenciados pelo raciocínio".

A tudo isso, acrescente-se um detalhe da mais alta relevância teórica e prática: em um país de dimensões continentais, como o Brasil, com uma diversidade social, cultural, geográfica, antropológica, econômica etc., é absolutamente normal diferentes visões sobre um mesmo tema. É até esperável. Fatores múltiplos – objetivos e subjetivos – impõem aos juristas formar diferentes juízos valorativos sobre um mesmo fato, gerando diferentes sensações de convicção (quando acolhidos) ou de manifesta injustiça (quando desacolhidos).

A soma desses fatores (uma maior problematização e verticalização dos estudos de *todos* os temas e a preocupação com a universalidade dos raciocínios jurídicos vencendo a provinciana singularidade do pensar) pode ser vista, de modo exuberante, nesta linda obra que tenho a honra de preambular.

Ensaios sobre Direito Processual das Famílias já se põe em um lugar diferenciado na prateleira pela inovação, pela coragem e pelo diferencial. *Inovação* por lançar luzes sobre matérias importantes no cotidiano das demandas familiares, mas relegadas no campo acadêmico. Questões como a competência nas ações de interesse de pessoas idosas, a violência processual, a morte das partes no curso da demanda dissolutiva de afetividade e o testemunho de filhos em litígios dos pais são abordadas em um contributo significativo para a realidade processual das famílias. *Corajosa* por trazer a lume discussões necessárias sobre matérias que terminam sendo absorvidas à força no dia a dia, sem maior cuidado. Não raro, causam desconforto, mas sem questionamentos. É o exemplo da retroação dos efeitos da revisão ou exoneração de alimentos, tratado pelo Enunciado 621 da súmula de jurisprudência da Corte Superior de Justiça, da oitiva de crianças e adolescentes nas ações de guarda e dos efeitos processuais das falsas imputações de abuso e alienação parental. *Diferenciada*, finalmente, por somar visões distintas, de juristas radicados em lugares diversos com formações diferentes, permitindo riquíssimas abordagens, soma de experiência e inovadores conclusões para temas atualíssimos, como a autenticidade das provas digitais e a infidelidade virtual.

Enfim, a obra decreta, em definitivo, a superação da (falsa) ideia *da universalidade dos valores jurídicos*, vencida pelo *respeito à diversidade das pessoas e, por conseguinte, das fontes do pensar.*

Vejo, neste belo livro, ganhar concretude o alerta do professor e filósofo israelense Joseph Raz (1939-2022) de que os "significados pessoais dependem da singularidade relativa a nós do objeto dos nossos apegos", mas precisam ser projetados no âmbito da "diversidade dos valores que as pessoas lidam" com o mesmo fato (RAZ, Joseph. *Valor, respeito e apego*. 2. ed. São Paulo: Martins Fontes, 2022, p. 39-40).

Observando esse contexto, como atento leitor, sinto-me totalmente inserido na sua concepção e na sua concretização. Em mais de duas décadas e meia dedicadas ao magistério jurídico e ao Ministério Público vaticinei quanto à necessidade de combater a ideia do absolutismo e da universalização emprestadas às categorias jurídicas. Fluídas, porosas, multifacetadas, abertas e relativas (jamais absolutas), as categorias que compõem as relações de família precisam ser vistas com leveza e serenidade, sem extremismos e exacerbadas paixões. As explicações soberbas e rebuscadas, impregnadas de argumentos pertentes a paragens remotas de um tempo pretérito que não voltará, não têm lugar na vida atual.

Sempre propus uma compreensão abrangente da aplicação do Direito, em especial no campo familiarista e sucessório, com o objetivo de beneficiar mais pessoas e, em última análise, prestigiar o conceito de cidadania. Vejo isso com enorme alegria nestes *Ensaios sobre Direito Processual das Famílias*, competentemente coordenados pelo professor e magistrado capixaba Rafael Calmon: 15 textos propositivos, com reflexões coletivas que entrelaçam teoria e prática, plasmados pelo DNA de diferentes autores, com diferentes experiências pessoais e profissionais, de diferentes lugares e com diferentes anseios de vida. Frutos de estudos e pesquisas na pós-graduação por ele (eficientemente) capitaneada, o resultado é maravilhoso, como se verá.

Em meio a essa pluralidade de temas, com diversidade de abordagens, é natural a proposição de conclusões inusitadas. Não há, porém, nenhuma necessidade de concordância ou de adesão cega. Ao revés. Subjacentemente, o que se pretende é despertar, *tão somente* (por mais que isso pareça estranho), o *pensar*, a reflexão sobre aquelas matérias. Até porque, como desfechou o saudoso pensador polonês, radicado na Inglaterra, Zygmunt Bauman, em uma de suas últimas obras, precisamos *concordar em discordar* (*Estranhos à nossa porta*. Tradução Carlos Alberto Medeiros. Rio de Janeiro: Zahar, 2017, p. 107). O simples fato de estimular o *pensamento*, a reflexão sobre as questões postas já é a prova de que o ser humano evolui para o melhor, conforme a máxima kantiana.

Em um de seus mais provocativos livros, o multiprofissional Rubem Alves narra uma pergunta de sua filha: "o que é pensar?" Então, contextualiza: "disse-me que essa era uma pergunta que o professor de Filosofia havia proposto à classe. Pelo que lhe dou parabéns". Mais adiante, então, instiga: "o pensamento é como a águia que só alça voo nos espaços vazios do desconhecido. Pensar é voar sobre o que não se sabe. Não existe nada mais fatal para o pensamento que o ensino das respostas certas." E, em arremate, externa uma justa preocupação com a educação baseada em proposições únicas e impositivas: "muitas pessoas, de tanto repetirem as receitas, metamorfosearam-se de águias em tartarugas. E não são poucas as tartarugas que possuem diplomas universitários. Aqui se encontra o perigo das escolas: de tanto ensinarem o que o passado legou – e ensinarem bem –, fazem os alunos esquecerem de que o seu destino não é o passado cristalizado em saber, mas um futuro que se abre como vazio, um não saber que somente pode ser explorado pelas asas do pensamento" (ALVES, Rubem. *Ao professor, com carinho*: a arte do pensar e do afeto. 2. ed. São Paulo: Planeta, 2021, p. 96-100).

Para além disso tudo, e com o compromisso da brevidade (que é necessária virtude na velocidade dos dias que correm), encareço licença para registrar, expressamente, ao amigo Rafael Calmon, aos coautores e à editora Foco, o mais sincero agradecimento: obrigado eu, pela homenagem, pela sensibilidade e pelo cuidado. Não sei se sou digno, mas sinto-me elevado como pessoa e como profissional. E confesso que esse sentimento de gratidão é maximizado pelo fato de a homenagem se materializar em um substancioso livro que está simbioticamente harmônico com os objetivos que norteiam as minhas proposições: respeito à pluralidade na construção de soluções jurídicas, vencendo o fascínio por formalidades e repetições de fórmulas dissonantes da vida contemporânea. Por isso, faço como confissão a referência a um significativo trecho da música de Luiz Gonzaga Júnior, o Gonzaguinha:

> "Quando eu soltar a minha voz por favor entenda; Que palavra por palavra eis aqui uma pessoa se entregando; Coração na boca, peito aberto, vou sangrando; Sã o as lutas dessa nossa vida que eu estou cantando; Quando eu abrir minha garganta essa força tanta; Tudo que você ouvir, esteja certa que estarei vivendo; Veja o brilho nos meus olhos e o tremor nas minhas mãos; E o meu corpo tão suado, transbordando toda raça e emoção; E se eu chorar e o sol molhar o meu sorriso; Não se espante, cante que o teu canto é minha força pra cantar; Quando eu soltar a minha voz por favor entenda; *É apenas o meu jeito de viver, o que é amar*" (*Sangrando*, 1980).

Um agradecido brinde, então, à obra, ao seu coordenador e aos coautores! Sigamos juntos, firmes e fortes, renovados na fé e na confiança de que construiremos uma sociedade mais justa e inclusiva.

E uma advertência final ao leitor: calmamente, leia os textos que se seguem, sem preconceitos, sem mania de passado e sem soluções apriorísticas; permita-se *pensar*, simplesmente *pensar*; e, se possível, promova uma mágica fusão do intelecto com o coração, pois, assim, a cabeça não esquece o que incorporou.

Praia do Forte, litoral norte da Bahia, Terra da (e de) Felicidade, em um chuvoso setembro de 2023.

Cristiano Chaves de Farias (In Memoriam)

Promotor de Justiça do Ministério Público do Estado da Bahia. Mestre em Família na Sociedade Contemporânea pela Universidade Católica do Salvador – UCSal. Professor de Direito Civil da Faculdade Baiana de Direito. Professor de Direito Civil do Direito em Prática (www.dirempratica.com.br) e do Complexo de Ensino Renato Saraiva – CERS (www.cers.com.br). Membro da Diretoria Nacional do Instituto Brasileiro de Direito de Família – IBDFAM.

APRESENTAÇÃO

Caros leitores,

Tenho o prazer de apresentar a vocês uma obra singular e inspiradora: *Ensaios sobre direito processual das famílias: estudos em homenagem ao Prof. Cristiano Chaves de Farias.*

Este livro extraordinário é o resultado da colaboração de talentosos autores provenientes de diversas escolas, culturas e regiões do nosso país, que se dedicaram com afinco ao estudo do Direito Processual das Famílias durante o primeiro ano de existência da pós-graduação de mesmo nome na Faculdade ATAME/DF. Juntos, eles nos presenteiam com uma riqueza inigualável de experiências, perspectivas e vozes, celebrando a diversidade e a inclusão.

Em suas páginas, você encontrará uma tapeçaria literária que reflete a incrível heterogeneidade do Brasil. Sem nenhum exagero, ouso dizer que cada ensaio abre uma janela para um mundo diferente. Das vastas regiões Norte, Nordeste e Centro-Oeste às movimentadas metrópoles da região Sul e Sudeste, cada autor nos apresenta uma perspectiva diferente sobre temas complexos do Direito Processual das Famílias brasileiro, enriquecendo-os com suas experiências pessoais, tradições culturais e visões particulares de mundo. O resultado não poderia ser diferente: um testemunho vivo da riqueza que surge quando abraçamos a diversidade e a aceitação.

É provável que tudo isso só tenha sido possível graças ao compromisso com a inclusão. Afinal, as perspectivas apresentadas pelos autores nos lembram que, apesar de nossas diferenças, todos compartilhamos as mesmas emoções e, principalmente, o mesmo desafio de criar um ecossistema em que as pessoas, independentemente de pertencerem a certos círculos ou de se originarem de regiões e escolas específicas, possuam voz ativa.

Mas, o que é absolutamente certo é que, por detrás de tantos textos e de tantas pessoas, reside o propósito claro de homenagear aquele sem o qual o Direito das Famílias brasileiro jamais teria alcançado tamanho avanço: o Professor Cristiano Chaves de Farias.

Sinceramente, espero que as opiniões e pensamentos aqui expostos inspirem você a abraçar a diversidade e a inclusão em sua própria vida e comunidade, valorizando-as e celebrando-as.

Obrigado por nos acompanhar nesta incrível jornada literária.

Com calorosas saudações,

Rafael Calmon

SUMÁRIO

PREFÁCIO

Cristiano Chaves de Farias (*In Memoriam*) V

APRESENTAÇÃO

Rafael Calmon.. IX

A ARBITRABILIDADE DO DIREITO DAS FAMÍLIAS SOB UM VIÉS COMPARADO: DESTRINCHANDO O PANORAMA BRASIL-INGLATERRA

Milena Seidl, Thatiana Biavati e Vitória Krawczenko Feitoza Mello............. 1

PRINCÍPIO DA COMPETÊNCIA ADEQUADA NAS AÇÕES JUDICIAIS ENVOLVENDO PESSOAS IDOSAS

Elaine Abud, Mariana Pena Costa e Costa, Simone Porter e Patricia Torres .. 19

O DIVÓRCIO LITIGIOSO E A MORTE DO AUTOR DA AÇÃO: REFLEXÕES SOBRE SEUS EFEITOS JURÍDICOS

Andréia Luz de Medeiros, Juliana de Britto Mello e Patrícia Rosado Ribeiro..... 33

PROCESSO (RE)ESTRUTURANTE NAS AÇÕES DE ALIENAÇÃO PARENTAL: UMA ABORDAGEM INTEGRATIVA DO PRINCÍPIO DO SUPERIOR INTERESSE DA CRIANÇA

Fernanda Barros, Gianne Bezerra, Daniel Calado, Talissa Caldonazo e Viviane Raniel.. 49

SÚMULA 621 DO STJ – UMA CRÍTICA À RETROAÇÃO EM DESFAVOR DO ALIMENTANDO

Analuísa de Freitas, Elton Costa, Flávia Cristina Pagnoncelli Corrêa, Márcia Fátima da Silva Giacomelli e Pamella Suelen de Oliveira Alves 67

CONTRATUALIZAÇÃO DO PLANEJAMENTO FAMILIAR: ENTRE A AUTONOMIA PRIVADA E O RECONHECIMENTO PELOS TRIBUNAIS

Ana Luiza Pires Moreira, Ana Maria Moreira Marques, Jaqueline Prestes Ferreira e Karina Pereira Antunes 81

A PROVA TESTEMUNHAL DOS FILHOS NO DIVÓRCIO DOS PAIS E O CONFLITO DE LEALDADE: COMENTÁRIOS AO RECURSO ESPECIAL 1.947.751/GO

Juliana Travassos Siqueira, Diane Capponi Gisler e Karla Pereira Fortuna..... 99

A INOVADORA AÇÃO DE REEMBOLSO DE ALIMENTOS, SEUS ASPECTOS PRÁTICO-PROCESSUAIS E A NECESSIDADE DE UM OLHAR APURADO NA GARANTIA DO DIREITO AOS ALIMENTOS

Bárbara Xavier Figueiredo, Cláudia Sanches Magalhães Tunes Rodrigues, Letícia Peres Silva e Valéria Cristina de Oliveira Silva Lima 115

A OITIVA DE CRIANÇAS E ADOLESCENTES NAS AÇÕES DE FAMÍLIA

Caio Aleksander Jacob Gomes de Oliveira, Camilla Amaral de Paula Caetano, Larissa Brecht Reche Feitosa e Nicean Ribeiro Paiva..................... 135

CONEXÕES VIRTUAIS, DESAFIOS REAIS: AUTENTICIDADE DAS PROVAS DIGITAIS NAS AÇÕES DE FAMÍLIA

Ana Elisa Coelho Miranda Menezes, Alina Bueno Pessoa Toledo, Aline Trigueiro do Rosario, Cláudia Brandão Carneiro da Cunha e Mônica Engelmann 147

A FIXAÇÃO DA GUARDA COMPARTILHADA EM LARES EM LITÍGIO: A (IN)SUFICIÊNCIA DO ESTUDO PSICOSSOCIAL

Flávia Gomes do Nascimento, Ieda Coelho, Judith Fernanda Oliveira de Cerqueira, Charles Lucas Dias e Priscila Silva Ferreira Barbosa.................... 165

VIOLÊNCIA PROCESSUAL NO DIREITO DAS FAMÍLIAS

Anelise Arnold e Betina Kasper Glasser.. 179

A INFIDELIDADE VIRTUAL E SUA PROVA NO PROCESSO CIVIL BRASILEIRO

Helio Sischini de Carli, Silvana Lima de Oliveira, Monique Caroline Silva Rodrigues e Nilson Portela Ferreira.. 191

FALSAS ACUSAÇÕES DE ABUSO SEXUAL E ALIENAÇÃO PARENTAL

Liza Jung, Eduardo G. Amorim, Naara Pedrosa, Yuri Vargas e Alexandre Chaves.. 205

PROBLEMÁTICAS DO DIVÓRCIO NA ATUALIDADE

Ana Lígia Cagliari Homem de Mello, Clarice Calgarotto, Ana Rachel de Miranda Ferreira Carneiro e Adriana Sayuri Okayama................................... 221

A ARBITRABILIDADE DO DIREITO DAS FAMÍLIAS SOB UM VIÉS COMPARADO: DESTRINCHANDO O PANORAMA BRASIL-INGLATERRA

Milena Seidl

Pós-graduanda em Direito Processual das Famílias e Sucessões, pela Faculdade ATAME/DF; curso de extensão em análise jurídico-jurisprudencial do Direito das Famílias no sistema Luso-brasileiro, realizado pelo Centro de Direito da Família em parceria com o IBDFAM, na Faculdade de Direito da Universidade de Coimbra (Portugal). Pós-graduada em Direito Empresarial, pela FGV/SP. MBA em *Business and Management*, pela *University of California*. Graduada em Direito, pela Faculdade de São Bernardo do Campo. Advogada familiarista.

Thatiana Biavati

Pós-graduanda em Direito Processual das Famílias e Sucessões, pela Faculdade ATAME/DF; curso de extensão em análise jurídico-jurisprudencial do Direito das Famílias no sistema Luso-brasileiro, realizado pelo Centro de Direito da Família em parceria com o IBDFAM, na Faculdade de Direito da Universidade de Coimbra (Portugal). Pós-graduada em Direito das Famílias e Sucessões pela Faculdade Damásio. Pós-graduada em Direito Público, pela UNIDERP. Graduada em Direito, pela PUC/MG. Advogada familiarista sócia do Chalfun Advogados Associados.

Vitória Krawczenko Feitoza Mello

Pós-graduanda em Direito Processual das Famílias e Sucessões, pela Faculdade ATAME/DF, curso de extensão em análise jurídico-jurisprudencial do Direito das Famílias no sistema Luso-brasileiro, realizado pelo Centro de Direito da Família em parceria com o IBDFAM, na Faculdade de Direito da Universidade de Coimbra (Portugal). Pós-graduada em Direito das Famílias e Sucessões, pela FMP. Graduada em Direito, pela Universidade Presbiteriana Mackenzie. Advogada familiarista, com atuação no Brasil e no Exterior.

Sumário: 1. Introdução – 2. A arbitrabilidade familiar em terras brasileiras: como lidar com as restrições impostas pela lei 9.307/1996? – 3. A prática da arbitragem familiar, o prevalecimento das regras gerais da Lei 9.307/1996 E o regulamento da AMCHAM – 4. A arbitrabilidade familiar em terras inglesas: o papel do IFLA na sua plena recepção pela legislação – 5. A mudança de paradigma: explicando o procedimento geral e as particularidades da arbitragem familiar inglesa – 6. Considerações finais – 7. Referências.

1. INTRODUÇÃO

Busca-se demonstrar, com o presente artigo, que a arbitrabilidade no direito das famílias já é uma realidade no Brasil, expressando-se como um fenômeno jurídico. Para tanto, por óbvio, explicita-se o panorama brasileiro, contudo, adentra-se ao inglês, servindo-se do Direito Comparado para aprofundar os estudos sobre as restrições impostas pela Lei 9.307/1996, de modo a expandir os horizontes no tocante à sua compatibilidade aos conflitos familiares.

Dito isto, ao longo do texto, é apresentada a recepção restrita do direito das famílias pela arbitragem com vistas a estimular as discussões sobre quais são os temas que podem ser submetidos ao processo arbitral. Após, relembra-se que a generalidade do procedimento deve ser prestigiada caso uma arbitragem, efetivamente, venha a ser realizada.

Depois, é iniciado a análise do direito comparado. Nele, trabalha-se a criação do IFLA (Instituto de Árbitros de Direito de Família), assim como os documentos por ele produzidos (os quais são aplicados às demandas financeiras e àquelas relativas às crianças e aos adolescentes) e, para encerrar, relata-se a sua importância na efetiva recepção da arbitragem familiar inglesa, proporcionando aplicabilidade prática da abertura legislativa existente.

Ao final, nítido que se ocupa do passo a passo dos procedimentos arbitrais, pormenorizando suas peculiaridades, partindo-se do preenchimento dos formulários para o início das demandas, chegando-se à recorribilidade das sentenças, instigando-se: é possível incentivar avanços na legislação nacional partindo do panorama inglês?

2. A ARBITRABILIDADE FAMILIAR EM TERRAS BRASILEIRAS: COMO LIDAR COM AS RESTRIÇÕES IMPOSTAS PELA LEI 9.307/1996?

No que concerne à aplicação da arbitragem ao direito das famílias, o panorama brasileiro é restrito pelos entraves trazidos pelo próprio ordenamento jurídico, pois – pela estruturação do art. 1º da Lei 9.307/1996 – os direitos pessoais são inarbitráveis. Nesse contexto, o art. 852 do Código Civil impede a realização de compromissos arbitrais para aquela "[...] solução de questões de estado, de direito pessoal de família e de outras que não tenham caráter estritamente patrimonial".

Assim, entende-se que não podem ser objeto da arbitragem os divórcios, as anulações de casamento, as ações declaratórias de reconhecimento e dissolução de união estável e, sequer, as questões relacionadas aos infantes, tais como filiação, guarda, convivência e alimentos. Neste sentido, Mario Luiz Delgado possui interessante posicionamento, segundo o qual o uso do processo arbitral foi excluído por acatamento ao Poder Estatal, reservando-se os "serviços" ao Poder Judiciário. Segundo ele:

> Em conflitos fundados no Direito de Família [...] encontram-se fora da esfera de disponibilidade, ou fora dos limites de atuação da autonomia privada dos litigantes, as questões relativas ao estado das pessoas naturais (se casadas, divorciadas ou separadas), ao nome civil, à filiação, ao poder familiar, aos direitos da criança e do adolescente, [...] São questões para as quais a jurisdição estatal, fundamentada na ordem pública ou inspirada em valores de natureza política, econômica, social, moral ou cultural, promove uma espécie de "reserva de mercado", impedindo a submissão desses litígios ao processo arbitral.[1]

Diante desta afirmação, pode ser que venha à tona um sentimento de desestímulo quanto ao investimento em arbitragens familiares ("se há tantos 'poréns', por que se debruçar sobre o tema?"). No entanto, este ensaio incentiva a continuidade e o aprofundamento, havendo uma luz no final do túnel: para que possam ser submetidos ao Tribunal Arbitral, os temas familiares devem atender aos critérios da Lei supramencionada, da qual se denotam os requisitos da patrimonialidade e da disponibilidade.

Há embasamento – com relação à referida solução – no trabalho apresentado por Fernanda Rosa Coelho e de Dálety Azevedo de Castro Eleuthério, no qual observa-se que– respeitando-se a estrutura legislativa – esses dois pressupostos são classificados como limites objetivos da arbitragem, sob a seguinte observação:

> [...] deve-se ter em mente os limites objetivos da arbitragem, que restringem, nesse particular, a tutela aos direitos patrimoniais decorrentes das relações familiares. Tal restrição, no entanto, não serve de pretexto para desvalorizar o uso da arbitragem em situações específicas.[2]

Neste panorama, revela-se que a arbitragem é cabível para resolver tão somente as questões atinentes à partilha dos bens do ex-casal (seja no divórcio ou ruptura da união estável) e à fixação de verba alimentar entre os ex-cônjuges ou ex-companheiro. Isto porque a permissibilidade da arbitragem perambula pelas matérias patrimoniais disponíveis, que, por seu turno, também existem no Direito das Famílias, como as supramencionadas, apoiadas, inclusive, por expoentes da doutrina nacional, a exemplo de Francisco José Cahali[3]. Com isso, a recepção das demandas familiaristas pela arbitragem perpassa pela análise dos seus limites, o que significa que – em nenhum momento – se incompatibiliza com a legislação.

---

1. DELGADO, Mario Luiz Regis. Arbitragem no Direito de Família e Sucessões: possibilidades e casuística. In: DINIZ, Maria Helena (Coord.). *Direito em Debate*. v. 01. São Paulo: Almedina, 2020. p. 262.
2. COELHO, Fernanda Rosa; ELEUTHÉRIO, Dálety Azevedo de Castro. Limites objetivos da arbitragem no direito de família. *Revista da Faculdade de Direito da FMP*, [S.l.], v. 17 02, pp. 22-34, 2022. Disponível em: https://revistas.fmp.edu.br/index.php/FMP-Revista/article/view/308. Acesso em: 18 ago. 2023. p. 31.
3. CAHALI, Francisco José. *Curso de arbitragem*. 6. ed. São Paulo: Ed. RT, 2017.

Entretanto, o tema não é pacífico, tendo em vista o posicionamento contrário ao caráter puramente patrimonial das ações ora mencionadas, em razão do envolvimento emocional que podem ser nelas identificado. Para ilustrar, Flávio Tartuce[4] tem suas ressalvas. Todavia, a prática da arbitragem nos limites apresentados nesse trabalho demonstra que as decisões de árbitros com vasta experiência reduzem a chance de erros no julgamento, tornando-se mais ágil a solução da controvérsia, pelo desincentivo à recorribilidade, libertando-se as partes para seguirem suas vidas.

Trabalham-se, agora, as hipóteses identificadas. Com relação à partilha de bens, o Enunciado 96 da II Jornada de Prevenção e Solução Extrajudicial de Litígios promovida pelo Conselho da Justiça Federal[5] reconheceu a validade das cláusulas compromissórias a serem firmadas entre cônjuges e companheiros em, respectivamente, pactos antenupciais e contratos de união estável (escritura pública ou contratos particulares). Remetendo-se à justificativa do referido Enunciado, verifica-se, após o surgimento do conflito, a possibilidade de que sejam firmados compromissos arbitrais, de modo que, no bojo de uma ação de divórcio litigioso, as partes possam acordar pela decretação do divórcio e, no mesmo instrumento, encaminhar a partilha de bens à arbitragem.

De forma semelhante, o Enunciado 105 da mesma Jornada[6] deixa claro que cláusulas compromissórias podem ser mencionadas em acordos a serem homologados judicialmente, com vistas, obviamente, a evitar futuros litígios como, exemplificando, modificação e/ou revisão de cláusulas do acordo. Diante disso, incita-se: por que não submeter a revisão dos alimentos transitórios à arbitragem? Na prática, nem todos concordarão com esta ideia sob o argumento de que a adoção da arbitragem gera altos custos e, por isso, seria incoerente a sua aplicação às revisões. No entanto, convida-se à seguinte reflexão: se o credor recebe quantias significativas a título de alimentos transitórios, mesmo assim, seria a arbitragem familiar desaconselhável? Respeitosamente, acredita-se que não.

Ora, o direito aos alimentos – por possuir caráter personalíssimo e irrenunciável (art. 1.707, Código Civil) – pressupõe pessoalidade, indisponibilidade e, por conseguinte, proibição da arbitragem. Lado outro, com o término do relacionamento, transforma-se em transigível, até pela expressa possibilidade de

---

4. TARTUCE, Flávio. Arbitragem e direito de família. *Revista Migalhas*, [S.l.], 23 fev. 2022. Coluna "Família e Sucessões". Disponível em: https://www.migalhas.com.br/coluna/familia-e-sucessoes/360224/arbitragem-e-direito-de-familia. Acesso em: 18 ago. 2023.

5. O Enunciado 96 dispõe que: "É válida a inserção da cláusula compromissória em pacto antenupcial e em contrato de união estável".

6. Conforme consta do Enunciado 105: "É possível a inserção da cláusula compromissória em acordo submetido à homologação judicial".

renúncia, exposta no Enunciado 263 da III Jornada de Direito Civil do Conselho da Justiça Federal[7].

Destarte, não se mostra ideal a retirada da arbitrabilidade em relação à adquirida transigibilidade, tornando impossível a discussão sobre a incidência ou não dos alimentos, seu *quantum,* sua forma de pagamento e seu termo final (aqui, englobando-se sua revisão). Quanto aos alimentos destinados às crianças e adolescentes, a título de esclarecimento, não podem ser aventados na arbitragem, por não cumprir os requisitos e, mais, pela total impossibilidade de os representantes legais firmarem as cláusulas compromissórias ou compromissos arbitrais: os poderes atribuídos aos pais – por força do art. 1.689, inciso II do Código Civil – cingem-se àqueles de administração, concluindo-se que tais obrigações devem continuar sendo discutidas no Poder Judiciário.

Para finalizar, chama-se atenção às vantagens da arbitragem, haja vista que a redução da proteção estatal/judicial não significa que a controvérsia ficará "a ver navios":

> No âmbito das relações familiares [...] a utilização da arbitragem apresenta numerosas vantagens, dentre as quais se destacam a especialidade dos julgadores, a confidencialidade e a maior velocidade para a solução das disputas, minimizando-se, assim, os sofrimentos das partes em pendências que se prolonguem após a ruptura da relação afetiva.[8]

3. A PRÁTICA DA ARBITRAGEM FAMILIAR, O PREVALECIMENTO DAS REGRAS GERAIS DA LEI 9.307/1996 E O REGULAMENTO DA AMCHAM

No Brasil, não há procedimento arbitral específico para as demandas familiares. Nesta toada, reconhece-se a importância dos arts. 19 e seguintes da Lei 9.307/1996, a partir dos quais compreende-se que, havendo consenso das partes em firmar as cláusulas compromissórias ou os compromissos arbitrais, as disputas serão submetidas ou à arbitragem institucional ou àquela *ad hoc* (art. 21 da Lei 9.307/1996).

Sendo assim, optando-se pela arbitragem institucional, o procedimento submeter-se-á ao regulamento específico da Câmara selecionada. Como exem-

---

7. Pelo que se vê no Enunciado 263: "O art. 1.707 do Código Civil não impede seja reconhecida válida e eficaz a renúncia manifestada por ocasião do divórcio (direto ou indireto) ou da dissolução da 'união estável'. A irrenunciabilidade do direito a alimentos somente é admitida enquanto subsistir vínculo de Direito de Família".

8. TEPEDINO, Gustavo; PEÇANHA, Daniela Tavares Peçanha. Métodos Alternativos de Solução de Família e Sucessão no Brasil e a Sistemática de Cláusulas Escalonadas. In: TEIXEIRA, Ana Carolina Brochado; RODRIGUES, Renata de Lima (Coords.). *Contratos, família e sucessões*: diálogos interdisciplinares. 2. ed. Indaiatuba: Foco, 2021. pp. 34-35.

plo, toma-se o elaborado pela AMCHAM (*American Chamber of Commerce* ou Câmara Americana de Comércio)[9], no qual o início da arbitragem ocorre com o encaminhamento do Requerimento de Instauração para a Secretaria (art. 3.1 e art. 3.5 do Regulamento), contendo não somente a qualificação das partes, como também um resumo do conflito e considerações pertinentes sobre o procedimento, incluindo a respectiva representação legal (art. 3.2). Em regra, tal documento não precisará trazer informações sobre o árbitro ou árbitros escolhidos, visto que, uma vez realizada a notificação da parte requerida, há concessão de prazo de 15 dias para as referidas indicações (art. 3.3).

Após as indicações, sendo cumpridos os requisitos específicos pelos árbitros[10], haverá ratificação pelo Conselho Consultivo, pelo Presidente ou, conforme o caso, pelo árbitro único, de modo a constituir o Tribunal Arbitral (art. 5.7 e art. 5.8) e instituir a arbitragem (art. 19, Lei 9.307/1996), a menos que haja a impugnação prevista no art. 7 do Regulamento.

Sustenta-se que, para as partilhas de bens e demandas de alimentos transitórios, é imprescindível que o árbitro tenha *expertise* no Direito das Famílias, oportunizando-se uma decisão informada e justa. Ocorre que tal critério encontra grande dificuldade de ser preenchido, como nota Mario Luiz Delgado:

> Ainda assim, subsistem resistências por parte da comunidade arbitral, com base em dois argumentos centrais: [...] O **segundo** argumento é de ordem prática. Fala-se na dificuldade de aceitação dos árbitros (atuais) para solucionarem litígios familiares [...] ora pela falta de afinidade temática com as demandas próprias dessa seara especializada do Direito Privado. Grande parte dos árbitros listados nas principais câmaras brasileiras são reconhecidos doutrinadores em Direito Administrativo, Empresarial, Contratos e Processo Civil, sendo notória a carência de especialistas em áreas até hoje pouco submetidas à arbitragem, como é o caso do Direito de Família.[11]

Salvo melhor interpretação, esse se trata de inconveniente facilmente superável, bastando que se reconheça a real importância da qualificação dos árbitros, e não a simplicidade de exclusão do uso do instituto.

---

9. Cf. CÂMARA AMERICANA DE COMÉRCIO. *Regulamento de Arbitragem*. [S.l.], 2023. Disponível em: https://estatico.amcham.com.br/arquivos/2023/arbitragem-comercial-regulamento-2023-v2.pdf. Acesso em: 29 ago. 2023.

10. Quando se faz menção aos requisitos exigidos dos árbitros indicados, refere-se ao envio de currículo para a Secretaria, à resposta de Questionário de Independência, Imparcialidade e Disponibilidade e à assinatura do chamado Termo de Aceitação, Independência, Imparcialidade e Disponibilidade (art. 6.3 do Regulamento).

11. DELGADO, Mario Luiz. Notas sobre a arbitragem no Direito de Família e o PL 3.293/2021. *Revista Consultor Jurídico*, [S.l.], 04 dez. 2022 Disponível em: https://www.conjur.com.br/2022-dez-04/processo-familiar-notas-arbitragem-direito-familia-pl-32932021. Acesso em: 29 nov. 2023. *Online*. (Grifos do original).

Dando continuidade à análise do procedimento, no mesmo prazo para as indicações, o Requerido pode apresentar, caso queira, Resposta ao Requerimento (art. 3.4). É sua oportunidade processual para impugnar a existência, validade e/ou escopo da convenção de arbitragem e, se precisar, a competência do Tribunal Arbitral, respeitando-se o art. 4.4 do Regulamento e o art. 20 da Lei 9.307/1996 – os quais prescrevem a manifestação na "primeira oportunidade". O Conselho Consultivo decidirá sobre as temáticas, deixando a cargo do Tribunal o julgamento de irresignação sobre sua competência/jurisdição (art. 4.3 do Regulamento). Procedentes as teses de nulidade, invalidade, ineficácia da convenção de arbitragem e/ou de incompetência, o caso será remetido ao Judiciário, para processamento regular da demanda (art. 20, § 1º, da Lei 9.307/1996).

Salienta-se que a instrução – segundo a qual as partes poderão apresentar suas evidências, pelos depoimentos e com o auxílio de testemunhas, bem como requerer (e ver acontecer) a produção de prova pericial (*vide* art. 22 da Lei 9.307/1996) – ocorrerá após a assinatura do Termo de Arbitragem, havendo a estabilização do objeto da demanda, de maneira a especificar a causa de pedir e os pedidos, pressupondo-se a impossibilidade de novas pretensões, salvo se autorizadas pelo Tribunal Arbitral (art. 12.5 do Regulamento). Encerrada a instrução, intima-se o Requerente e o Requerido para que haja a apresentação de alegações finais (art. 14.7).

Na sequência dos acontecimentos, o árbitro formalizará sua opinião, julgando os pedidos pela sentença arbitral – a qual pode ser parcial, nos termos do art. 16.1 do Regulamento da AMCHAM e do art. 23, § 1º, da Lei 9.307/1996 –, no prazo de 60 (sessenta) dias, prorrogáveis por igual período (art. 16.4 daquele Regulamento). Em complemento, pelo art. 23 da Lei 9.307/1996, registra-se que a sentença deve ser prolatada até 06 (seis) meses da instituição da arbitragem, caso outro prazo não seja estipulado pelas partes. Com sua prolação, finda-se a arbitragem (art. 29 da Lei 9.307/1996).

Trata-se de decisão que se impõe às partes (definitiva), tendo os mesmos efeitos da sentença judicial e constituindo um título executivo judicial (art. 16.10 do Regulamento da AMCHAM, art. 31 da Lei 9.307/1996 e art. 515, VII, do Código de Processo Civil), pressupondo-se a desnecessidade de homologação. Ainda, há a possibilidade de os interessados transigirem amigavelmente, caso em que a sentença arbitral será apenas homologatória (art. 16.2 daquele Regulamento e art. 28 da Lei 9.307/1997).

Sobre sua recorribilidade, admite-se apenas o Pedido de Esclarecimentos para omissões, contradições, obscuridades e erros materiais, que se assemelha aos embargos de declaração (art. 17. 1 do Regulamento e art. 30 da Lei 9.307/1996), concluindo-se que não existe um recurso com amplo efeito devolutivo a ser interposto – como a apelação, no âmbito judicial. Por seu turno, é cabível pleitear a nulidade da sentença arbitral por processo judicial, o qual deve ser preparado e distribuído em até 90 (noventa) dias após notificação da respectiva sentença (art. 33, *caput* e § 1º, da Lei 9.307/1996).

Por fim, ressalta-se que, pelo princípio da autonomia da vontade, as partes poderão se submeter à construção artesanal do procedimento, instaurando a arbitragem *ad hoc*, modalidade esta que – para as autoras – parece ser difícil de se enxergar na seara familiarista, porque, se os interessados querem se desligar emocional e financeiramente, não terão condições de trabalhar "conjuntamente" para a idoneidade do caso. À vista disso, o *Financial* e o *Children Schemes* –os quais serão abordados oportunamente, pois oriundos do sistema inglês – podem servir de excelentes "manuais" a serem aplicados, por analogia, aos procedimentos nacionais, fazendo as ressalvas devidas.

Com relação a essas, relembra-se a incompatibilidade entre as demandas para resolução de questões de crianças e adolescentes e os procedimentos arbitrais, em razão de exigirem a atuação do Poder Judiciário (art. 731 cc. Art. 733, do Código de Processo Civil) e do Ministério Público (art. 178, II, do Código de Processo Civil), sendo que a intervenção obrigatória deste último se justifica pela defesa dos interesses individuais indisponíveis daqueles incapazes, o que, ao nosso ver, contribui fundamentalmente para que as demandas de arbitragem no direito das famílias ainda tenham uma prática ínfima ou inexistente[12].

4. A ARBITRABILIDADE FAMILIAR EM TERRAS INGLESAS: O PAPEL DO IFLA NA SUA PLENA RECEPÇÃO PELA LEGISLAÇÃO

De fato, a arbitrabilidade no direito das famílias brasileiro é um tema desafiador, visto que, como já exposto, sua aplicabilidade se submete à Lei 9.307/1996 e ao Código Civil, sem excluir os Regulamentos das Câmaras de Arbitragem, prezando pelos direitos patrimoniais disponíveis e deixando-se à margem os direitos pessoais e as questões de estado (estado civil, filiação, função parental etc.).

Não se pode dizer o mesmo com relação ao sistema arbitral inglês. Explica-se o motivo. Sua utilização se encontra disseminada graças à estruturação do IFLA (*Institute of Family Law Arbitrators*) – em tradução nossa, o Instituto de Árbitros de Direito de Família. O referido Instituto criou e, agora, administra 02 (dois) esquemas essenciais, quais sejam, *Family Law Arbitration Financial Scheme* e *Family Law*

---

12. DELGADO, Mario Luiz. Notas sobre a arbitragem no Direito de Família e o PL 3.293/2021. *Revista Consultor Jurídico*, [S.l.], 04 dez. 2022 Disponível em: https://www.conjur.com.br/2022-dez-04/processo-familiar-notas-arbitragem-direito-familia-pl-32932021. Acesso em: 29 nov. 2023. *Online*.

Arbitration Children Scheme, aos quais se sujeitam os árbitros, tornando o emprego daqueles procedimentos obrigatório.

Os *Schemes* (esquemas) ganham extrema relevância na utilização da arbitragem como uma *non-court dispute resolution* (resolução de conflito privado), uma vez que chegam perto, ao menos na opinião das presentes autoras, aos Regulamentos das Câmaras de Arbitragem. Eles dão subsídios para o comando do procedimento pelas partes, mostrando-se semelhantes, assim, a um guia para a aplicabilidade controlada da arbitragem *ad hoc*; entretanto, os procedimentos alternativos se confundem, um pouco, com a arbitragem institucional.

Sobre o *Financial Scheme*, tem-se que esse esquema serve para a resolução de disputas financeiras e relativas aos bens adquiridos, desde que elas se originem de conflitos familiares, destacando-se a ruptura de casamento e o fim de união estável. Por outro lado, com relação ao *Children Scheme*, ele é usado para as discussões sobre o exercício da responsabilidade parental ou os problemas legais de bem-estar da criança e do adolescente, como: arranjos sobre a rotina dos filhos comuns, incluindo, o regime de convivência, a mudança destes para uma parte diferente da Inglaterra ou do País de Gales ou, se for o caso, temporária ou permanente para os países de Haia, e a pensão alimentícia[13].

Do desenvolvimento destes institutos, extrai-se um cenário deveras curioso, que leva à seguinte conclusão: precisa-se do Direito Estrangeiro para fomentar as discussões jurídicas e, quem sabe, incentivar mudanças legislativas nacionais. De repente, a forma pela qual o ordenamento jurídico inglês recepcionou a arbitragem na área familiarista pode contribuir para o aprofundamento dos debates sobre a temática por aqui.

Segundo Suzanne Kingston e Jonathan Tecks[14], tudo se deu em razão da abertura trazida pela Lei de Arbitragem inglesa, a qual permitiu intensa interação entre o sistema e o direito das famílias, havendo contribuição da seção 58 da referida Lei[15]. Dela, retirou-se que as partes podem recorrer ao procedimento

---

13. INSTITUTE OF FAMILY LAW ARBITRATORS. Legislation, Rules and Practice Guide. In: KINGSTON, Suzanne; SHERIDAN, Dennis. *Family Law Arbitration*: Practice and Precedents. 3. ed. E-book. Bloomsbury Professional: London, 2022. pp. 76-157. pp. 77 e 101; *Id*. Family Arbitration: An introductory guide. 4. ed. [S.l.]: IFLA, [2023?]. Disponível em: https://ifla.org.uk/wp-content/uploads/Public.pdf. Acesso em: 23 ago. 2023. p. 02.

14. KINGSTON, Suzanne; TECKS, Jonathan. Outlook after Hayley. In: KINGSTON, Suzanne; SHERIDAN, Dennis. *Family Law Arbitration*: Practice and Precedents. 3. ed. E-book. Bloomsbury Professional: London, 2022. pp. 293-304. pp. 293-295.

15. Em tradução nossa, a seção 58 da Lei inglesa: "Efeitos da sentença. (1) Salvo acordo em contrário realizado pelas partes, uma sentença arbitral é final e vinculativa entre as referidas partes como para qualquer pessoa que reivindique através delas ou sob elas. (2) Este efeito não prejudica o direito das partes de desafiarem a sentença por processo de apelação ou revisão ou de acordo com as disposições desta Parte". Cf. o original: "*Effect of award. (1) Unless otherwise agreed by the parties, an award made by the tribunal pursuant to an arbitration agreement is final and binding both on the parties and on any*

arbitral, pois as sentenças são finais, vinculativas e elaboradas por um juiz privado, capacitado para o julgamento do caso, não havendo prejuízos para os envolvidos, saltando-se aos olhos o direito de recurso, o que trouxe reconhecimento e respeito pela comunidade jurídica.

A veneração consolidou-se pela decisão disponibilizada pela *Court of Appeal* no caso *Haley vs. Haley*[16], pois ratificou o entendimento de que cabe recurso contra as decisões arbitrais proferidas, inclusive, sob o *Financial Scheme*, retirando o temor de que elas nunca pudessem ser facilmente contestadas, abrindo mais portas para a recepção prática na arbitragem familiar.

Sobre o tema, William Hogg explicou a mudança de cenário proporcionada. Para ele, justamente, encorajou-se a arbitragem pela análise flexível do preenchimento dos requisitos, de modo que a sua revisão exija apenas que a decisão esteja errada e/ou injusta, e não obviamente errada e/ou claramente injusta:

> Anteriormente, as sentenças arbitrais eram incrivelmente difíceis de recorrer. Desafios contra uma sentença arbitral financeira tinham que constar que esta era 'obviamente errada' do ponto de vista legal e que a justiça do resultado era incoerente com o sistema. Em Haley, a decisão da Corte de Apelação ampliou o escopo dos recursos na arbitragem. Ao invés de estar muito errada, a decisão do árbitro deve estar simplesmente errada ou injusta, considerando os procedimentos e a justiça é muito mais central.[17]

Firmou-se, desta forma, o avanço na interação e a evolução da arbitragem no direito das famílias como um processo completo, mesmo sem saber se a recorribilidade se aplica aos diversos assuntos englobados pelo *Financial Scheme* e aos problemas abrangidos pelo *Children Scheme*[18].

A título de conhecimento, o caso se originou da insatisfação de Russell Haley com a sentença arbitral de disputa financeira proferida, principalmente, pelo número de pagamentos periódicos que ele deveria realizar à ex-esposa, Kelly Haley,

---

persons claiming through or under them. (2)This does not affect the right of a person to challenge the award by any available arbitral process of appeal or review or in accordance with the provisions of this Part".

16. UNITED KINGDOM. Court of Appeal (Civil Division). *Russell Haley v Kelly Haley*. Case B6/2020/0587. London, 23 Oct. 2020. Disponível em: https://vlex.co.uk/vid/russell-haley-v-kelly-851060265. Acesso em: 15 set. 2023.

17. Tradução nossa. Cf. o original: "*Previously, arbitral awards were incredibly difficult to appeal. Challenges to an award had to show that it was "obviously wrong" on a point of law, and the fairness of the outcome had "no place in a challenge to an arbitral award [...] In Haley, the Court of Appeal's decision has widened the scope of appeals in arbitration. Instead of having to be "so wrong it leaps off the page", an arbitrator's decision simply has to be wrong, or unjust due to proceedings, and the fairness of the award is much more central*". (HOGG, William. What does Haley v Haley mean for family arbitration? Laurus, [S.l.], 13 nov. 2020. Disponível em: https://lauruslaw.co.uk/insights/what-does-haley-v-haley-mean-for-family-arbitration. Acesso em: 23 ago. 2023. *Online*).

18. KINGSTON, Suzanne; TECKS, Jonathan. Outlook after Hayley. In: KINGSTON, Suzanne; SHERIDAN, Dennis. *Family Law Arbitration*: Practice and Precedents. 3. ed. E-book. Bloomsbury Professional: London, 2022. pp. 303-304.

como alimentos. Segundo o autor da demanda, a decisão final vinculativa não era justa, por irregularidade. Autorizou-se, depois, a revisão da sentença arbitral, remetendo-se o processo para a realização de uma *case management hearing* (audiência de gestão processual).

Compreendida a recepção, destacam-se os adjetivos que a compõem: uma *real alternative* (alternativa real) rápida, flexível, versátil, confidencial, segura e menos custosa. Isto se justifica pela liberdade na condução do procedimento, possibilitando que os compromissos e as exigências se efetivem eficientemente, de modo a poupar tempo das partes e a proporcionar a construção de um ambiente blindado e acolhedor. Preza-se pela informalidade e, dela, retira-se a exclusividade que viabiliza a efetividade na decisão e, também, a redução ou nulificação das divergências.

Passa-se, agora, ao procedimento da arbitragem inglesa.

5. A MUDANÇA DE PARADIGMA: EXPLICANDO O PROCEDIMENTO GERAL E AS PARTICULARIDADES DA ARBITRAGEM FAMILIAR INGLESA

Como mencionado, as partes interessadas possuem autonomia – concedida pelo art. 9.1 do *Financial* e do *Children Scheme* – para a construção do procedimento, porém tal liberdade não significa a inexistência de regras. Assim, serão expostos, abaixo, os procedimentos gerais aplicados sob o viés dos 02 esquemas referidos, entrelaçando-os com as 03 fases da arbitragem. O estudo dos procedimentos alternativos (*vide* art. 12 dos *Schemes*), propositalmente, ficará de fora desta análise.

Neste prisma – em primeiro lugar –, as partes interessadas devem notificar o Instituto de Árbitros de Direito de Família sobre o interesse na arbitragem. Para tanto, precisarão preencher formulários específicos. Estes possuem natureza jurídica de acordos vinculativos, pois, uma vez assinados, criam a obrigação mútua de submissão. O preenchimento e a assinatura podem ser feitos por elas mesmas ou por seus respectivos advogados, ressaltando-se que, apesar de não ser obrigatória, a participação de tais profissionais é altamente recomendável.

Diante disso, salvo disposições contrárias, as partes não podem evitar a arbitragem, de modo que se comprometem a não distribuírem processos judiciais e, caso haja ação em andamento, a solicitarem e consentirem com a respectiva suspensão. A seguir, colacionam-se trechos dos formulários: "Depois de assinado, nenhuma das partes podem evitar a arbitragem (a não ser que ambos acordarem sobre). Ambas as partes devem invocar o acordo de arbitragem para solicitar a suspensão de processo judicial inicial"[19].

---

19. Tradução nossa. Cf. o original: "*After signing, neither party may avoid arbitration (unless they both agree to do so). Either party may rely on the arbitration agreement to seek to stay of court proceedings*

Aqui, faz-se distinção essencial: o formulário ARB1FS é preenchido para as disputas financeiras e para aquelas relativas aos bens adquiridos, enquanto o ARB1CS é providenciado para que haja a proteção de crianças e adolescentes. Por eles, são inseridos os dados pessoais das partes, resumido o conflito (o qual pode ser submetido total ou parcialmente à decisão pela arbitragem), elencadas informações sobre a escolha ou, se o caso, a necessidade de nomeação de árbitro – aprofundar-se-á sobre o tema a seguir – e, por fim, prestada a ciência sobre questões específicas. Diferenciam-se, porém, por um detalhe.

Pelo art. 17.1.1 do *Children Scheme*, existem *safeguarding requirements* (condições de segurança) a serem cumpridas no ARB1CS: (i) providenciar um *safeguarding questionnaire* (questionário de segurança); e (ii) passar por *check--up* (checagem) pelo *Disclosure and Barring Service* (serviços de divulgação e restrição). O questionário contém perguntas específicas sobre o bem-estar das crianças envolvidas e, para exemplificar, destaca-se a seguinte: "Um plano de proteção à criança foi colocado em prática por autoridades locais especializadas ou, de certa forma, um serviço infantil de autoridade se envolveu?"[20]. Sobre o serviço supramencionado, ele ajuda empregadores na Inglaterra, no País de Gales e na Irlanda do Norte a tomarem decisões de recrutamento seguras, evitando que pessoas inadequadas trabalhem com aquelas consideradas vulneráveis, como são as crianças.

Sem prejuízos, as partes podem anexar, se houver, cartas ou relatórios relacionados ao bem-estar ou segurança das crianças e/ou dos adolescentes, preparados pela *Children and Family Court Advisory and Support Service* (Cafcass) ou por departamentos de serviços infantis. A Cafcass é a maior empregadora de assistentes sociais na Inglaterra e, em seu *website*, deixam claro que – de forma independente – eles possuem o seguinte papel: "aconselhar as Cortes de Família sobre o que é seguro para crianças e seus melhores interesses. Nós colocamos as necessidades, desejos e sentimentos delas em primeiro lugar, garantindo que suas vozes estão sendo ouvidas"[21].

---

commenced by the other". (INSTITUTE OF FAMILY LAW ARBITRATORS. Forms, Precedents and Standard Orders. In: KINGSTON, Suzanne; SHERIDAN, Dennis. *Family Law Arbitration*: Practice and Precedents. 3. ed. E-book. Bloomsbury Professional: London, 2022. pp. 159-252. pp. 166-167 e 178).

20. Tradução nossa. Cf. o original: "*Has a child protection plan been put in place by a local authority in relation to the children, or have a local authority's children's servisse been involved in any way?*". (INSTITUTE OF FAMILY LAW ARBITRATORS. Forms, Precedents and Standard Orders. In: KINGSTON, Suzanne; SHERIDAN, Dennis. *Family Law Arbitration*: Practice and Precedents. 3. ed. E-book. Bloomsbury Professional: London, 2022. p. 180).

21. Tradução nossa. Cf. o original: "*[...] advise the family courts about what is safe for children and in their best interests. We put their needs, wishes and feelings first, making sure that children's voices are heard [...]*" (CHILDREN AND FAMILY COURT ADVISORY AND SUPPORT SERVICE. *About Cafcass*. [S.l.], 2017. Disponível em: https://www.cafcass.gov.uk/about-cafcass/. Acesso em: 23 ago. 2023. *Online*).

Compreendida a diferença dos formulários, é necessário o debate sobre a nomeação do árbitro, pois existem 03 (três) possibilidades e elas estão descritas no art. 4 do *Financial* e do *Children Scheme*: a primeira delas é que as partes podem acordar, abordar e nomear um árbitro particular; a segunda é a seleção de uma lista daqueles cadastrados no Instituto de Árbitros de Direito de Família e o pedido para que haja a nomeação; e a terceira é que o Instituto pode oferecer reuniões com árbitros especialistas, considerando as circunstâncias da demanda.

Feita a escolha e nomeado o árbitro, uma *pre-commitment meeting* (reunião de pré-compromisso), na maioria das vezes, é agendada, finalizando-se a primeira fase da arbitragem: a preparação. A reunião exposta se sobressai pelo objetivo de "[...] permitir que as partes conheçam o árbitro, confirmem seus problemas a serem considerados pelo julgador e, se possível, listem os referidos problemas em ordem de importância"[22]. Nela, aborda-se o procedimento em si (as especificidades, os compromissos, os prazos e os locais designados para as trocas).

Salienta-se que, nas disputas a serem iniciadas sob a égide do *Children Scheme*, o árbitro trará à tona questões referentes a *safeguarding* (segurança) das crianças ou dos adolescentes, além de considerações sobre a contratação de um assistente social particular. Este poderá ser aprovado pelo árbitro após indicação pelas próprias partes ou, eventualmente, nomeado de ofício. Tais possibilidades estão nos arts. 8.2.3 e 8.2.4 dos *Schemes*.

Os temas discutidos são formalizados na *letter of engagement* (carta de compromisso). Caso, porventura, a reunião não aconteça, "[...] a carta de compromisso será submetida pelo árbitro para os representantes legais para eles discutirem com os clientes, garantindo que as partes entendem -completamente- os termos da arbitragem"[23].

A segunda fase do procedimento arbitral pode começar, se necessário, com o agendamento de uma *directions hearing* (audiência de direções). Nela, falar-se-á sobre: declarações escritas; produção de provas; declarações de testemunhas; número e tipo de peritos; elaboração de relatórios; reuniões a serem realizadas; procedimentos a serem adotados; delimitação de tempo para oitivas, dentre outros. Após, o árbitro poderá entregar imediatamente as direções escritas para as partes

---

22. Tradução nossa. Cf. o original: "[…] *enable all parties to meet with the arbitrator, to confirm their issues that the party wish the arbitrator to consider and, if possible, list the issues in order of importance*". (KINGSTON, Suzanne; SHERIDAN, Dennis. Procedure. In: KINGSTON, Suzanne; SHERIDAN, Dennis. *Family Law Arbitration*: Practice and Precedents. 3. ed. E-book. Bloomsbury Professional: London, 2022. p. 47).

23. Tradução nossa. Cf. o original: "[…] *the letter of engagement will be submitted by the arbitrator to the legal representatives for them to discuss with their clients, ensuring that the clients fully understand the terms of arbitration*". (*Ibid.* p. 55).

e, se não o fizer, o documento será encaminhado entre 07 e 14 dias, contados do final da reunião.

Nesta fase, não há certo, nem errado: "A arbitragem familiar vai depender da natureza da disputa e das preferências das partes, bem como do árbitro, sobre o procedimento"[24]. As partes podem decidir se o processo vai ocorrer documentalmente (de forma escrita), por videochamada, ligação telefônica ou reunião ao vivo. Chama-se atenção que há possibilidade de casos resolvidos já nesse momento, haja vista que "o árbitro oportunizou um fórum de discussão com vistas em um acordo"[25]. Logo, se o conflito submetido para a análise do árbitro é resolvido amigavelmente, a arbitragem se encerra.

Tanto é verdade que, se o árbitro decide encaminhar o caso para uma *alternative dispute resolution* (resolução de disputa alternativa) – como a mediação ou a negociação – a arbitragem pode ser suspensa e, depois, concluída: "Se a disputa se estabeleceu/tranquilizou (pela mediação ou de outra forma), as partes devem informar o árbitro prontamente"[26], pelo art. 17.3.1 do *Financial Scheme* e art. 18.3 do *Children Scheme*.

Anotados estes pontos e, considerando o regular andamento da fase, caso o árbitro esteja satisfeito, ocorrerá a *pre-trial review* (revisão pré-julgamento), momento no qual o julgador garantirá a organização da *final hearing* (audiência final). Nela, as partes – como de costume – poderão participar ativamente: "As partes e seus advogados podem dar opinião sobre como a audiência deve ocorrer"[27].

Findos os trabalhos, a sentença escrita será disponibilizada em um intervalo de 28 dias – não se admite disponibilização oral. Esclarece-se que existem 02 (dois) tipos de sentença: (i) a *award* é a das demandas financeiras; e (ii) a *determination* diz respeito aos casos de crianças e/ou adolescentes.

---

24. Tradução nossa. Cf. o original: "*The family arbitration process will depend on the nature of the parties' dispute and their preferences, and that of the arbitrator, as to procedure*". (INSTITUTE OF FAMILY LAW ARBITRATORS. *A Guide to the Family Law Arbitration Scheme*: An Introductory Guide for Family Arbitrators, Judges, Family Justice Professionals and Professional Referrers. 4. ed. [S.l.]: IFLA, [2023?]. Disponível em: https://ifla.org.uk/wp-content/uploads/Arbitrators.pdf. Acesso em: 23 ago. 2023. p. 15).

25. Tradução nossa. Cf. o original: "[…] *the arbitrator has provided a potencial forum for discussion in relation to potencial settlement*". (KINGSTON, Suzanne; SHERIDAN, Dennis. Procedure. In: KINGSTON, Suzanne; SHERIDAN, Dennis. *Family Law Arbitration*: Practice and Precedents. 3. ed. E-book. Bloomsbury Professional: London, 2022. pp. 47-65. p. 58).

26. Tradução nossa. Cf. o original: "*In the event that the dispute is settled (following a mediation or otherwise), the parties will inform the arbitrator promply […]*". (INSTITUTE OF FAMILY LAW ARBITRATORS. Legislation, Rules and Practice Guide. In: KINGSTON, Suzanne; SHERIDAN, Dennis. *Family Law Arbitration*: Practice and Precedents. 3. ed. E-book. Bloomsbury Professional: London, 2022. pp. 76-157. pp. 98 e 129).

27. Tradução nossa. Cf. o original: "*The parties and their lawyers can provide their thoughts about how the hearing should be undertaken*". (KINGSTON, Suzanne; SHERIDAN, Dennis. *Op. cit.* p. 58).

Por conseguinte, inicia-se a terceira e última fase da arbitragem: o envolvimento da *Family Court* (Corte de Família). As partes podem, caso queiram, obter decisão judicial para a confirmação da *award* e/ou da *determination*. Esclarece-se ser preciso ponderar a confirmação da *determination*, devido ao princípio "*no order*" (não decisão), segundo o qual "a Corte não deve proferir uma decisão a não ser que seja melhor para a criança do que não a proferir"[28].

Com relação à recorribilidade, ela existe pelo disposto no art. 13.3 (a) dos *Schemes*, sendo que – até o presente momento – foi ratificada para demandas financeiras específicas, em razão da decisão proferida em *Haley vs. Haley*. Não há notícias da sua extensão às *determinations*.

Finaliza-se este texto com a sensação de que há ainda muito o que conversar. Realizou-se uma "pincelada" sobre a temática, sendo que – sobre ela – há uma única exigência, qual seja, a aplicação da Lei da Inglaterra e do País de Gales (art. 3º dos *Schemes*). *God Save the IFLA!*

6. CONSIDERAÇÕES FINAIS

Como se vê, procurou-se explicitar o panorama arbitral do direito das famílias inglês para aquisição de novos conhecimentos. Por enquanto, no Brasil, a arbitrabilidade só ocorre quando trabalha-se com a partilha de bens e a fixação dos alimentos transitórios entre ex-cônjuges e ex-companheiros, o que significa que as controvérsias envolvendo crianças e adolescentes ficam excluídas pela obrigatoriedade de participação do Ministério Público.

Na prática, a aplicação da arbitragem não vem sendo incentivada pelos operadores. A dificuldade persiste, aliás, diante da ausência de um procedimento próprio, ou seja, utiliza-se das disposições gerais da Lei 9.307/1996, as quais restritivas à aplicação nos conflitos familiares, e dos Regulamentos das Câmaras – destrinchando-se, no presente trabalho, o da AMCHAM.

Na Inglaterra, a adoção da arbitragem para as partilhas de bens, para a fixação de alimentos e, igualmente, para as questões atinentes à responsabilidade parental se encontra, há muito, difundida: o IFLA possuiu papel essencial para seu reconhecimento e sua execução. O *Financial* e o *Children Scheme* foram desenvolvidos, especialmente, para serem aplicados em demandas familiares, sendo que os árbitros são seguros, pois treinados especificamente para julgarem os conflitos. A popularidade da técnica está crescendo, a cada dia, em terras inglesas.

---

28. Tradução nossa. Cf. o original: "*The court should not make an order unless it is better for the child than not making an order*". (*Ibid.* p. 53).

Seguramente, partindo-se da compatibilidade entre a arbitragem inglesa e a proteção das crianças e adolescentes, diante dos meios para a garantia da prioridade absoluta – como o preenchimento de formulário de segurança, o envolvimento do *Disclosure and Barring Service*, a contratação de assistente social particular, dentre outros – entende-se que, aqui, há muito a ser feito. Agrega-se tal panorama à discussão em terras nacionais, esperando ter os incentivado a se acudir dos levantamentos do presente artigo, com vistas – sempre – a aperfeiçoar a prática familiarista.

7. REFERÊNCIAS

CAHALI, Francisco José. *Curso de arbitragem*. 6. ed. São Paulo: Ed. RT, 2017.

CÂMARA AMERICANA DE COMÉRCIO. *Regulamento de Arbitragem*. [S.l.], 2023. Disponível em: https://estatico.amcham.com.br/arquivos/2023/arbitragem-comercial-regulamento-2023-v2.pdf. Acesso em: 29 nov. 2023.

CHILDREN AND FAMILY COURT ADVISORY AND SUPPORT SERVICE. *About Cafcass*. [S.l.], 2017. Disponível em: https://www.cafcass.gov.uk/about-cafcass/. Acesso em: 23 ago. 2023.

COELHO, Fernanda Rosa; ELEUTHÉRIO, Dálety Azevedo de Castro. Limites objetivos da arbitragem no direito de família. *Revista da Faculdade de Direito da FMP*, [S.l.], v. 17 02, 2022. Disponível em: https://revistas.fmp.edu.br/index.php/FMP-Revista/article/view/308. Acesso em: 18 ago. 2023.

DELGADO, Mario Luiz Regis. Arbitragem no Direito de Família e Sucessões: possibilidades e casuística. In: DINIZ, Maria Helena (Coord.). *Direito em debate*. v. 01. São Paulo: Almedina, 2020.

DELGADO, Mario Luiz. Notas sobre a arbitragem no Direito de Família e o PL 3.293/2021. *Revista Consultor Jurídico*, [S.l.], 04 dez. 2022 Disponível em: https://www.conjur.com.br/2022-dez-04/processo-familiar-notas-arbitragem-direito-familia-pl-32932021. Acesso em: 29 ago. 2023.

HOGG, William. What does Haley v Haley mean for family arbitration? *Laurus*, [S.l.], 13 nov. 2020. Disponível em: https://lauruslaw.co.uk/insights/what-does-haley-v-haley-mean-for-family-arbitration. Acesso em: 23 ago. 2023.

INSTITUTE OF FAMILY LAW ARBITRATORS. Forms, Precedents and Standard Orders. In: KINGSTON, Suzanne; SHERIDAN, Dennis. *Family Law Arbitration*: Practice and Precedents. 3. ed. E-book. Bloomsbury Professional: London, 2022.

INSTITUTE OF FAMILY LAW ARBITRATORS. Legislation, Rules and Practice Guide. In: KINGSTON, Suzanne; SHERIDAN, Dennis. *Family Law Arbitration: Practice and Precedents*. 3. ed. E-book. Bloomsbury Professional: London, 2022.

INSTITUTE OF FAMILY LAW ARBITRATORS. *A Guide to the Family Law Arbitration Scheme*: An Introductory Guide for Family Arbitrators, Judges, Family Justice Professionals and Professional Referrers. 4. ed. [S.l.]: IFLA, [2023?]. Disponível em: https://ifla.org.uk/wp-content/uploads/Arbitrators.pdf. Acesso em: 23 ago. 2023.

INSTITUTE OF FAMILY LAW ARBITRATORS. *Family Arbitration*: An introductory guide. 4. ed. [S.l.]: IFLA, [2023?]. Disponível em: https://ifla.org.uk/wp-content/uploads/Public.pdf. Acesso em: 23 ago. 2023.

KINGSTON, Suzanne; SHERIDAN, Dennis. *Family Law Arbitration*: Practice and Precedents. 3. ed. E-book. Bloomsbury Professional: London, 2022.

KINGSTON, Suzanne; SHERIDAN, Dennis. Procedure. In: KINGSTON, Suzanne; SHERIDAN, Dennis. *Family Law Arbitration*: Practice and Precedents. 3. ed. E-book. Bloomsbury Professional: London, 2022.

KINGSTON, Suzanne; TECKS, Jonathan. Outlook after Hayley. In: KINGSTON, Suzanne; SHERIDAN, Dennis. *Family Law Arbitration*: Practice and Precedents. 3. ed. E-book. Bloomsbury Professional: London, 2022.

TARTUCE, Flávio. Arbitragem e Direito de Família. *Revista Migalhas*, [S.l.], 23 fev. 2022. Coluna "Família e Sucessões". Disponível em: https://www.migalhas.com.br/coluna/familia-e-sucessoes/360224/arbitragem-e-direito-de-familia. Acesso em: 18 ago. 2023.

TEPEDINO, Gustavo; PEÇANHA, Daniela Tavares Peçanha. Métodos Alternativos de Solução de Família e Sucessão no Brasil e a Sistemática de Cláusulas Escalonadas. In: TEIXEIRA, Ana Carolina Brochado; RODRIGUES, Renata de Lima (Coords.). *Contratos, família e sucessões*: diálogos interdisciplinares. 2. ed. Indaiatuba: Foco, 2021.

UNITED KINGDOM. Court of Appeal (Civil Division). *Russell Haley v Kelly Haley*. Case B6/2020/0587. London, 23 Oct. 2020. Disponível em: https://vlex.co.uk/vid/russell-haley-v-kelly-851060265. Acesso em: 15 set. 2023.

PRINCÍPIO DA COMPETÊNCIA ADEQUADA NAS AÇÕES JUDICIAIS ENVOLVENDO PESSOAS IDOSAS

Elaine Abud

Advogada Familiarista em Taboão da Serra/SP. Pós-graduada em Direito Processual Civil pelo Instituto Damásio de Direito. Pós-Graduanda em Direito Processual das Famílias e Sucessões pela Faculdade ATAME/DF. Presidente da 211ª Subseção de Taboão da Serra da AB/SP (2019-2021) e Associada ao IBDFAM.

Mariana Pena Costa e Costa

Supervisora do CEJUSC da Comarca de Araguari/MG. Pós-graduada em Justiça Restaurativa e Meios Alternativos de Solução de Conflitos pela FACAB/SP. Pós-graduanda em Direito Processual das Famílias e Sucessões pela Faculdade ATAME/DF.

Simone Porter

Advogada Familiarista no Rio de Janeiro. Pós-graduada em Direito Civil e Direito Processual Civil pela UniLaSalle Rio de Janeiro. Pós-graduanda em Direito Processual das Famílias e Sucessões pela Faculdade ATAME/DF.

Patricia Torres

Advogada Familiarista em Jundiaí/SP. Pós-graduada em Direito de Família e Sucessões pela PUC/RJ. Pós-graduanda em Direito Processual das Famílias e Sucessões pela Faculdade ATAME/DF e Associada ao IBDFAM.

Sumário: 1. Introdução – 2. Envelhecimento populacional e o aumento da perspectiva de vida: desafios e implicações jurídicas – 3. O acesso à justiça e a ordem jurídica justa – 4. A importância do princípio da razoável duração do processo nas demandas relativas aos direitos da pessoa idosa – 5. A necessidade de implementação de varas especializadas e exclusivas para a tramitação de processos que envolvam a pessoa idosa – 6. Considerações finais – 7. Referências.

1. INTRODUÇÃO

O envelhecimento populacional tem sido objeto de estudo de diversos pesquisadores ao redor do mundo, pois se trata de um fenômeno contemporâneo e que traz sérias repercussões econômicas, culturais, éticas, sociais e legais. A maior longevidade humana é, então, uma realidade social que tem impactado drasticamente diversos setores da sociedade.

Diante do rápido envelhecimento da população e do consequente aumento da expectativa de vida, surgem questões importantes e desafiadoras que demandam atenção por parte das autoridades, instituições e comunidade em geral.

No campo jurídico, também existem impactos que devem ser considerados, especialmente aqueles relacionados com as implicações legais, com o sistema de justiça e o seu papel na proteção dos direitos da pessoa idosa e, ainda, em processos judiciais específicos, com a busca por mecanismos efetivos para fazer valer os referidos direitos, sejam eles de caráter material ou processual.

De acordo com a legislação brasileira, pessoa idosa é aquela que possui idade igual ou superior a sessenta anos (art. 1º, Estatuto da Pessoa Idosa – EPI). Embora exista uma ampla gama de leis regulamentando os direitos das pessoas idosas, é indispensável que haja a constante revisão da referida legislação, a fim de garantir sua efetividade e adequação às transformações sociais e demográficas. No ponto, a partir das medidas propostas por pesquisadores de diversos setores, é possível direcionar esforços para atualizar e fortalecer os instrumentos legais que asseguram a dignidade e a proteção dos idosos.

Destaca-se que, em um contexto de envelhecimento populacional, é de suma importância aprimorar a proteção dos direitos e da dignidade da pessoa idosa, ressaltando a necessidade de ações concretas e estratégias efetivas para enfrentar os desafios dessa realidade demográfica. Entra em cena, então, a importância do debate a respeito da garantia sobre os direitos processuais da pessoa idosa, em especial o direito de acesso à justiça (art. 69 e seguintes, do Estatuto da Pessoa Idosa).

Para tanto, é fundamental investir em estratégias que agilizem os trâmites processuais e garantam um acesso rápido e eficiente à Justiça, a fim de efetivar princípios como a razoável duração do processo, a prioridade na tramitação processual e o acesso à ordem jurídica justa a partir da implementação de Varas Especializadas.

2. ENVELHECIMENTO POPULACIONAL E O AUMENTO DA PERSPECTIVE DE VIDA: DESAFIOS E IMPLICAÇÕES JURÍDICAS

Muito se fala que o envelhecimento populacional tem sido uma das transformações demográficas mais significativas do século XXI.[1] O mundo testemunha uma mudança profunda em sua estrutura etária, com o crescente aumento da

---

1. PIOVESAN, Flávia; KAMIMURA, Akemi. O sistema ONU de direitos humanos e a proteção internacional das pessoas idosas. *In*: MENDES, Gilmar Ferreira [et al.]. *Manual dos direitos da pessoa idosa*. São Paulo: Saraiva, 2017, p. 124.

proporção de pessoas idosas em relação à população total. Esse fenômeno é resultado de diversos avanços sociais, econômicos e médicos que têm proporcionado o aumento da expectativa de vida nas últimas décadas. O acesso a cuidados de saúde, melhorias nas condições sanitárias e uma maior conscientização sobre hábitos saudáveis têm contribuído para que as pessoas vivam mais e, consequentemente, alterem a dinâmica demográfica das nações.

Essas mudanças demográficas geram significativos impactos e demandam a criação e adequação de políticas públicas, visando, com isso, adaptações estruturais e investimentos para suprir as necessidades dessa parcela da população, o que implica, indiretamente, desafios econômicos e sociais para toda a sociedade.[2]

Nesse viés, para enfrentar os desafios apontados, diversos países estão avançando na criação e desenvolvimento de legislações, políticas e programas para melhorar as condições de vida da população idosa. Sobressai dessas reflexões a sugestão de se buscar a concretização de sistemas integrais de proteção social baseado na garantia dos direitos humanos na velhice. Trata-se do ponto de vista da ação pública governamental de se dirigir a atenção para buscar assegurar a integridade e a dignidade das pessoas idosas e ampliar a proteção efetiva de seus direitos.[3]

Atualmente, há uma maior judicialização de diversas questões, como, por exemplo, aquelas relacionadas ao direito à saúde da pessoa idosa. Por isso, o papel da Justiça na garantia dos direitos e da dignidade das pessoas idosas é de extrema importância em uma sociedade cada vez mais longeva.

Ao analisar o papel do sistema jurídico na efetivação dos direitos da pessoa idosa, verificam-se diversos desafios enfrentados no caso de ações judiciais relacionadas à proteção dos direitos desse segmento social, uma vez que a Justiça desempenha um papel fundamental na proteção dos direitos das pessoas idosas.

Nesse cenário, é também fundamental investir na capacitação de profissionais do direito para lidar com questões relacionadas aos direitos das pessoas idosas, uma vez que a legislação específica, como o Estatuto da Pessoa Idosa, assegura ampla proteção aos seus direitos fundamentais. Logo, diante do envelhecimento populacional e suas consequências, é preciso adotar uma visão prospectiva e abrangente, uma vez que a proteção dos direitos e da dignidade da pessoa idosa é uma responsabilidade de todos (art. 230, CF).

---

2. FERREIRA, L. S. et al. (2019). O desafio da interdisciplinaridade no enfrentamento do envelhecimento populacional. *Revista da Faculdade de Direito da UFMG*, 74, 363-383.
3. FÁTIMA E SILVA; Maria do Rosário de; YASBEK, Maria Carmelita. Proteção social aos idosos: concepções, diretrizes e reconhecimento de direitos na América Latina e no Brasil. *Revista Katál.*, Florianópolis, v. 17, n. 1, p. 102-1, 10, jan./jun. 2014. Disponível em: <http://www.scielo.br/pdf/rk/v17n1/a11v17n1.pdf>. Acesso em: 15 jul. 2023.

3. O ACESSO À JUSTIÇA E A ORDEM JURÍDICA JUSTA

O Princípio do acesso à justiça tem como principal referência o art. 5º, XXXV, da Constituição Federal, que afirma "a lei não excluirá da apreciação do Poder Judiciário lesão ou ameaça a direito", apontando para o amplo e universal acesso ao judiciário, assim como o art. 3º do Código de Processo Civil de 2015.

O conceito de acesso à justiça é muito amplo e abrangente, uma vez que ao a interpretação desse texto normativo somente de forma literal ou de forma simplista, limita-se a assegurar o acesso as leis ou ao próprio Judiciário, ou seja, que os cidadãos possam utilizar o sistema judiciário. Ocorre que o acesso à justiça não se limita a possibilitar o ingresso ao processo e aos meios e recursos que ele oferece, mas envolve, também, proporcionar o verdadeiro alcance à ordem jurídica justa e efetiva, ou seja, uma justiça organizada e adequada.

A noção do termo "acesso à justiça" evoluiu para algo mais abrangente, quando se reconheceu a importância de proporcionar o acesso a uma ordem jurídica justa[4], exigindo assim que os profissionais do direito se empenhem em definir seus contornos, superar obstáculos, enfrentar limitações e propor soluções.

A temática do acesso efetivo à justiça tem permeado frequentemente os debates em diversos âmbitos do Direito, nos quais são identificados obstáculos que precisam ser superados, sob pena de tal garantia constitucional perder sua eficácia.[5] Ademais, ainda que haja um conceito atribuído pela literatura, verifica-se que a definição do direito de acesso à justiça é complexa e serve para determinar duas finalidades básicas do sistema jurídico, no qual as pessoas podem reivindicar seus direitos e/ou resolver seus litígios sob os auspícios do Estado: a primeira é que o sistema deve ser igualmente acessível a todos; a segunda, é que ele deve produzir resultados que sejam individual e socialmente justos.[6]

A palavra "acesso" tem em seu significado caminho ou ingresso, enquanto o termo "justiça" pode ser visto como conjunto de valores, o que faz com que o termo "acesso à justiça" não possa ser reduzido apenas a acesso ao Poder Judiciário. Sim, o acesso à Justiça representa mais do que o ingresso no processo e o acesso aos meios que ele oferece, pois é algo ligado à abertura de vias de acesso ao processo, tanto para postulação de provimentos, como para a resistência.[7] Nesse sentido, o termo "Acesso à Justiça", pode ter vários significados, desde acesso ao Poder

---

4. WATANABE, Kazuo. Acesso à Justiça e Sociedade Moderna. In: GRINOVER, Ada Pelegrini. *Participação e processo*. São Paulo: Ed. RT, 1988, p128.

5. CAPPELLETTI, Mauro. GARTH, Bryant. *Acesso à justiça*. Tradução de Ellen Gracie Northfleet. Porto Alegre: Sergio Antonio Fabris Editora, 1988, p 15

6. *Idem*, p. 8

7. DINAMARCO, Cândido Rangel. *A instrumentalidade do processo*. 8. ed. São Paulo: Malheiros Editores, 2000.

Judiciário até o entendimento de que acesso à Justiça é um conjunto de valores e direitos fundamentais para o ser humano, os quais podem ser alcançados pela solução adequada de conflitos.[8]

Nesse viés, depreendem-se algumas nuances que devem ser ponderadas acerca das ondas de acesso à justiça e seus obstáculos, os quais são debatidos no conhecidíssimo estudo realizado por Mauro Cappelletti e Bryant Garth,[9] segundo o qual, "a primeira onda tinha o intuito de promover a assistência judiciária aos pobres. A segunda buscou consagrar a representação dos interesses difusos. A terceira onda (que ainda se encontra vigente) pretende articular uma concepção mais ampla do acesso à justiça, centrando a sua intenção no conjunto geral de instituições e mecanismos, pessoas e procedimentos utilizados para processar e mesmo prevenir disputas nas sociedades modernas"

O acesso à justiça pode, portanto, ser encarado como um requisito fundamental, "o mais básico dos direitos humanos, de um sistema jurídico moderno e igualitário que pretenda garantir, e não apenas proclamar os direitos de todos".[10]

Por mais que isso já tenha ficado claro até aqui, não custa insistir: a problemática do acesso à Justiça não pode ser estudada nos acanhados limites do acesso aos órgãos judiciais já existentes. Não se trata apenas de possibilitar o acesso à Justiça enquanto instituição estatal e sim de viabilizar o acesso à ordem jurídica justa.[11]

Logo, o direito de acesso à ordem jurídica justa se baseia no direito à informação, no direito de acesso à Justiça adequadamente organizada e formada por juízes inseridos na realidade social e comprometidos com o objetivo de realização da ordem jurídica justa, no direito à preordenação dos instrumentos processuais capazes de promover a efetiva tutela de direitos e no direito à remoção de todos os obstáculos que se anteponham ao acesso efetivo à Justiça com tais características.[12]

Portanto, a expressão "acesso à justiça" não deve ser entendida apenas como uma prestação jurisdicional efetiva, pois abrange necessidades mais vastas como uma prestação jurisdicional satisfatória e de qualidade, logo, percebe-se que o

---

8. COSTA, Mariana Pena Costa. MENEZES, Adriana Alves Quintino. *A mediação e a conciliação enquanto políticas públicas de Acesso à justiça e pacificação social.* Disponível em: <https://revistas.fucamp.edu.br/index.php/direito-realidade/article/view/1767>. Acesso em: 20/ jun. 2026.
9. CAPPELLETTI, Mauro; GARTH, Bryant. *Acesso à justiça.* Trad. e rev. Ellen Gracie Northfleet. Porto Alegre: Sergio Antonio Fabris Editor, 1988, p. 8.
10. Ibidem.
11. WATANABE, Kazuo. Acesso à Justiça e Sociedade Moderna. *In*: GRINOVER, Ada Pelegrini. *Participação e processo.* São Paulo: Ed. RT, 1988, p. 128.
12. Ibidem.

objetivo do acesso à justiça não é simplesmente ter acesso ao Poder Judiciário e sim realizar a justiça no contexto em que se inserem as partes.[13]

Ressalta-se ainda, a importância do Poder Judiciário de se preocupar com a efetividade da prestação jurisdicional a qual engloba a garantia do devido processo legal, o contraditório, a ampla participação das partes e o acesso à justiça e a duração razoável do processo.

Por certo, o direito de acesso à justiça é visto em vários outros princípios e direitos mais específicos. É o que acontece com o princípio fundamental da razoável duração do processo, que também está diretamente vinculado ao princípio da dignidade humana, assegurando a todos, no âmbito judicial e administrativo, a razoável duração do processo e os meios que garantam a celeridade de sua tramitação. Como se vê, o termo razoável duração do processo traz a importância da prestação jurisdicional de forma célere, com a conclusão do processo no menor prazo possível, sem esquecer da prestação jurisdicional de qualidade e com respeito às garantias processuais e constitucionais.

Nessa perspectiva, ressalta-se que a duração razoável há de ser observada a partir de um referencial mais amplo do que a mera aceleração dos procedimentos, ou seja, a duração razoável do processo está ligada à celeridade, mas também à solução integral do mérito – e por solução integral o CPC/15 já esclarece que não se está falando apenas de decisão de mérito, mas na efetiva satisfação do direito, ou seja, aqui se fala da regra da primazia do julgamento do mérito que induz ao máximo aproveitamento da atividade processual mediante a adoção do aludido novo formalismo democrático ou formalismo conteudístico.[14]

Vinculando de maneira estreita o princípio da razoável duração do processo com o direito de acesso à justiça, verifica-se, então, que para que este último seja adequado, é necessário que a decisão seja tempestiva, ou seja, que o processo disponha de mecanismos aptos a realizar a devida prestação jurisdicional, qual seja, de assegurar ao jurisdicionado seu direito real, efetivo, e no menor tempo possível.[15] Mais do que isso, pois constituem os pilares do acesso à ordem jurídica justa a possibilidade: a) de propositura de ação em juízo; b) de manter a demanda até a efetiva entrega da prestação jurisdicional e, por fim; c) de receber resposta de mérito em prazo razoável do Poder

---

13. COSTA, Mariana Pena Costa; MENEZES, Adriana Alves Quintino. *A mediação e a conciliação enquanto políticas públicas de Acesso à justiça e pacificação social*. Disponível em: <https://revistas.fucamp.edu.br/index.php/direito-realidade/article/view/1767>. Acesso em 20/06/2026

14. THEODORO JÚNIOR, Humberto. *Novo CPC*: fundamentos e sistematização. 3. ed. Rio de Janeiro: Forense, 2016, p. 65.

15. ANNONI, D. Acesso à justiça e direitos humanos: a Emenda Constitucional 45/2004 e a garantia a razoável duração do processo. *Revista Direitos Fundamentais e Democracia*, v. 2, n. 2, jul.-dez. 2007.

Judiciário.[16] Logo, para se garantir plenamente o direito de acesso à justiça, é necessária uma maior admissão de pessoas e causas, garantia de regras que moldam o devido processo legal, contraditório efetivo e a participação ativa de todos os envolvidos no conflito.

Perpassadas tais balizas fundamentais, ressalta se a importância da Carta Magna de 1988 em seu art. 230, a qual reforça o dever da família, da sociedade, bem como do Estado de amparar a pessoa idosa, sob todos os aspectos, visando garantir sua dignidade e bem-estar, cabendo ao Estado propiciar a garantia de todos os seus direitos fundamentais, incluindo, no que importa a este artigo, o direito de acesso à justiça. Concretamente em relação à pessoa idosa, verifica-se que tal direito tem previsão no bojo do Estatuto da Pessoa Idosa, no Título V, que, além de outras previsões, concede, especialmente, o direito à prioridade na tramitação processual e, ainda, à implantação de varas especializadas.

4. A IMPORTÂNCIA DO PRINCÍPIO DA RAZOÁVEL DURAÇÃO DO PROCESSO NAS DEMANDAS RELATIVAS AOS DIREITOS DA PESSOA IDOSA

A duração razoável do processo é um princípio fundamental do sistema judiciário que visa garantir a entrega da tutela jurisdicional de forma eficaz e dentro de um período de tempo aceitável. Isso implica em garantir que o sistema judiciário seja eficiente, ágil e capaz de lidar com a demanda de processos de maneira oportuna.[17]

O referido princípio tem previsão no art. 5º, inc. LXXVIII, da Constituição Federal, o qual dispõe que "a todos, no âmbito judicial e administrativo, são assegurados a razoável duração do processo e os meios que garantam a celeridade de sua tramitação", e, também, no art. 4º do Código de Processo Civil, cujo texto estabelece que "as partes têm direito a uma decisão judicial no prazo razoável", refletindo a preocupação do constituinte e do legislador ordinário em assegurar que os processos sejam concluídos em um tempo adequado, evitando-se a procrastinação e a morosidade excessiva. Nesse passo, a atividade jurisdicional e os métodos empregados por ela devem ser racionalizados, otimizados, tornados mais eficientes, sem prejuízo da asseguração ao contraditório, à ampla defesa, à

---

16. BEZERRA, Márcia Fernandes. O direito à razoável duração do processo e a responsabilidade do Estado pela demora na outorga da prestação jurisdicional. In: WAMBIER, Teresa Arruda Alvim [et al.] (Coord.). *Reforma do Judiciário*: primeiros ensaios críticos sobre a EC n. 45/2004. São Paulo: Ed. RT, 2005, p. 467-479.

17. GÓES, Gisele Santos Fernandes. Razoável duração do processo. In: GOMES Jr., Luiz Manoel; WAMBIER, Luiz Rodrigues; FISCHER, Octávio Campos; ARRUDA ALVIM WAMBIER, Teresa; FERREIRA, William Santos (Coords.). *Reforma do Judiciário: primeiras reflexões sobre a Emenda Constitucional 45/2004*. São Paulo: Ed. RT, 2005.

publicidade e à motivação, os quais demandam, por suas próprias características, tempo necessário para se concretizarem.

No campo internacional, a preocupação em se alcançar uma duração razoável do processo vem estampada no artigo 8º, 1, da Convenção Americana Sobre Direitos Humanos (Pacto de São José da Costa Rica), que prevê que "toda pessoa tem direito a ser ouvida, com as devidas garantias e dentro de um prazo razoável, por um juiz ou tribunal competente, independente e imparcial, estabelecido anteriormente por lei, na apuração de qualquer acusação penal formulada contra ela, ou para que se determinem seus direitos ou obrigações de natureza civil, trabalhista, fiscal ou de qualquer outra natureza".[18] Ainda na esfera internacional, segundo o artigo 6º da Convenção Europeia para Salvaguarda dos Direitos do Homem e das Liberdades Fundamentais, "qualquer pessoa tem direito a que a sua causa seja examinada, equitativa e publicamente, num prazo razoável por um tribunal independente e imparcial, estabelecido pela lei, o qual decidirá, quer sobre a determinação dos seus direitos e obrigações de carácter civil, quer sobre o fundamento de qualquer acusação em matéria penal dirigida contra ela."[19]

No ordenamento jurídico interno, o direito de acesso à justiça da pessoa idosa foi previsto e ganhou grande importância no Estatuto da Pessoa Idosa (Lei nº 10.741/03), o qual, em título próprio, não só apresenta normas específicas de proteção desse grupo social, como prevê que todas as espécies de ação são admissíveis para a defesa dos interesses e direitos por ele protegidos, trazendo ainda inúmeros instrumentos e garantias para que a pessoa idosa tenha garantido o acesso à justiça.

Vale ressaltar que o direito de prioridade na tramitação processual está previsto no artigo 71 do Estatuto da Pessoa Idosa, e, segundo a doutrina, "a prioridade de tramitação para a pessoa idosa não significa que esta seja mais digna que as demais pessoas, nem que o princípio da dignidade da pessoa humana só se aplique aos idosos. Não. Em verdade, para se entender que a relação entre prioridade de tramitação para as pessoas idosas e o primado do homem atende ao postulado da isonomia, deve-se ter presente a noção do princípio da diferença, consistente em uma distribuição que melhore a situação de todas as pessoas – trazendo benefício ao idoso que o iguale à pessoa que esteja em melhores condições de expectativa de vida –, visando a efetivar a justiça social, especialmente quando confere esperança à pessoa idosa de que seu conflito será solucionado em prazo mais curto,

---

18. CONVENÇÃO AMERICANA DE DIREITOS HUMANOS (1969) PACTO DE SAN JOSÉ DA COSTA RICA) Disponível em: https://www.pge.sp.gov.br/centrodeestudos/bibliotecavirtual/instrumentos/sanjose.htm. Acesso em: 26 ago. 2023.

19. Disponível em: <https://www.echr.coe.int/documents/d/echr/convention_por>. Acesso em: 26 ago. 2023.

aumentando, assim, a efetividade do princípio da dignidade humana de forma compatível com o princípio da igualdade".[20]

Nesse contexto, o Estatuto estabelece que os processos judiciais contendo pessoas idosas devem ter prioridade na tramitação, visando assegurar a efetivação da tutela dos seus direitos, buscando garantir que elas tenham acesso à justiça de forma célere e adequada, dentro do princípio da razoável duração do processo.

5. A NECESSIDADE DE IMPLEMENTAÇÃO DE VARAS ESPECIALIZADAS E EXCLUSIVAS PARA A TRAMITAÇÃO DE PROCESSOS QUE ENVOLVAM A PESSOA IDOSA

A pessoa idosa, como pertencente a um segmento social de vulnerabilidade na sociedade brasileira - por diversos fatores, principalmente os socioeconômicos -, não tem acesso à Justiça que corresponda a sua necessidade como sujeito valorizado, não dominante, o que dificulta suas condições se comparadas às de outras categorias de pessoas.

Importa ressaltar a capacidade de exercício de direitos, visto que a pessoa idosa tem direito à liberdade, ao respeito, à dignidade, à saúde, à educação, à moradia, enfim, a uma condição digna como ser humano de direitos que é.[21] Neste sentido, a preocupação mundial com o envelhecimento institucionalizou-se a partir da primeira Assembleia Mundial sobre Envelhecimento, convocada pela Assembleia Geral das Nações Unidas em 1982, que elaborou o Plano de Ação Internacional de Viena sobre o Envelhecimento, considerando 63 itens que mereceram a atenção daquelas pessoas envolvidas com o evento. Tais itens foram estruturados em sete grandes áreas, sendo uma delas a proteção ao consumidor idoso e ao seu acesso à justiça. Algum tempo depois, em 1991, a Assembleia Geral adotou o Princípio das Nações Unidas em Favor das Pessoas Idosas, enumerando 18 direitos das pessoas idosas. De forma mais expressiva e significativa, no item assistência, previu a seguinte regra: "Ter acesso a serviços sociais e jurídicos que lhe assegurem melhores níveis de autonomia, proteção e assistência."[22]

---

20. ALCÂNTARA, A. de O. Reflexões sobre o "Projeto Terceira Idade" do Tribunal de Justiça do Estado do Ceará, que regulamenta o direito de prioridade processual. *R. A terceira idade,* São Paulo, v. 21, n. 48, jul. 2010.

21. BERNARDINO, Laerty Morelin; STIPP, Luna. Direitos fundamentais e sociais: desafios da contemporaneidade para resguardar os direitos da pessoa. *Congresso Nacional do Conpedi.* Florianópolis: CONPEDI, 2015. Disponível em: <https://www.conpedi.org.br/publicacoes/66fsl345/g5znv4pn/8Zt5E3Q2i5t49JcS. pdf>. Acesso em: 15 jul. 2023.

22. ROCHA, S. M. C.; LIMA, I. M. S. O. Acesso à justiça da pessoa idosa no Brasil: aspectos sociojurídicos e direitos humanos. *Anais I CONINTER.* 2012. Disponível em: <http://www.aninter.com.br/ANAIS%20 I%20CONITER/GT18%20Acesso%20%E0%20justi%E7a,%20direitos%20humanos%20e%20cida-

Com a finalidade de proporcionar a celeridade processual (em consequência da aplicação do princípio da razoável duração do processo), de promover o acesso efetivo à justiça da pessoa idosa (assim viabilizando o acesso à ordem jurídica justa de qualidade), se faz necessária a implementação de varas especializadas e exclusivas para a tramitação processual que envolva a pessoa idosa.

O Código de Processo Civil prevê regramento procedimental específico às "ações de família". Entretanto, não estabeleceu procedimento diferenciado para a tramitação das ações que envolvam pessoas idosas, exceto no que toca a pontos específicos como competência e prioridade (arts. 53, III, "e" e 1.048, I). De sua parte, o Estatuto da Pessoa Idosa, em seus arts. 70 e 71, prevê garantias específicas para a defesa dos direitos dos idosos, como a criação de varas especializadas e exclusivas e a prioridade na tramitação processual. Varas estas que, se criadas, poderiam proporcionar, além de uma tutela mais célere, a execução de atos e diligências judiciais em que figure como parte ou interveniente a pessoa idosa,[23] gerando o benefício de conferir uma tutela ágil e efetiva à proteção desse segmento social, principalmente quando se encontrassem em situação de risco, cenário que o Poder judiciário poderia ser acionado inclusive para aplicação de medidas protetivas.[24]

No Estado do Rio de Janeiro, por exemplo, a Lei 6.956/2015 (Código de Organização e Divisão Judiciárias – CODGERJ), prevê em seu art. 10, alínea b, "a criação de Varas, Juizados e Fóruns Regionais: (…) por especialização, quando justificarem o número de feitos da mesma natureza ou especialidade, a necessidade de maior celeridade de determinados procedimentos, ou interesse social".[25]

Na prática, medidas de direito processual, como prioridade na tramitação de procedimentos e execução de atos e diligências, muitas vezes não são suficientes, pois a falta de varas especializadas acaba gerando a tramitação lenta dos processos. Não são raras as vezes que a pessoa idosa sequer chega a ver o resultado dos seus pleitos judiciais, uma vez que muitas falecem antes.

Ora, a pessoa que chegou à velhice não deve e não pode ficar esperando uma eternidade para ver o seu caso resolvido. A demora na solução, inclusive, traz sérios problemas de saúde, como ansiedade, angústia, desânimo, depressão etc. Portanto, mais do que justa é essa prioridade.[26]

---

dania. ACESSO%20%C0%C7A%20DA%20OSA%20NO%20BRASIL%20ASPECTOS%%20-%20Trabalho%20completo.pdf>. Acesso em: 13 jul. 2023.

23. CALMON, Patricia Novais *Direito das famílias e da pessoa idosa*. 2. ed. Indaiatuba: Foco, 2023, p. 243.
24. Idem, p. 255.
25. Lei 6.956, de 13 de janeiro de 2015. Dispõe sobre a Organização e Divisão Judiciárias do Estado do Rio de Janeiro e dá outras providências. Disponível em: https://www.jusbrasil.com.br/legislacao/160776802/lei-6956-15-rio-de-janeiro-rj. Acesso em: 26 ago. 2023.
26. ALCÂNTARA, A. de O. Reflexões sobre o "Projeto Terceira Idade" do Tribunal de Justiça do Estado do Ceará, que regulamenta o direito de prioridade processual. *R. A terceira idade*, São Paulo, v. 21, n. 48, jul. 2010.

Nesse contexto, aplicar o princípio da competência adequada, norteando-se pela teoria das capacidades institucionais, é de vital importância. Em não havendo vara específica da pessoa idosa, que haja então uma alocação da competência a depender do caso concreto específico. Podemos citar aqui a Recomendação 46 do CNJ de junho de 2020,[27] editada no período da pandemia da Covid-19, orientando os cartórios à "adoção de medidas preventivas para a coibir a prática de abusos contra pessoas idosas, especialmente vulneráveis no período de Emergência em Saúde Pública de Importância Nacional (ESPIN), realizando diligências se entenderem necessário, a fim de evitar violência patrimonial ou financeira nos seguintes casos: I- antecipação de herança; II- movimentação indevida de contas bancárias; III- venda de imóveis; IV- tomada ilegal; V- mau uso ou ocultação de fundos, bens ou ativos; e VI- qualquer outra hipótese relacionada à exploração inapropriada ou ilegal de recursos financeiros e patrimoniais sem o devido consentimento do idoso."

O tema é atual e relevante. A conscientização da gravidade do assunto deve ser feita através de campanhas promovidas, no mínimo, pelo próprio Judiciário, pelo CNJ, pelo Ministério Público, pela OAB, por Faculdades de Direito, por Conselhos da Pessoa Idosa e por Gestores Públicos, parceiros importantes na formulação de sugestões para a melhoria do atendimento no setor judiciário.

Dando claras mostras sobre a importância dessas parcerias, o Instituto Brasileiro de Direito das Famílias e das Sucessões (IBDFAM), no ano de 2006, formulou proposta ao Conselho Nacional de Justiça no âmbito do Pedido de Providências 166, o qual editou a Recomendação n. 5/2006[28] propondo a realização de estudo da viabilidade da criação de varas especializadas em direito de família, sucessões, infância e juventude, e de câmaras ou turmas com competência exclusiva ou preferencial sobre tais matérias, recomendando aos Tribunais de Justiça dos Estados e do Distrito Federal que estudassem a conveniência, viabilidade e eventual implementação ou efetivação de varas especializadas em Família, Sucessões, Infância e Juventude e, no âmbito dos Tribunais, de Câmaras ou Turmas com competência exclusiva ou preferencial sobre as aludidas matérias.

Na esteira desse entendimento, talvez tenha chegado a hora de se criarem e implementarem varas especializadas em questões relacionadas aos direitos das pessoas idosas, para que seja nivelado o acesso à Justiça, viabilizando-se assim o caminho ao judiciário de quem já não possui uma vida inteira pela frente para aguardar uma resposta a seus interesses submetidos à apreciação judicial.

---

27. Disponível em: https://www.cnj.jus.br/programa-discute-o-impacto-do-envelhecimento-da-populacao-nas-demandas-para-a-justica/#:~:text=Atualmente%2C%20h%C3%A1%20na%20Justi%-C3%A7a%20brasileataJud%20de%20julho. Acesso em: 26 ago. 2023.
28. Disponível em: https://atos.cnj.jus.br/files//recomendacao/recomenda-cao_5_04072006_23042019135419.pdf.

6. CONSIDERAÇÕES FINAIS

Como podemos ver, o volume crescente de demandas relacionadas à pessoa idosa gera uma pressão significativa sobre o sistema judiciário, e um dos principais desafios é a forma como ele conseguirá lidar com as questões específicas da pessoa idosa, como a discriminação etária, a violência doméstica e a negligência, tornando necessário um aprofundamento no conhecimento das normas e dos instrumentos legais de proteção aos direitos da pessoa idosa, bem como da compreensão das consequências sociais e econômicas do envelhecimento populacional, para que sejam desenvolvidas políticas públicas adequadas, capazes de assegurar o bem-estar e a inclusão dos idosos na sociedade.

Nesse sentido, a análise das demandas judiciais relacionadas ao envelhecimento permitirá identificar lacunas e necessidades específicas dessa parcela da população, possibilitando uma atuação mais efetiva do sistema legal, uma vez que a proteção dos direitos da pessoa idosa é uma questão de justiça social e cidadania, e o sistema jurídico desempenha um papel crucial nesse contexto.

A Lei 10.741 de 2003, surgiu como um amparo aos idosos, sendo o acesso à ordem jurídica justa, que visa facilitar ao idoso acesso ao Poder Judiciário, o qual sem dúvidas é um ponto de extrema importância e relevância, uma vez que se trata da proteção jurídica oferecida pelo Estado, por meio dos Tribunais, com base nos princípios constitucionais.

O inciso LXXVIII do artigo 5º da Constituição Federal, introduzido pela Emenda Constitucional 45/2004, dispõe que "a todos, no âmbito judicial e administrativo, são assegurados a razoável duração do processo e os meios que garantam a celeridade de sua tramitação." Trata-se da garantia do princípio da razoável duração do processo, o que é de suma importância para busca de um sistema judicial mais célere e justo.

No mesmo sentido artigo 4º do Código de Processo Civil brasileiro estabelece que "as partes têm direito a uma decisão judicial no prazo razoável", o que reflete a preocupação do legislador em assegurar que os processos sejam concluídos em um tempo adequado, evitando-se a procrastinação e a morosidade excessiva.

Apesar da importância do princípio da razoável duração do processo civil, sua aplicação enfrenta desafios em diversas instâncias judiciais. A complexidade dos casos, o volume excessivo de processos, a falta de estrutura e recursos adequados, bem como a cultura processual arraigada, são alguns dos obstáculos a serem superados.

Para promover a efetiva aplicação desse princípio, é necessário investir em medidas que agilizem a tramitação processual, bem como compreender como a

Justiça atua para garantir a integridade e a dignidade da pessoa idosa é essencial para avaliar o grau de efetividade do ordenamento jurídico diante dessas novas demandas.

Nesse sentido, dentre as garantias processuais, destaca-se a possibilidade de criação de varas especializadas e a prioridade na tramitação processual em processos que tenham como natureza o direito da pessoa idosa como possibilidade de nivelar o acesso à Justiça, viabilizando assim o caminho ao judiciário, efetivando assim os princípios processuais.

7. REFERÊNCIAS

ALCÂNTARA, A. de O. Reflexões sobre o "Projeto Terceira Idade" do Tribunal de Justiça do Estado do Ceará, que regulamenta o direito de prioridade processual. *R. A terceira idade*, São Paulo, v. 21, n. 48, jul. 2010.

ANNONI, D. Acesso à justiça e direitos humanos: a Emenda Constitucional 45/2004 e a garantia a razoável duração do processo. *Revista Direitos Fundamentais e Democracia*, v. 2, n. 2, jul.-dez. 2007.

BARLETTA F. Liberdade, igualdade e solidariedade como direitos fundamentais na democracia. *Direito, Estado e Sociedade*, v. 9, n. 27, jul.-dez. 2005.

BEZERRA, Márcia Fernandes. O direito à razoável duração do processo e a responsabilidade do Estado pela demora na outorga da prestação jurisdicional. In: WAMBIER, Teresa Arruda Alvim et al. (Coord.). *Reforma do judiciário*: primeiros ensaios críticos sobre a EC n. 45/2004. São Paulo: Ed. RT, 2005.

BERNARDINO, Laerty Morelin; STIPP, Luna. Direitos fundamentais e sociais: desafios da contemporaneidade para resguardar os direitos da pessoa. In: *Congresso Nacional do Conpedi*. Florianópolis: CONPEDI, 2015 Disponível em:<https://www.conpedi.org.br/p/g5znv4pn8Zt. pdf>.Acesso em:15 jul.23.

CALMON, Patricia Novais. *Direito das famílias e da pessoa idosa*. 2. ed. Indaiatuba: Foco, 2023.

CAPPELLETTI, Mauro. GARTH, Bryant. *Acesso à justiça*. Tradução de Ellen Gracie Northfleet. Porto Alegre: Sergio Antonio Fabris Editora, 1988.

COSTA, Mariana Pena Costa. MENEZES, Adriana Alves Quintino. *A mediação e a conciliação enquanto políticas públicas de Acesso à justiça e pacificação social*. Disponível em:<https://revistas. fucamp.edu.br/index.php/direito-realidade/article/view/1767>. Acesso em: 20 jun. 2026.

DINAMARCO, Cândido Rangel. *A instrumentalidade do processo*. 8. ed. São Paulo: Malheiros Editores, 2000.

FÁTIMA E SILVA; Maria do Rosário de; YASBEK, Maria Carmelita. Proteção social aos idosos: concepções, diretrizes e reconhecimento de direitos na América Latina e no Brasil. *Revista Katál.*, Florianópolis, v. 17, n. 1, p. 102-1, 10, jan./jun. 2014. Disponível em: <http://www.scielo. br/pdf/rk/v17n1/a11v17n1.pdf>. Acesso em: 15 jul. 2023.

FERREIRA, L.S. et al. (2019). O desafio da interdisciplinaridade no enfrentamento do envelhecimento populacional. *Revista da Faculdade de Direito da UFMG*, 74, 363-383.

GÓES, Gisele Santos Fernandes. Razoável duração do processo. In: GOMES Jr., Luiz Manoel; WAMBIER, Luiz Rodrigues; FISCHER, Octávio Campos; ARRUDA ALVIM WAMBIER,

Teresa; FERREIRA, William Santos (Coords.). *Reforma do Judiciário*: primeiras reflexões sobre a Emenda Constitucional 45/2004. São Paulo: Ed. RT, 2005

ROCHA, S. M. C.; LIMA, I. M. S. O. Acesso à justiça da pessoa idosa no Brasil: aspectos sociojurídicos e direitos humanos. *Anais I CONINTER*. 2012. Disponível em <https://www.indexlaw.org/index.php/acessoajustica/article/view/1480> Acesso em: 13 jul. 2023.

SANTOS, Nayane Formiga dos; SILVA, Maria do Rosário de Fátima. *As políticas públicas voltadas ao idoso*: melhoria da qualidade de vida ou reprivatização da velhice. Disponível em: <http://www4.fsanet.com.br/revista/index.php/fsale/view/130/97>. Acesso em: 18 jun. 2023.

THEODORO JÚNIOR, Humberto. *Novo CPC*: fundamentos e sistematização. 3. ed. Rio de Janeiro: Forense, 2016.

WATANABE, Kazuo. Acesso à Justiça e Sociedade Moderna. *In*: GRINOVER, Ada Pelegrini. *Participação e processo*. São Paulo: Ed. RT, 1988.

O DIVÓRCIO LITIGIOSO E A MORTE DO AUTOR DA AÇÃO: REFLEXÕES SOBRE SEUS EFEITOS JURÍDICOS

Andréia Luz de Medeiros

Especialista em Direito das Famílias – Curso de extensão de Direito das famílias. Pós-graduada pela UNIFIEO, Curso de extensão e práticas do Direito das Famílias UNIFIEO. Pós-graduanda em Direito Processual das Famílias pela Faculdade Atame/DF. Mediadora profissional pela plataforma Mediação Brasil. Membro da Comissão de Direito das Famílias de Barueri – SP. Advogada inscrita na OAB/SP desde o ano de 1994.

Juliana de Britto Mello

Especialista em Direito das Famílias e Sucessões. Membro da comissão nacional de Direito das Famílias e Sucessões da ABA – Associação Brasileira de Advogados membro do Instituto Brasileiro de Direito de Família – IBDFAM. Advogada colaborativa certificada pelo IBCP – Instituto Brasileiro de Práticas Colaborativas. Mediadora profissional pela Plataforma Mediação Brasil. Pós-graduanda em Direito Processual das Famílias pela Faculdade Atame/DF. Advogada, inscrita na OAB Pará.

Patrícia Rosado Ribeiro

Pós-graduanda em Direito Processual das Famílias pela Faculdade Atame/DF. Membro da Comissão de Direito de Família da OAB subseção de Jacarepaguá. Membro do Instituto Brasileiro de Direito de Família – IBDFAM. Mediadora profissional pela Plataforma Mediação Brasil. Advogada, inscrita na OAB Rio de Janeiro.

Sumário: 1. Introdução – 2. A contextualização acerca do procedimento de divórcio litigioso e a importância do processo judicial no encerramento do vínculo matrimonial; 2.1 Aspectos processuais e pontos polêmicos do ajuizamento da ação de divórcio litigioso: os artigos 693 e 694 do Código Processo Civil; 2.2 A reconvenção no divórcio litigioso; 2.3 A morte do divorciando e a repercussão no processo – 3. Conclusão – 4. Referências.

1. INTRODUÇÃO

O divórcio litigioso é um procedimento judicial complexo que busca a dissolução do vínculo matrimonial em situações de desavenças entre as partes. Caso ocorra a morte do autor da ação depois de sua propositura, podem surgir diferentes consequências, dependendo da legislação aplicável e das circunstâncias específicas do caso. No Brasil, que é o que importa por aqui, os entendimentos têm oscilado entre uma das duas possibilidades: a) Extinção do processo: a morte do autor resultaria na extinção do processo, pois a ação é considerada personalíssima. Nesse caso, o divórcio litigioso não teria continuidade, e as partes envolvidas teriam que buscar alternativas para resolver seus problemas relacionados à separação conjugal (arts. 313, § 2º, II e 485, IX do CPC)[1]; b) Continuidade do processo pelos herdeiros do falecido: a morte do autor não interromperia o processo de divórcio litigioso. Nessa situação, o curso do procedimento seria meramente suspenso para habilitação dos herdeiros na forma da lei (arts. 313, §2º, II e 687 e ss. do CPC), levando-se à decretação retroativa do divórcio[2].

No entanto o presente artigo tem por finalidade demonstrar que a verdadeira intenção do autor da ação sobre a destinação futura de seu patrimônio pode prevalecer e influir no resultado do processo, mesmo depois de seu falecimento. Nessa linha, se ele falece durante o processo, o divórcio deverá ser concedido mesmo após sua morte, desde que existam fundamentos válidos para a dissolução do vínculo matrimonial, pois a sua vontade expressa de se divorciar ainda terá validade e deverá ser considerada pelo juízo ao decidir sobre o caso.

2. A CONTEXTUALIZAÇÃO ACERCA DO PROCEDIMENTO DE DIVÓRCIO LITIGIOSO E A IMPORTÂNCIA DO PROCESSO JUDICIAL NO ENCERRAMENTO DO VÍNCULO MATRIMONIAL

> *"Eu vou lhe deixar a medida do Bonfim*
> *Não me valeu*
> *Mas fico com o disco do Pixinguinha, sim?*
> *O resto é seu*
> *Trocando em miúdos, pode guardar*
> *As sobras de tudo que chamam lar*
> *As sombras de tudo que fomos nós*
> *As marcas de amor nos nossos lençóis*
> *As nossas melhores lembranças"*

> (Trocando em miúdos – Chico Buarque, 1978).

É, o amor acaba. O "felizes para sempre" dá lugar à separação, as brigas, a falta mútua de empatia com a dor de ver um sonho de futuro não se tornar realidade.

---

1. P. ex: TJ-SP – AC: 10117534120208260161 SP 1011753-41.2020.8.26.0161, Relator: J.B. Paula Lima, 10ª Câmara de Direito Privado, Data de Publicação: 17/02/2023; TJRS, Ap. Cível 70073776106, Sétima Câmara Cível, Relator: Sandra Brisolara Medeiros, Julgado em 28/06/2017.
2. P. ex.: TJ-MG – AI: 10000220386767001 MG, Relator: Ana Paula Caixeta, 4ª Câmara Cível Especializada, Data de Publicação: 01/07/2022; TJ-MG – AI: 10000200777423004 MG, Relator: Dárcio Lopardi Mendes, 4ª Câmara Cível, Data de Publicação: 06/08/2021.

O fim do amor é sinalizado formalmente pelo divórcio. Temos que lembrar que, apesar de o art. 1.566 do Código Civil determinar que dentre os deveres de ambos os cônjuges está a fidelidade recíproca, desde 2005 deixou de existir o crime de adultério e, após a Emenda Constitucional 66/2010, não mais se discute a culpa pelo fim das relações conjugais.

Como se nota, o direito das famílias não mais é tão repressivo ou impositivo. Atualmente há um maior respeito à autonomia da vontade dos entes familiares. O advento do divórcio direto, sem a necessidade da separação conjugal ou do decurso de dois anos da separação de fato permitiu uma liberdade maior às escolhas de cada cônjuge. Ocorre que, quando não há acordo sobre os discos, os livros, os bens imóveis e tudo o que foi amealhado de maneira onerosa durante a constância da união, o que antes poderia ser considerado um consenso pelo fim do casamento, passa a ser tratado como litígio e tudo será partilhado entre aqueles que antes formavam um casal.

Nesse contexto, o divórcio litigioso é um procedimento legal pelo qual aqueles que, um dia munidos de sonhos, trocaram votos de forma solene perante a sociedade, agora não mais se entendem e optam por encerrar oficialmente seu vínculo matrimonial por meio de uma ação judicial. Cada ex-cônjuge se arma de um advogado, documentos, dores, lembranças e esperam que o juiz, com base nas evidências e argumentos apresentados no processo, decida o final do sonho uma vez que ele, na realidade, virou um grande pesadelo.

O processo litigioso de dissolução conjugal assegura que as partes tenham seus direitos e interesses protegidos legalmente. No final da fase instrutória, o juiz forma seu convencimento e o materializa na sentença, determinando nesta decisão o fim da conjugalidade e encerrando o rol dos direitos e obrigações expostos no art. 1.566 do Código Civil. Nesta mesma ação ou em ações autônomas, pode haver discussão sobre questões relativas aos alimentos, à guarda e ao direito de convivência com os filhos comuns, bem como sobre a divisão de eventuais bens partilháveis, a depender do regime de bens convencionado, para se evitar um desequilíbrio econômico entre os ex-cônjuges. Há, ainda, a possibilidade de serem fixados alimentos em favor de um deles, se assim for necessário.

O encerramento definitivo do vínculo matrimonial fornece uma resolução final e legalmente vinculante para as partes, permitindo que sigam em frente com suas vidas de forma independente.

Na lição de Arnaldo Rizzardo[3]:

---

3. RIZZARDO, Arnaldo. *Direito de família*. Rio de Janeiro: Forense, 2019. *E-book*.

"os efeitos do divórcio iniciam com a sentença, não obstante alguns desses efeitos tenham como termo inaugural a própria separação de fato, como acontece com o dever de fidelidade, de coabitação, e com a eventual aquisição de bens ocorrida durante a separação de fato, quando pela ausência de comunhão de vida dos consortes não mais se comunicam esses bens."

É importante reconhecer que, embora o divórcio litigioso possa ser necessário em certos casos (como, por exemplo, em cenários descritos pela Lei Maria da Penha), ele tende a ser mais demorado, emocionalmente desgastante e dispendioso em comparação a um divórcio consensual, no qual as partes chegam a um acordo amigável por si próprias ou por meio de mediação, negociação ou meios adequados de resolução de conflitos, como as práticas colaborativas.

Ao analisarmos o fluxo processual no país, de acordo com o Boletim Justiça em Números do Conselho Nacional de Justiça – CNJ[4], percebemos que estão em andamento mais de 76.600.070 ações, fazendo com que a morosidade processual seja um incentivo para que as partes busquem alternativas de resolução de conflitos fora do ambiente judiciário, o que certamente será benéfico para todos os envolvidos.

2.1 Aspectos processuais e pontos polêmicos do ajuizamento da ação de divórcio litigioso: os artigos 693 e 694 do Código Processo Civil

O art. 226 da Constituição Federal de 1988 deu importância suprema ao instituto do casamento, preceituando a família como base da sociedade e, em razão disso, conferindo-lhe especial proteção do Estado, dada a relevância deste instituto na vida da sociedade. Já o Código de Processo Civil de 2015 criou um procedimento especial destinado ao tratamento específico das Ações de Família contenciosas[5], disposto nos arts. 693 a 699, em razão de suas peculiaridades[6]. De todos estes dispositivos, o art. 693 parece ser aquele que vem gerando maiores discussões. A sua redação é a seguinte:

Art. 693. As normas deste Capítulo aplicam-se aos processos contenciosos de divórcio, separação, reconhecimento e extinção de união estável, guarda, visitação e filiação.

Parágrafo único. A ação de alimentos e a que versar sobre interesse de criança ou de adolescente observarão o procedimento previsto em legislação específica, aplicando-se, no que couber, as disposições deste Capítulo.

---

4. Disponível em: https://www.cnj.jus.br/wp-content/uploads/2022/09/justica-em-numeros-2022-1. pdf. Acesso em: 18 set. 2023.
5. As ações de família consensuais são tratadas, de forma genérica, pelos arts. 731/734 do CPC.
6. Sobre a especialidade do procedimento, conferir: TJ-DF 0712418932019807000 – 0712418-93.2019.8.07.0000, Relator: Sandra Reves, Data de Julgamento: 26/08/2019, 2ª Câmara Cível, Data de Publicação: 16/09/2019.

É que, lendo-se o seu texto, nota-se logo de plano que ele contempla o instituto da separação, o que não deixa de ser curioso, tendo em vista que a Emenda Constitucional 66/2010 parece ter abolido tal figura[7]. Simultaneamente, surge uma dúvida: poderíamos afirmar que somente as ações descritas no *caput* seriam aquelas regidas pelas normas das ações de famílias? Uma ação de exoneração de alimentos, por exemplo, ainda que se trate de uma ação de família, não é regulamentada especificamente pela Lei 5.478/68 (Lei de Alimentos) e igualmente não faz parte do *caput* do artigo? Nesta linha de raciocínio, se a exoneração de alimentos não é exceção, mas não consta do caput do referido artigo, como proceder?

Esta dúvida fez com que o FPPC – Fórum Permanente de Processualistas Civis analisasse a questão no V Encontro realizado na cidade de Vitória/ES, publicando o Enunciado 72 sobre o tema, chegando à conclusão de que o rol do art. 693 não é exaustivo, sendo aplicáveis os dispositivos previstos no Capítulo X a outras ações de caráter contencioso envolvendo o Direito das Famílias.

Já o artigo 694 enfatiza a necessidade de que todos os esforços sejam empreendidos para a solução pacífica da disputa, enunciando que:

> Art. 694. Nas ações de família, todos os esforços serão empreendidos para a solução consensual da controvérsia, devendo o juiz dispor do auxílio de profissionais de outras áreas de conhecimento para a mediação e conciliação.
>
> Parágrafo único. A requerimento das partes, o juiz pode determinar a suspensão do processo enquanto os litigantes se submetem a mediação extrajudicial ou a atendimento multidisciplinar.

Sobre ele, assim leciona Rolf Madaleno[8]:

---

7. O STJ entende que a separação judicial não foi abolida com a EC/66 de 2010: Recurso Especial 1.247.098 – MS (2011/0074787-0) Relatora: Ministra Maria Isabel Gallotti Recorrente: J S de A e outro advogado: Elizete Nogueira Barbosa – defensora pública e outros ementa recurso especial. direito civil. família. emenda constitucional 66/10. Divórcio direto. Separação judicial. Subsistência. 1. A separação é modalidade de extinção da sociedade conjugal, pondo fim aos deveres de coabitação e fidelidade, bem como ao regime de bens, podendo, todavia, ser revertida a qualquer momento pelos cônjuges (Código Civil, arts. 1571, III e 1.577). O divórcio, por outro lado, é forma de dissolução do vínculo conjugal e extingue o casamento, permitindo que os ex-cônjuges celebrem novo matrimônio (Código Civil, arts. 1571, IV e 1.580). São institutos diversos, com consequências e regramentos jurídicos distintos. 2. A Emenda Constitucional nº 66/2010 não revogou os artigos do Código Civil que tratam da separação judicial. 3. Recurso especial provido. ACÓRDÃO Prosseguindo no julgamento, após o voto-vista do Ministro Luís Felipe Salomão negando provimento ao recurso especial, divergindo da relatora, e os votos dos Ministros Antônio Carlos Ferreira, Marco Buzzi e Raul Araújo acompanhando a relatora, a Quarta Turma, por maioria, deu provimento ao recurso especial, nos termos do voto da relatora. Vencido o Ministro Luís Felipe Salomão. Os Srs. Ministros Antônio Carlos Ferreira, Marco Buzzi e Raul Araújo votaram com a Sra. Ministra Relatora. Brasília (DF), 14 de março de 2017 (Data do Julgamento) Ministra Maria Isabel Gallotti Relatora.

8. MADALENO, Rolf. *Manual de Direito de Família*. 4. ed. Rio de Janeiro: Forense, 2022, p. 167.

O artigo 694 estabelece a inserção de medidas conciliatórias nas ações de família para soluções controversas e assim dar maior celeridade ao processo. Assim, as ações litigiosas podem ser convoladas em consensuais. Segundo entendimento de Humberto Theodoro, essa novidade acolhe pretensão daqueles que militam no Direito de Família, os quais entendem que nele se discutem questões relevantes e de complexa resolução, que merecem maior atenção, não apenas porque envolvem a vida, a intimidade e a dignidade das pessoas que estão diretamente vinculadas ao litígio, mas também de seus familiares (THEODORO JUNIOR, 2016, p. 367).

Abordados estes pontos, passa-se à análise de alguns aspectos da reconvenção nas ações de divórcio.

2.2   A reconvenção no divórcio litigioso

Na mesa do conciliador, quando a pergunta chave é feita: "Prezados, temos possibilidade de acordo?", o casal se olha, busca uma resposta no olhar do advogado e ao olhar pela última vez para quem compartilhou parte da vida, dividiu sonhos, perspectivas, esperanças, diz quase em uníssono: "SIM!!". Em seguida, todos respiram aliviados e as questões inerentes às ações de família são somente confirmadas.

Mas eis que, de repente, surge uma questão sobre os alimentos, a convivência com os filhos ou a descoberta de um fato novo: um novo parceiro, isto é, um terceiro interessado, quando um dos cônjuges segue adiante e o outro se sente ainda traído ou traída. Sabe-se que tanto um divórcio litigioso pode ser convolado em consensual quanto o contrário. Então, se voltarmos a pensar naquele casal que, de última hora se deparou com uma questão não debatida e que impede a resolução total e definitiva das questões atinentes ao fim do casamento, seus integrantes podem concordar com o divórcio, deixando os temas que orbitam o final da relação conjugal para ser decididos em processo apartado. Esta é a teoria. Mas, uma das partes pode não só discordar do divórcio litigioso como reconvir em uma ação em que tal providência não tenha sido postulada ao juízo.

Sim, em uma ação litigiosa, o divórcio não necessariamente é pedido pela parte que a propõe. Ele pode ser postulado pelo réu, em reconvenção. Seria exemplificar com o caso de uma ação na qual é pedida originalmente apenas a separação judicial, mas, ao ser citado, o réu pede o divórcio em reconvenção.

A reconvenção refere-se a uma ação legal movida pelo cônjuge demandado como uma resposta ao pedido de divórcio apresentado pelo cônjuge demandante. De acordo com as lições de Humberto Theodoro Júnior[9]:

---

9.   THEODORO JÚNIOR, Humberto. *Curso de Direito Processual Civil*. v. I. 59. ed. Rio de Janeiro: Forense, 11/2017. Vital Book file, p. 830.

"a Reconvenção é 'a ação do réu contra o autor, proposta no mesmo feito em que está sendo demandado'. Ao contrário da contestação, que é simples resistência à pretensão do autor, a reconvenção é um contra-ataque, uma verdadeira ação ajuizada pelo réu (reconvinte) contra o autor (reconvindo), nos mesmos autos."

Nesse sentido também é a lição de Alexandre Freitas Câmara[10], para quem a reconvenção:

"trata-se, em verdade, de uma demanda autônoma oferecida pelo réu em face do autor. Pode-se, assim, definir a reconvenção como a ação proposta pelo réu em face do autor, aproveitando-se do mesmo processo. Sendo a reconvenção uma demanda autônoma, o réu é de ser tratado, aqui, como demandante (réu-reconvinte), e o autor como demandado (autor-reconvindo)."

Ela permite que o cônjuge demandado apresente suas próprias reivindicações ou contraposições em relação ao divórcio postulado pelo outro. É uma ação dentro da ação iniciada, uma vez que traz em seu bojo um novo rol de pedidos e causa de pedir que inovam em relação ao que foi originalmente proposto.

De sua parte, Leonardo Greco[11] entende que a reconvenção não é complementar à ação originária, e, muito embora o texto legal faça referência expressa à ação "principal", as duas ações são consideradas como principais: "Tanto isso é verdade que a desistência ou extinção da ação originária não implica necessariamente a da reconvenção" (CPC de 2015, art. 343, § 2º).

Além de ser possível a apresentação de reconvenção em ações diversas do divórcio, parece ser possível se cogitar de uma reconvenção sendo ofertada no âmbito de uma ação de divórcio litigioso, em que o cônjuge demandado poderia alegar, por exemplo, que o cônjuge demandante também seria responsável pelo fracasso do casamento com base em motivos específicos, como por exemplo a violência doméstica, notadamente a violência física e psicológica, o que poderia levar a demanda a tomar rumos completamente diferentes, inclusive no que toca a eventual deslocamento de competência para seu processamento e julgamento (Lei n. 11.340/06, art. 14-A).

Apesar de o Direito Brasileiro não mais associar a culpa ao final do casamento desde a Emenda 66/2010 – que modificou a redação do artigo 226, §6º, da Constituição Federal e que extinguiu todos os requisitos anteriormente exigidos para a dissolução do casamento -, ainda existe dúvida acerca da manutenção, ou não, dos artigos 1.694, parágrafo 2º, e artigo 1.704 do Código Civil. Afinal, podemos estar diante de um caso de uma mulher que tenha vivido subjugada a um marido

---

10. CÂMARA, Alexandre Freitas. *Lições de Direito Processual Civil*. 17 ed. Rio de Janeiro, Editora *Lumen Juris*, 2008, v. I. p. 323.

11. GRECO, Leonardo. *Instituições de Processo civil* – Processo de Conhecimento. 3. ed. Rio de Janeiro: Forense, 2015, v. II. p. 76.

dominante e forçada a assinar um divórcio consensual. Porém, no ato da assinatura, na presença do juiz, munida de coragem, não aceita os termos e aponta as falhas e culpas do ex-marido, se recusando a anuir que o fim do casamento se dê naqueles termos por ele propostos.

A violação do art. 1566 do Código Civil ainda possibilita ao cônjuge ofendido requerer a separação ou divórcio. Apesar de o ordenamento não mais sustentar casamentos sob os ditos "até que a morte os separe", não podemos esquecer da existência das violações dos vínculos afetivos, gerando responsabilidade civil e a conversão do que antes poderia ser um divórcio consensual não só em litígio, mas trazendo a possibilidade de reparação por dano moral e material, sendo que este último pode interferir até na partilha de bens.

Recentes decisões demonstram e reforçam que a culpa não foi de toda arrancada das folhas da legislação, o que amplia o cabimento da reconvenção nas ações de divórcio. Veja-se:

Ementa: Apelação Cível – Direito de família – Ação de divórcio litigioso c/c partilha de bens – Pedido reconvencional de danos morais – Violência doméstica – Ato ilícito comprovado – Atestado médico do SUS – Prova indireta da materialidade – Validade – Dano moral in re ipsa – Nexo de causalidade – Recurso provido.

1. A prova da ocorrência da violência doméstica configura ato ilícito, gerador de dano moral in re ipsa, a ensejar indenização por dano moral em favor da vítima. Materialidade atestada por prova indireta.

2. A compensação imperfeita pelo dano moral compreende análise da gravidade da conduta do agressor, suas consequências, a ponderação das condições socioeconômicas das partes, de modo que sem granjear enriquecimento sem causa, traga lenitivo suficiente para a vítima, com caráter profilático. (TJ-MG – AC: 50014138720208130045, Relator: Des.(a) Francisco Ricardo Sales Costa (JD Convocado), Data de Julgamento: 23/06/2023, Câmara Justiça 4.0, Data de Publicação: 23/06/2023)

Processo civil. Agravo interno. Razões que não enfrentam o fundamento da decisão agravada. Ação de divórcio e indenizatória. Infidelidade comprovada. Humilhações e constrangimentos públicos. Dano moral configurado. Valor. R$ 30.000,00. Alteração. Impossibilidade. Reexame de provas. Súmula 7/STJ.

1. As razões do agravo interno não enfrentam adequadamente o fundamento da decisão agravada.

2. Admite a jurisprudência do Superior Tribunal de Justiça, excepcionalmente, em recurso especial, reexaminar o valor fixado a título de indenização por danos morais, quando ínfimo ou exagerado. Hipótese, todavia, em que o valor foi estabelecido na instância ordinária, atendendo às circunstâncias de fato da causa, de forma condizente com os princípios da proporcionalidade e razoabilidade.

3. Agravo interno a que se nega provimento. (STJ – AgInt no AREsp: 1673702 SP 2020/0051590-6, Relator: Ministra Maria Isabel Gallotti, Data de Julgamento: 14/09/2020, T4 – Quarta Turma, Data de Publicação: DJe 18/09/2020).

Outros pontos que podem dar ensejo à reconvenção nas ações de divórcio são a guarda e visitação dos filhos: o cônjuge demandado pode apresentar pedido de guarda dos filhos e um plano de visitação, buscando proteger seus próprios interesses em relação a estes. Outras demandas relevantes: o cônjuge demandado pode levantar outras questões legais relevantes, como direitos de seguro, uso do nome de casado como direito personalíssimo, alegação de fraude à meação, ocultação de patrimônio, retenção de frutos de bens imóveis entre outros.

2.3   A morte do divorciando e a repercussão no processo

É no ato cerimonial do casamento, que os noivos entram em contato com dois artigos do Código Civil: o art. 1.566 e seus incisos e o art. 1.571 e seu inciso I. Mas, e quando o parágrafo primeiro do artigo por último citado, nos traz a esse capítulo? Sim, nosso estudo versa sobre essa possibilidade jurídica: a morte de um dos cônjuges no curso do processo de um divórcio litigioso.

O parágrafo primeiro do art. 1571 assegura: o casamento válido só se dissolve pela morte de um dos cônjuges ou pelo divórcio, aplicando-se a presunção estabelecida neste Código quanto ao ausente.

Passemos à análise de alguns desdobramentos do que pode ocorrer a partir do evento morte do cônjuge divorciando, seja ele o autor da ação ou da reconvenção. Em um primeiro plano há de ser levado em consideração o Princípio da *Saisine* (art. 1.784 do CC): por ele a morte opera efeitos imediatos na transferência da herança aos seus sucessores legítimos e testamentários, visando impedir que o patrimônio deixado fique sem titular, enquanto se aguarda a transferência definitiva dos bens aos sucessores do falecido.

A morte de uma das partes pode ter implicações significativas para a partilha de bens e herança. Os bens do cônjuge falecido (p. ex.: o autor da ação de divórcio) podem ainda estar sujeitos a um processo de inventário de seus pais e distribuição de acordo com as leis de sucessão. Isso pode afetar a negociação de acordos de divórcio, especialmente se a partilha desses bens já estava em andamento. Além disso, se uma das partes falece durante o processo de divórcio, a representação legal pode precisar ser ajustada. Os herdeiros ou sucessores da parte falecida podem precisar ingressar na relação processual para representar seus interesses, notadamente se houver questões de propriedade ou herança a serem tratadas (art. 313, §2º, II e 687 e ss.). No caso de existirem filhos incapazes, a morte de uma das partes pode afetar questões de guarda e convivência e pensão alimentícia, sem falar na necessidade de participação do Ministério Público. Em qualquer caso, a parte sobrevivente ou os sucessores da parte falecida podem precisar reavaliar os acordos anteriormente ajustados em razão da nova situação.

Além disso, a morte de um dos cônjuges durante o curso de um processo de divórcio litigioso pode desencadear uma série de implicações legais e processuais, como, por exemplo: a) a herança e a propriedade, afetando a divisão de bens e propriedades no divórcio: Se não houver acordo prévio ou ordem judicial sobre a divisão de bens, a morte pode complicar a distribuição do ativo e passivo entre os herdeiros e o cônjuge sobrevivente; b) questões acerca de guarda e pensão alimentícia: se houver filhos menores envolvidos, a morte de um dos cônjuges pode afetar questões de guarda e pensão alimentícia. O juízo precisará determinar, sob a participação obrigatória do Ministério Público, como essas questões serão tratadas em relação aos herdeiros e ao cônjuge sobrevivente; c) continuidade do processo por ou contra os herdeiros: Em alguns casos, a ação de divórcio pode continuar tramitando, por sucessão processual, em face dos herdeiros do cônjuge falecido. Neste caso, tais herdeiros podem decidir se desejam continuar com o processo; d) herança e beneficiários: a morte de um cônjuge pode afetar a herança e os direitos dos beneficiários designados em testamentos, apólices de seguro, contas bancárias conjuntas e outros ativos financeiros.

Ocorre que não há nem na doutrina, nem nos tribunais, entendimento pacificado acerca do que deve ocorrer no caso de morte de um dos divorciandos no curso processual. *Sebastião Amorim*[12], *por exemplo, se posicionou há muitos anos no seguinte sentido:*

> *"(...) cumpre assinalar que o caráter personalíssimo das ações de separação e divórcio não permite a substituição processual do cônjuge falecido no curso do processo, ainda que já ratificado eventual acordo, ou proferida sentença de que penda recurso (ou prazo para sua interposição). Falecida uma das partes, nessas circunstâncias, extingue-se o processo sem julgamento do mérito. Com efeito, restará prejudicado o pedido, em face do perecimento do objeto da ação, já não havendo que falar em separação ou divórcio, uma vez que mors omnia solvit."*

Segundo tal posicionamento, o cônjuge supérstite divorciando, pendente uma sentença de mérito que atestasse o término da conjugalidade, adquiriria o estado civil de "viúvo" no lugar de "divorciado", uma vez que a morte do outro no curso do processo acarretaria a perda do objeto da ação e seu encerramento sem análise do mérito.

Em sentido semelhante, temos a seguinte decisão:

> Apelação cível. Ação de divórcio consensual. Óbito de um dos requerentes. Sentença de extinção do feito. Apelante que pretende a homologação do divórcio. Terceira interessada. Direito personalíssimo. Impossibilidade. Negado provimento ao recurso. 1- Trata-se de pedido de Divórcio Consensual no qual o 1º autor, ao longo da demanda, veio a óbito; 2- Sentença que extinguiu o feito, sem resolução do mérito; 3- Apelante que, na qualidade de terceira interes-

---

12. AMORIM, Sebastião. *Separação e divórcio*: teoria e prática. 5. ed. São Paulo: Editora Universitária de Direito, 1999, p. 54.

sada, requer a homologação do divórcio; 4- Não restam dúvidas acerca da possibilidade de ser decretado o divórcio post mortem. Tal circunstância pode ser verificada quando há uma expressa e inequívoca manifestação de ambas as partes pelo fim do casamento, especialmente se já havia separação de corpos e/ou de fato entre o casal; 5- No entanto, a ação de divórcio possui caráter personalíssimo, não permitindo a substituição processual pelos herdeiros do cônjuge falecido, sendo intransmissível por disposição legal. Art. 1.576, parágrafo único, do CC; 6- Pedido de homologação de divórcio que somente pode ser requerido pelos cônjuges. Hipótese em que a 2ª requerente pleiteou pela extinção do feito, em razão do óbito do 1º autor; 7- Manutenção da sentença; 8- Precedentes: 0029914-04.2019.8.19.0208 – apelação. Des (a). Luiz Henrique Oliveira Marques – julgamento: 13/05/2021 – Décima Primeira Câmara Cível; 0005133-75.2020.8.19.0209 – Apelação. Des (a). Cláudio Luiz Braga Dell'orto – Julgamento: 04/11/2020 – Décima Oitava Câmara Cível e 0125587-92.2021.8.19.0001 – Apelação. Des (a). Carlos Eduardo da Rosa da Fonseca Passos – Julgamento: 10/08/2022 – Décima Oitava Câmara Cível; 9- Negado provimento ao recurso de apelação.

(TJ-RJ – APL: 0000060162022819006 0 202200190172, Relator: Des(a). JDS Isabela Pessanha Chagas, Data de Julgamento: 26/01/2023, Vigésima Quinta Câmara Cível, Data de Publicação: 27/01/2023).

Ocorre que o divórcio é um direito potestativo e, sendo assim, o divorciando manifesta seu desejo de adquirir o seu estado civil de divorciado(a) ao propor a ação, e não o de, por fato superveniente, assumir o de viuvez.

Na lição de Rodrigo da Cunha Pereira[13], a expressão "direito potestativo" tem origem no termo em latim *potestativus*, que significa revestido de poder. Indica o direito de alguém, cujo exercício depende simplesmente da vontade e arbítrio de seu detentor, havendo então um certo nível de sujeição de um cônjuge ao desejo do outro, eis que manifestada a vontade de divorciar-se, caberia ao outro apenas o assentimento da dissolução do vínculo.

Exatamente neste sentido, colhem-se os seguintes julgados:

Agravo de instrumento. Divórcio liminar. Tutela provisória da evidência. Emenda constitucional 66/2010. Possibilidade. Direito potestativo. Recurso conhecido e provido. 1. Com a Emenda Constitucional 66/2010 que deu nova redação ao parágrafo 6º do artigo 226 da CF/88, o divórcio passou a depender somente da manifestação de vontade dos cônjuges, eliminando-se a restrição temporal, ou causal, tornando-se simples exercício de um direito potestativo das partes. 2. Preenchidos os requisitos do inciso IV do artigo 311 do Código de Processo Civil, por meio da demonstração da existência da relação matrimonial, através de documento hábil, e havendo pedido expresso de divórcio, é possível sua imediata decretação, máxime porque, a defesa contra o pedido possui apenas caráter protelatório, autorizando-se a antecipação da tutela, com a consequente determinação de expedição do competente mandado de averbação, autorizando a continuidade do feito, somente com relação à partilha de bens do casal litigante. Agravo de Instrumento Conhecido e Provido. (TJ-GO – AI: 04520953020208090000

---

13. PEREIRA, Rodrigo da Cunha. *Dicionário de Direito de Família e Sucessões*: ilustrado. São Paulo. Saraiva, 2015. p. 236.

Goiânia, Relator: Des(a). Mauricio Porfirio Rosa, Data de Julgamento: 22/02/2021, 5ª Câmara Cível, Data de Publicação: DJ de 22/02/2021)

Agravo de instrumento. Ação de divórcio litigioso. Liminar deferida. Direito potestativo. Decisão reformada. Recurso provido. O divórcio é um direito potestativo e incondicionado, podendo ser exercido por só um dos cônjuges, e conforme disposição do artigo 1.581 do Código Civil e jurisprudência. (TJ-MT 10160584920218110000 MT, Relator: Nilza Maria Possas De Carvalho, Data de Julgamento: 08/02/2022, Primeira Câmara de Direito Privado, Data de Publicação: 11/02/2022)

Agravo de Instrumento – Ação de Divórcio Litigioso – Indeferimento do Pedido De Decretação Liminar Do Divórcio – Possibilidade – Direito Potestativo – Decisão Reformada – Agravo Conhecido e Provido. O divórcio poderá ser concedido quando for apresentada a certidão de casamento, com manifestação expressa de um dos cônjuges na extinção da relação matrimonial, como ocorre no caso sob exame. Sendo um direito potestativo, o divórcio pode ser exercido por somente um dos cônjuges, não havendo se falar em oposição ou necessidade de contraditório, de modo que desnecessário aguardar-se sequer a angularização da relação processual para sua decretação. No caso dos autos, verifica-se ser prescindível a formação do contraditório para o deferimento da pretensão, em atenção ao princípio da efetividade da tutela jurisdicional.

(TJ-MT 10203966620218110000 MT, Relator: Sebastiao De Moraes Filho, Data de Julgamento: 04/05/2022, Segunda Câmara de Direito Privado, Data de Publicação: 10/05/2022).

Ao considerarmos o divórcio como direito potestativo, este não se sujeita a condições, bastando a manifestação de vontade livre e consciente. A avaliação/valoração do juiz sobre tal manifestação deve ser feita de forma retroativa, levando-se em consideração o momento em que ela é deduzida, ou seja, o momento da propositura da ação. Dessa maneira, a vontade do autor da ação de divórcio e/ou da reconvenção deve ser respeitada e, sendo assim, imprescindível e importante para decisão e suas respectivas consequências o acolhimento dos exatos termos declinados pelo falecido.

Também não se pode esquecer que o artigo 200, *caput* do CPC dispõe que os atos das partes consistentes em declarações unilaterais ou bilaterais de vontade produzem imediatamente a constituição de direitos processuais, o que, por consequência lógica, impediria a perda de objeto da ação em caso de morte superveniente do divorciando. Aliás, é exatamente nesse sentido que vários julgados estão admitindo o divórcio *post mortem*, firmando entendimento de que a morte da pessoa que pede o divórcio não implica a perda do objeto da ação, em razão de que o casamento já havia terminado de fato antes, pendendo somente de homologação judicial, ato meramente formal.

Neste sentido, chamamos atenção para os julgados abaixo:

Apelações cíveis. Ação de divórcio. Ação cautelar de afastamento do lar. Falecimento do autor no curso da demanda. Decretação do divórcio post mortem. Extinção da ação cautelar por ausência de interesse. Ruptura do vínculo matrimonial pelo divórcio. Insubsistência do lar conjugal. Inequívoca manifestação de vontade do autor em extinguir o vínculo conjugal pelo divórcio. Direito potestativo. EC 66. Manutenção de ambas as sentenças. 1. A morte de um dos cônjuges no decorrer da demanda não acarreta a perda de seu objeto, eis que já manifestada a vontade de um dos cônjuges em se divorciar. Possibilidade de decreto de divórcio post mortem, com efeitos retroativos à data do ajuizamento da ação. 2. Divórcio que, após a Emenda Constitucional 66/2010, alçou a natureza de direito potestativo incondicional. Artigo 226, § 6º, da CRFB. 3. A existência de atos de cooperação entre juízes designados para atuar nos feitos não viola o princípio do juiz natural, primado não revestido de caráter absoluto. 4. Longo período de internação que, por si só, não altera a capacidade cognitiva do cônjuge varão em manifestar sua vontade de se divorciar da ré, da qual se achava separado. Determinação judicial de saída da ré do lar conjugal, nos autos da ação de separação de corpos ajuizada pelo varão. 4. Assinaturas autenticadas pelo Tabelião e escritura pública lavrada junto ao 4º Tabelionato de Notas da Comarca da Capital a demonstrar a validade da manifestação de vontade do autor no sentido de se divorciar. Presunção de veracidade/legalidade dos atos notariais, em razão da fé pública de que gozam os delegatários, não elidida. 5. Alegação de incapacidade cognitiva do requerente não comprovada. Cerceamento de defesa inocorrente. 6. Com a ruptura do vínculo matrimonial pela decretação do divórcio post mortem não há que se falar em lar conjugal, tampouco autorização automática de retorno da ex-esposa ao imóvel antes residido pelo ex-casal. Perda superveniente do interesse processual em relação à cautelar de afastamento do lar, ressalvado à ré/apelante defender seus direitos patrimoniais na via processual própria. 7. Manutenção das sentenças. 8. Negativa de provimento aos recursos. (TJ-RJ – APL: 0148422742021819000I 202200142417, Relator: Des(a). Gilberto Clóvis Farias Matos, Data de Julgamento: 07/03/2023, Vigésima Segunda Câmara Cível, Data de Publicação: 14/03/2023)

Divórcio litigioso. Falecimento do cônjuge no curso da ação. Sentença de extinção sem julgamento do mérito. Inconformismo. Acolhimento.

A morte de um dos cônjuges no decorrer da demanda não acarreta a perda de seu objeto, vez que já manifesta a vontade de um dos cônjuges de se divorciar. Divórcio no direito positivo-constitucional que verte, após a Emenda Constitucional 66/2010, em direito potestativo e incondicional de cada qual dos cônjuges. Inteligência da nova redação dada ao artigo 226, § 6º, da Constituição Federal, com supressão do requisito temporal e causal. Princípio da ruptura do afeto. Direito cujo exercício somente depende da manifestação de vontade de qualquer interessado. Hipótese constitucional de uma rara verdade jurídico-absoluta, a qual materializa o direito civil-constitucional, que, em última reflexão, firma o divórcio liminar. Particularidade que suprime a possibilidade de oposição de qualquer tese de defesa, salvo a inexistência do casamento, fato incogitável. Detalhe que excepciona, inclusive, a necessidade de contraditório formal. Possibilidade de decreto do divórcio post mortem, com efeitos retroativos à data do ajuizamento da ação, de forma excepcional. Precedentes. Ação procedente. Recurso provido.

(TJ-SP – AC: 10325357420208260224 SP 1032535-74.2020.8.26.0224, Relator: Rômolo Russo, 7ª Câmara de Direito Privado, Data de Publicação: 28/07/2021).

3. CONCLUSÃO

Este artigo explorou os complexos desafios processuais que surgem em casos de divórcio, quando um dos cônjuges vem a falecer no curso do processo. A análise das diferentes perspectivas legais e jurisprudenciais revela a necessidade de se considerarem cuidadosamente questões como a sucessão processual, a continuidade das demandas, inclusive sob eventual participação do Ministério Público, a partilha de bens e os direitos dos herdeiros.

É evidente que a morte de um dos divorciandos acrescenta uma camada extra de complexidade ao cenário já sensível do direito das famílias, devendo ser estabelecidas diretrizes claras para essas situações, equilibrando-se justiça e segurança jurídica para todas as partes envolvidas.

A compreensão ampla acerca da repercussão processual nesse contexto oferece a todo o ordenamento jurídico as bases para abordar de maneira eficaz, assertiva e justa os casos de divórcio afetados por este acontecimento.

Ocorre que, mesmo com estes julgados a prática advocatícia nos chama à amarga realidade: após treze anos da EC 66/2010 os tribunais pátrios deixam de aplicar o pedido de divórcio liminar, causando morosidade e burocracia desnecessária e que por vezes reverberam de maneira prejudicial na vida dos jurisdicionados. Não são raras as audiências marcadas – após meses de protocolo da petição inicial – unicamente para afirmar perante o juízo de que há o desejo de se divorciar. Não homologar o pedido de divórcio de forma liminar, não homologar o pedido de divórcio consensual (ainda que pendentes questões paralelas) ou mesmo deixar de fazê-lo em decisão antecipada de mérito parece ser o mesmo que negar jurisdição. Ora, se dentre todas as possíveis discussões existentes em um processo de divórcio, o único consenso entre o ex-casal é a decisão de terminar o vínculo conjugal, que seja este único ponto decidido desde logo, de maneira célere, a fim de que a omissão judiciária não venha a causar embaraços futuros para a vida dos envolvidos, uma vez que o estado civil "divorciado" em muito se difere da viuvez quando analisamos principalmente as repercussões patrimoniais existentes em cada caso concreto.

Havendo o pedido de divórcio manifestado por qualquer das partes, sinalizando não existir mais o afeto, deve este pedido ser acolhido e seus efeitos perpetuados, preservando-se a vontade da parte mesmo que esta não venha a experimentar seus efeitos em vida, sejam estes efeitos patrimoniais ou não, materiais ou não, pois não deve o Estado invadir questões de foro íntimo, que restaram expressas em um documento apresentado à justiça em uma sinalização de última vontade que merece ser respeitada.

4. REFERÊNCIAS

AMORIM, Sebastião. *Separação e divórcio*: teoria e prática. 5. ed. São Paulo: Editora Universitária de Direito, 1999.

CÂMARA, Alexandre Freitas. *Lições de Direito Processual Civil*. 17. ed. Rio de Janeiro: Editora Lumen Juris, 2008. v. I.

GAGLIANO, Pablo Stolze; PAMPLONA FILHO, Rodolfo. *Manual de Direito Civil*: volume único. 6. ed. São Paulo: Saraiva Jur, 2022.

GRECO, Leonardo. *Instituições de processo civil*: processo de conhecimento. 3. ed. Rio de Janeiro: Forense, 2015. v. II.

MADALENO, Rolf. *Manual de Direito de Família*. 4. ed. Rio de Janeiro: Forense, 2022.

PEREIRA, Rodrigo da Cunha. *Dicionário de Direito de Família e Sucessões*: ilustrado. São Paulo. Saraiva, 2015.

RIZZARDO, Arnaldo. *Direito de Família*. 10. ed. Rio de Janeiro: Forense, 2019. *E-book*.

THEODORO JÚNIOR, Humberto. *Curso de Direito Processual Civil*. 59. ed. Rio de Janeiro: Forense, 11/2017. v. I. *Vital Book file*.

PROCESSO (RE)ESTRUTURANTE NAS AÇÕES DE ALIENAÇÃO PARENTAL: UMA ABORDAGEM INTEGRATIVA DO PRINCÍPIO DO SUPERIOR INTERESSE DA CRIANÇA

Fernanda Barros

Pós-graduanda em Direito Processual das Famílias e Sucessões – Atame DF. Pós-graduada em Direito Civil e Direito Processual Civil – ESA/ES. Advogada.

Gianne Bezerra

Pós-graduanda em Direito Processual das Famílias e Sucessões – Atame DF. Pós-graduada em Docência no Ensino Superior – UNP/RN, pós-graduada e Direito Civil e Direito Processual Civil – ESA/PE. Advogada.

Daniel Calado

Mediador e Conciliador Judicial. Pós-graduando em Direito Processual das Famílias e Sucessões – Atame/DF. Pós-graduado em Direito de Família, da Infância e Juventude – UNDB. Advogado.

Talissa Caldonazo

Pós-graduanda em Direito Processual das Famílias e Sucessões – Atame DF. Advogada.

Viviane Raniel

Pós-graduanda em Direito Processual das Famílias e Sucessões – Atame DF. Advogada.

Sumário: 1. Introdução – 2. Processo (re)estruturante – 3. A necessidade de adequar o processo (re)estruturante aos processos das famílias em casos de alienação parental envolvendo guarda e convivência – 4. Um estudo de caso a partir de uma *"decisão* (re) estruturante" – 5. Considerações finais – 6. Referências.

1. INTRODUÇÃO

As reflexões desenvolvidas ao longo deste artigo visam explorar a lacuna existente no Direito Processual das Famílias, no que diz respeito ao reconhecimento dos Processos (Re)estruturantes nos casos que envolvem questões de Alienação Parental.

É certo que o sistema jurídico brasileiro é influenciado pela tradição da *Civil Law*, logo, baseado em normas positivadas para respaldar as decisões judiciais, ao contrário do que se vê no direito americano, por exemplo, que segue a sistemática do *Common Law*, com maior flexibilidade, o qual baseia a fundamentação das suas decisões judiciais, em regra, em outros julgados, ou seja, o referido sistema é aquele em que "o direito tem como base forte de amparo as decisões judiciais e a sua força para atuar como precedente para futuros casos com os mesmos pressupostos de incidência"[1].

O Brasil ainda engatinha nesse sentido. Mas, cabe aos operadores do direito e doutrinadores demonstrar a necessidade de flexibilizar e desengessar o processo civil brasileiro, atentando, especialmente, para as demandas familiares – nos casos de Alienação Parental – que são carregadas de complexidades com características próprias e com um grau alto de litigiosidade.

Não é novidade que o sistema processual brasileiro já reconheceu o processo estruturante em outras áreas, principalmente, no Direito Processual Penal, no Direito Ambiental, entre outros. Ocorre que a dinamicidade que perpassa o Direito Processual das Famílias reivindica maior "maleabilidade" no curso do processo, de modo que os atos processuais possam encaminhá-lo para a mitigação do litígio, com uma decisão final mais assertiva, que não considere somente o fato que deu origem à demanda judicial, mas, também, como essa decisão final terá êxito, ponderando e enxergando além do fato passado.

Destaca-se, assim, que, no Processo (Re)estruturante, o juízo levará em consideração não só o fato originário, mas também, o futuro daquela demanda, de modo que sua decisão considere a multiplicidade de conflitos existentes e, ainda, pondere, na decisão, os pontos mais relevantes da lide para que não haja reincidentes ações.

É importante, nesse ínterim, observar o Processo Civil das Famílias como algo dinâmico, mutável e não plastificado. Existe mais dinamicidade que o comportamento humano em suas relações? Pois bem, aqui nasce uma pretensão fundamental como objeto deste artigo, qual seja, demonstrar a possibilidade e necessidade de implementar o Processo (Re)estruturante nos casos dos processos de famílias que envolvem casos de Alienação Parental.

---

1. ALMEIDA, Gregório Assagra de. Direito Estrangeiro e comparado – Generalidades. 2. O Sistema Jurídico Nos Estados Unidos - Common Law E Carreiras Jurídicas (Judges, Prosecutors E Lawyers): O que poderia ser útil para a reforma do sistema processual brasileiro? *Repro*, v. 251 (janeiro 2016). (s.p).

Para tanto, busca-se demonstrar que Princípio do Superior Interesse da Criança é o alicerce que fundamenta para o Direito Processual das Famílias, os mecanismos utilizados no Processo (Re)estruturante.

Para tal propósito, e maior inteligibilidade, analisa-se um caso prático, demonstrando a assertividade e eficácia de uma sentença – *Decisão* (Re)estruturante advinda de um processo que traz como características, os elementos do Processo (Re)estruturante no Direito Processual Civil das Famílias, em um caso de Alienação Parental.

2. PROCESSO (RE)ESTRUTURANTE

O Processo (Re)estruturante vem sendo motivo de debates nas últimas décadas no sistema normativo brasileiro. Trata-se de uma quebra de paradigma no sistema do processo civil tradicional, no qual orbita a lógica dicotômica, advinda do Princípio da Demanda, em que o juízo está adstrito ao dever de correspondência entre o pedido e a sentença.

Neste viés, o juiz está obrigado a julgar apenas o que está nos exatos limites apresentados pela parte autora[2], ficando a figura do juiz consideravelmente engessada e com pouco protagonismo. Entretanto, Processos (Re)estruturantes, o juiz tem uma postura mais ativa, direcionando o processo para atingir o seu objetivo primordial que é dirimir o conflito com uma decisão final mais assertiva, garantindo uma resolução mais eficiente.

O Processo (Re)estruturante advém de litígios coletivos complexos. De acordo com Vitorelli, "os litígios coletivos complexos são aqueles que envolvem, mais do que uma simples aplicação do direito, análises relacionadas à eficiência, à economicidade, à proporcionalidade e à desejabilidade, para a sociedade, de uma determinada solução"[3]. Para tanto, duas variáveis são importantes nos litígios coletivos, os quais adotam o Processo (Re)estruturante, quais sejam: conflituosidade e complexidade. Para o autor, a

> *conflituosidade* é um indicador que analisa o grau de concordância entre os indivíduos que integram o grupo. Quanto maior a intensidade do impacto, a diferença de posições sociais e de modo como o litígio impacta sobre os indivíduos, maior será a conflituosidade. A complexidade, por sua vez, não deriva da relação entre o litígio e o grupo, mas da relação entre o litígio e o Direito. *Complexidade* é um elemento que deriva das múltiplas possibilidades de tutela de um direito. [...] Em outras palavras, a complexidade deriva da

---

2. ARENHART, Sérgio Cruz. Decisões Estruturais no Direito Processual Civil Brasileiro. *Revista de Processo*, v. 225/2013, p. 389-410, nov. 2013.
3. VITORELLI, Edilson. *Processo civil estrutural*. Teoria e prática. 4. ed. Salvador: JusPodivm, 2023. p. 39-40.

dúvida no modo como a decisão acerca do litígio deva ser tomada ou deva ser implementada.[4] (grifo nosso).

No entanto, há litígios coletivos simples que não demandam uma multiplicidade de possibilidades na sua decisão, nestes, portanto, não há razão para se adequar ao Processo (Re)estruturante, posto que sua decisão não necessita de tantas diligências para se auferir a pretensão tutelada. Entretanto, nos litígios coletivos carregados de conflituosidade e complexidade, é necessário o Processo (Re)estruturante como discorrido.

Vitorelli ressalta, no entanto, a dificuldade que a teoria do Processo Estrutural enfrenta, que é se adaptar à engessada estrutura do processo tradicional, a qual foi idealizada para solucionar conflitos passados e estáticos, à solução de um litígio que é instável, variável e que vai se desenvolvendo no presente e no futuro[5], o que faz com que "as necessidades de proteção de um determinado momento, muito frequentemente, serão distintas daquelas existentes em outra ocasião.[6] O objetivo então, do Processo (Re)estruturante é "a reorganização de uma estrutura burocrática, pública ou privada, que causa, fomenta ou viabiliza a ocorrência de uma violação a direitos pelo modo como funciona, originando um litígio estrutural"[7].

Segundo Arenhart, na área de saúde pública, no Direito Ambiental e no Direito Processual do Trabalho, a adoção do Processo (Re)estruturante tem sido acolhida de forma fecunda[8]. Observa-se no julgamento abaixo, a melhor adequação do texto legal:

> Ementa administrativo e ambiental. Ibama. Guarda doméstica de papagaios. Animais adaptados ao convívio doméstico há quase uma década. Inexistência de previsão legal. Razoabilidade. Termo de depósito. 1. A proteção da fauna é assegurada constitucionalmente e tem como premissa maior a não adoção de práticas que coloquem em risco sua função ecológica ou que contribuam para sua extinção. Há, nesse sentido, um compromisso ético com a preservação da biodiversidade, com o escopo de assegurar as condições que favoreçam e propiciem a vida no Planeta em todas as suas formas. 2. As normas estão vocacionadas ao objetivo de uso moderado dos recursos ambientais, sejam eles a água, a fauna, o solo, o ar, as florestas, sempre com vistas a assegurar o direito fundamental ao meio ambiente ecologicamente equilibrado. Nessa perspectiva, é instrumentalizado, precipuamente, pelos deveres previstos na Constituição Federal, dentre os quais o de não degradar, direcionado tanto ao Estado como à sociedade civil, com vistas a sustentabilidade. 3. *A solução da lide*

---

4. Ibidem, p. 37-38.
5. Ibidem.
6. ARENHART, Sérgio Cruz. Decisões Estruturais no Direito Processual Civil Brasileiro. *Revista de Processo*, v. 225/2013, p. 389-410, nov. 2013.
7. VITORELLI, Edilson. *Processo civil estrutural*. Teoria e prática. 4. ed., Salvador: JusPodivm, 2023, p. 259.
8. ARENHART, Sérgio Cruz. Decisões Estruturais no Direito Processual Civil Brasileiro. *Revista de Processo*, v. 225/2013, p. 389-410, nov. 2013.

demanda mais que a mera aplicação do texto da lei, exigindo do julgador a tentativa de melhor adequar os interesses em conflito. Embora a Administração Pública deva proceder à apreensão do animal silvestre e sua reinclusão em ambiente que propicie a convivência com outros do mesmo espécime, é relevante a circunstância de que os animais silvestres já estão há mais de duas décadas afastados de seu habitat natural. concreto. (TJRS, Apelação/Reexame Necessário 5036841-14.2011.404.7100/RS, Quarta Turma, Rel. Vivian Josete Pantaleão Caminha. Publicado DJ. 06.12.2013. (grifo nosso).

Parte-se, então, desse julgado como exemplo para apreender o que são processos complexos e litígios complexos. Além disso, compreende-se, no trecho destacado, que a mera aplicação da lei, não resolveria o litígio. É necessário, assim, considerar os Direitos Fundamentais na decisão para que melhor atenda aos interesses tutelados.

É forçoso observar que, no caso indicado na jurisprudência acima, se não se observasse o contexto, a aplicação da norma pura não atenderia o objetivo do processo, posto que a devolução do animal silvestre ao seu habitat colocaria a sua vida em risco iminente, já que há mais de vinte anos encontrava-se em ambiente doméstico, por conseguinte, adaptado a este. Arenhart assevera que existem várias facetas nos litígios ambientais e há a necessidade de proteger vários interesses que colidem entre si, o que faz com que as *decisões (re)estruturais* se tornem mais necessárias[9].

Outro ponto importante nos Processos (Re)estruturantes, nos litígios coletivos, é a utilização de técnicas de gestão de processos, ou seja, busca-se um aprimoramento do gerenciamento judicial em casos de litígios coletivos com maior complexidade e, nesse contexto, o Processo (Re)estruturante vem logrando êxito.

A terminologia Processo (Re)estruturante, vem da denominação utilizada por Câmara[10]. Entende o autor que o adjetivo (re)estruturante, deve qualificar o próprio processo, cujo objeto é a reestruturação, a reorganização institucional, de uma estrutura pública ou privada, que venha funcionando mal e, por isso, tenha gerado um *conflito estrutural*. Portanto, o que estrutural é o conflito e o Processo é (Re)estruturante. Comunga-se, portanto, da mesma acepção tratada por Câmara, por entender ser a mais acertada dentro desse contexto. Igualmente, o seu objetivo é a reestruturação de novas bases para organização do núcleo familiar para além do primeiro – trazendo essa perspectiva para o Direito Processual das Famílias.

Essa perspectiva (re)estruturante visa aprimorar o resultado do processo, por meio de técnicas e métodos que possam promover decisões mais efetivas:

---

9. ARENHART, Sérgio Cruz. Decisões Estruturais no Direito Processual Civil Brasileiro. *Revista de Processo*, v. 225/2013, p. 389-410, nov. 2013.

10. CÂMARA, Alexandre Freitas. Processo reestruturante de família. *Revista de Processo*, São Paulo, v. 338, Ano 48, p. 277-298, abr. 2023.

colaboração das partes para resolução consensual dos conflitos, a utilização da mediação e conciliação como forma de dirimir o conflito entre as partes.

No entanto, o objetivo desse trabalho é problematizar a partir da inflexão do pensamento da teoria base, para olhar os litígios que não são coletivos, mas que, de igual forma, são litígios com alta conflituosidade e complexidade, nos processos das famílias, especialmente, nos casos que envolvem a prática da Alienação Parental. Como pergunta norteadora destaca-se: é possível então, adotar o Processo (Re)estruturante nos processos envolvendo Alienação Parental, para que se atenda ao objetivo buscado no processo?

É sabido que a prática da Alienação Parental não envolve, somente, duas partes adversas, mas, sim, uma multiplicidade de indivíduos que são atingidos de formas diferentes, sejam partes no processo ou não, e que o litígio é caracterizado pela complexidade e conflituosidade, fazendo-se, desta forma, uma analogia com os litígios complexos estruturantes.

Tão sabido quanto, é o fato de que o maior prejudicado nesse contexto é a criança/adolescente, o qual sofre uma instrumentalização através de atos que causem "a interferência na formação psicológica da criança ou do adolescente promovida ou induzida por um dos genitores, pelos avós ou pelos que tenham a criança ou adolescente sob a sua autoridade, guarda ou vigilância para que repudie genitor ou que cause prejuízo ao estabelecimento ou à manutenção de vínculos com este" (Lei 12.318/10, art. 2°).

O fenômeno da Alienação Parental tem se expandido bastante. Recentemente, foi noticiado pela Acessa.com, uma pesquisa realizada pelo Instituto Brasileiro de Geografia e Estatística (IBGE) que aponta que cerca de 80% dos filhos de pais separados sofrem Alienação Parental, quadro agravado durante a pandemia de Covid-19 quando ações judiciais tiveram um aumento de 171% entre 2019 e 2020.[11] Esse é um dado considerável para a sociedade.

Necessário ressaltar que é difícil a quantificação de ações desse tipo que esbarra na limitação para pesquisa em decorrência do segredo de justiça desses processos e no fato de muitas questões sobre Alienação Parental serem suscitadas em audiências ou contestações de ações de família diversas, não necessariamente ações autônomas de Alienação Parental. Assim, pode haver uma subnotificação de casos, em especial com relação às classes menos favorecidas (salienta-se, por oportuno, que esse recorte de classe, não costuma aparecer nessas estatísticas).

---

11. Pesquisa aponta que cerca de 80% dos filhos de pais separados sofrem alienação Parental. Disponível em: www.acessa.com. Acesso em: 08 ago. 2023.

O Direito Processual das Famílias que lida com casos envolvendo Alienação Parental, demonstra que o litígio se reveste, na maioria das vezes, de conflituosidade, complexidade, multipolaridade, fluidez e mutabilidade.

Voltando à *decisão* (re)estrutural, segundo Arenhart[12], é possível imaginar que esse tipo de juízo coexista em sintonia com um sistema fundamentado no princípio da congruência, que busca alinhar o pedido da ação com a sentença. Isso ocorre porque a parte que ingressa com a ação também é capaz de avaliar com discernimento necessário a garantia devida à proteção ao direito em questão.

No entanto, ao observar a realidade, fica claro que essa harmonia é difícil de ser alcançada, sobretudo devido à natureza das sentenças estruturais que envolverem conflitos sujeitos a condições altamente variáveis e fluidas. A proteção das necessidades na demanda, em determinado momento, muitas vezes, será diferente das que se apresentam em outra ocasião[13], como se verá, no último tópico, no caso prático que é objeto de análise desse estudo.

Assim sendo, nas ações que versem sobre casos Alienação Parental e/ou violência familiar, que estão associados intrinsicamente às questões de guarda e convivência, revestidos de alta conflituosidade, inseridos num contexto de uma família disfuncional, deve-se considerar as técnicas utilizadas no Processo (Re)estruturante para que haja uma recomposição na estrutura desse conflito.

3. A NECESSIDADE DE ADEQUAR O PROCESSO (RE)ESTRUTURANTE AOS PROCESSOS DAS FAMÍLIAS EM CASOS DE ALIENAÇÃO PARENTAL ENVOLVENDO GUARDA E CONVIVÊNCIA

Inicia-se esse ponto com a reflexiva metáfora utilizada por Câmara referente ao Direito Processual Civil das Famílias e o Direito Processual Civil, os quais vêm, ao longo dos anos, sendo tratados como "dois trens que viajam em trilhos paralelos e de sentidos opostos e que jamais se encontrariam".[14] O que, de todo modo, não pode ser levado com tamanha rigidez, pois é bem verdade que ambos precisam achar um ponto de equilíbrio, e se adequar a ponto de trazer uma segurança jurídica para aqueles que buscam seu socorro.

No trabalho em tela, procura-se encontrar esse ponto de "intersecção", em especial, nos processos que versem sobre causas sensíveis, complexas e com alto grau de conflituosidade no Direito das Famílias, (re)estruturando aquilo que, de alguma forma, pelo conflito, tornou-se desestruturado e, assim, com os mecanis-

---

12. ARENHART, Sérgio Cruz. Decisões Estruturais no Direito Processual Civil Brasileiro. *Revista de Processo*, v. 225/2013, p. 389-410, nov. 2013.
13. Ibidem.
14. CÂMARA, Alexandre Freitas. Processo reestruturante de família. *Revista de Processo*, São Paulo, v. 338, Ano 48, p. 277-298, abr. 2023.

mos do Processo (Re)estruturante, poder cessar comportamentos que levaram à disfuncionalidade de determinada família. Desta forma, busca-se reconstruir os vínculos quebrados, obtendo, assim, um resultado satisfatório à demanda proposta.

O CPC/2015 regulamentou no seus arts. 693 a 699 o que ele chama de procedimentos especiais para as Ações de Família, ressalvando aqueles que devem seguir legislação específica. Há que se destacar que "os conflitos familiares não são meras crises jurídicas, mas contêm uma série de elementos metajurídicos, que precisam ser levados em consideração, como, por exemplo, o afeto".[15]

As ações de família trabalham, antes de tudo, com questões emocionais, relacionamentos fragilizados. Nos casos em que se verifica a incidência da Alienação Parental é crucial que o judiciário compreenda essas particularidades, conduzindo os processos com sensibilidade, respeito, técnica e empatia, priorizando, sempre, o bem-estar da criança/adolescente.

Antes de tudo, deve-se entender que família é uma estrutura e deve ser analisada como tal. Assim sendo, não restam dúvidas de que há conflitos familiares que se enquadrarão nas características dos conflitos estruturantes, que são: complexidade, multipolaridade, recomposição institucional e prospectividade.

Enquadrando-se nas características do litígio estrutural torna-se, essencial ressaltar que a aplicação da jurisdição deve ser orientada para o horizonte futuro. Isso se deve ao fato de que, em situações delicadas como as questões familiares, a exemplo da Ação Declaratória de Alienação Parental relacionada ao arranjo de convivência, os possíveis danos que podem afetar negativamente a vida da criança/adolescente precisam ser considerados com grande atenção.

Afinal, nesses casos, é muito comum a necessidade de reconstrução de vínculos que se enfraqueceram ou, até mesmo, se romperam, especialmente quando configurada uma situação de Alienação Parental."[16]. Cabe, assim, ao juiz, reorganizar a estrutura que fora desorganizada e fazer com que a situação volte à "normalidade", levando sempre como pilar o Princípio do Superior Interesse da Criança e a Doutrina da Proteção Integral com absoluta prioridade.

Nesse contexto, é interessante observar a convergência do Princípio do Superior Interesse da Criança e a Doutrina da Proteção Integral para o reconhecimento do Processo (Re)estruturante nos processos de família. O conceito de *Superior Interesse* advém da Convenção dos Direitos da Criança, promovida pela

---

15. Ibidem.
16. OLIVEIRA, Ana Lúcia Navarro. A alienação parental e suas implicações no contexto familiar. In: AZEVEDO NETO, Álvaro; QUEIROZ, Maria Emília M. de Oliveira; CALÇADA, Andréia (Orgs.). *Alienação parental e a família contemporânea* – um estudo psicossocial. Recife: FBV/Devry, 2015.

UNICEF. Estruturada por inúmeros princípios, o referido documento estabelece à criança a especial proteção para o seu desenvolvimento físico, mental e social, no Princípio II,[17] veja:

> Princípio II - A criança gozará de proteção especial e disporá de oportunidade e serviços, a serem estabelecidos em lei por outros meios, de modo que possa desenvolver-se física, mental, moral, espiritual e socialmente de forma saudável e normal, assim como em condições de liberdade e dignidade. Ao promulgar leis com este fim, a consideração fundamental a que se atenderá será o interesse superior da criança.

Na mesma esteira, a Constituição Federal de 1988 e o Estatuto da Criança e do Adolescente asseguram a Proteção Integral a crianças/adolescentes, sem prejuízo do arcabouço de leis esparsas que conforma o sistema de proteção à criança/adolescente, nos seguintes termos:

> Art. 227, CF/88: É dever da família, da sociedade e do Estado assegurar à criança, ao adolescente e ao jovem, com absoluta prioridade, o direito à vida, à saúde, à alimentação, à educação, ao lazer, à profissionalização, à cultura, à dignidade, ao respeito, à liberdade e à convivência familiar e comunitária, além de colocá-los a salvo de toda forma de negligência, discriminação, exploração, violência, crueldade e opressão.
>
> Art. 4º, ECA: É dever da família, da comunidade, da sociedade em geral e do poder público assegurar, com absoluta prioridade, a efetivação dos direitos referentes à vida, à saúde, à alimentação, à educação, ao esporte, ao lazer, à profissionalização, à cultura, à dignidade, ao respeito, à liberdade e à convivência familiar e comunitária.

Isso evidencia o que está fundamentado neste sistema de proteção, o qual demonstra que as características do litígio estrutural estão presentes na maioria das ações de Alienação Parental. Dessa forma, o Processo (Re)estruturante se entrelaça de maneira significativa com o Direito Processual Civil das Famílias, adequando-se às condições para que aquela criança/adolescente possa sair daquele processo, de forma a se tornar um "adulto funcional", sem que o conflito persista ou se repita de forma cíclica.

Em vista disso, a doutrina destaca a importância da intervenção judicial quando observada a incidência da Alienação Parental, evitando que atos alienantes se proliferem. Conforme Glicia Brazil, uma intervenção judicial rápida e eficaz pode impedir que se limite apenas à confirmação de que um responsável alienou a criança, pois, dependendo do grau da alienação, a mera confirmação não será suficiente. Os prejuízos para a criança que sofre a Alienação Parental são incon-

---

17. MACIEL, Kátia Regina Ferreira Lobo Andrade. Em defesa do superior interesse da criança como princípio constitucional e sua interpretação pelas cortes superiores no Brasil nas demandas de relações parento-filiais. *Revista do Ministério Público*, Rio de Janeiro: MPRJ, n. 47, jan./mar. 2013. Disponível em: <https://www.mprj.mp.br/documents/20184/2580660/Katia_Regina_Ferreira_Lobo_Andrade_Maciel.pdf>. Acesso em: 03 jul. 2023.

táveis, tornando impossível prever as marcas que o processo alienatório poderá deixar em sua vida adulta[18], consequentemente, um adulto adoecido.

Entretanto, é importante frisar que o Processo (Re)estruturante possui algumas características específicas, as quais, embora já tenham sido mencionadas por aqui, merecem ser relembradas: determinação de um objeto durante o seu curso; a prospectividade da instrução probatória; exercício de deveres instrutórios; e, por fim, as decisões em cascata. E, para que os processos que envolvem as ações de família possam utilizar-se dos mecanismos dos Processos (Re)estruturantes, devem se enquadrar nos requisitos destacados.

Merecem evidenciar, pois, nesse contexto, as decisões em cascata, haja vista que, no Processo (Re)estruturante, em primeiro, há a necessidade de uma decisão núcleo (que "cesse" comportamentos que ensejaram o conflito estruturante), sendo ela mais principiológica e que servirá de base para as outras que virão até que se chegue à decisão final. Desta forma, por meio de alterações no curso do processo se consegue chegar a uma sentença adequada e assertiva ao litígio que desaguou no Judiciário, recompondo a funcionalidade daquela família e reestruturando entre seus membros o vínculo enfraquecido ou quebrado.[19]

Portanto, a possibilidade de aplicar o Processo (Re)estruturante aos casos de Alienação Parental permite tratar a situação com assertividade, promovendo a restauração de um relacionamento saudável entre a criança/adolescente e o familiar alienado, sempre priorizando o bem-estar da criança envolvida.

Ao adotar essas práticas, a família como um todo passará por uma transformação, alcançando, assim, resultados mais eficazes pois utiliza-se do auxílio de diversos especialistas como psicólogos, assistentes sociais, psiquiatras, pediatras, advogados e, principalmente, a colaboração das próprias partes, que auxiliam na compreensão da dinâmica familiar e propõem soluções para minimizar os efeitos da Alienação Parental.

Assim sendo, pode ser observado que o Processo (Re)estruturante, quando possível seu enquadramento em ações de família, busca, antes de tudo, reestabelecer vínculos que foram afetados, como em uma disputa que evolve guarda e convivência no âmbito da Alienação Parental. Como perceberá da análise da sentença que segue no próximo tópico, ela demonstra que o Processo (Re) estruturante não só se restringe a questões que versam sobre direitos coletivos, mas, também, enviesa para algumas situações que apresentam características do

---

18. BRAZIL, Glicia Barbosa de Mattos. A reconstrução dos vínculos afetivos pelo Judiciário. In: *Revista Brasileira de Direito das Famílias e Sucessões*, Editora Magister, Belo Horizonte, v. 13, p. 47-59, dez./jan. 2010.

19. CÂMARA, Alexandre Freitas. Processo reestruturante de família. *Revista de Processo*, São Paulo, v. 338, Ano 48, p. 277-298, abr. 2023.

litígio estrutural, produzindo resultados com a absoluta prioridade ao Princípio do Superior Interesse da Criança e da Doutrina da Proteção Integral.

4. UM ESTUDO DE CASO A PARTIR DE UMA *"DECISÃO* (RE) ESTRUTURANTE"

O caso prático trata-se de um processo iniciado em 2013, com sentença proferida em 2016, no qual, encontram-se às características do Processo (Re) estruturante já esboçadas há pouco. Há nessa decisão uma quebra do binarismo do processo civil, como pode ser observado adiante.

Conforme Didier Jr, Zaneti Jr e Oliveira[20] "é difícil estabelecer um conceito analítico de *decisão* estrutural. Essa concepção surgiu nos Estados Unidos, a partir da *postura mais ativa dos juízes* que marcou a atuação do Poder Judiciário norte-a-mericano entre 1950 e 1970" (grifo nosso). No entanto, salientam os autores que:

> decisão estrutural (*structural injunction*) é, pois, aquela que busca implantar uma reforma estrutural (*structural reform*) em um ente, organização ou instituição, com o objetivo de concretizar um *direito fundamental*, realizar uma determinada política pública ou resolver *litígios complexos*. (Ibidem)[21]. (grifo nosso).

Primordialmente, as *decisões (re)estruturantes* são dotadas das características das normas deônticas, ou seja, estabelecem uma ação direta, um dever, seja ele positivo ou negativo. Além disso, caracterizam-se por ser: "uma decisão que estrutura o modo como se deve alcançar esse resultado, determinando condutas que precisam ser observadas ou evitadas para que o preceito seja atendido e o resultado, alcançado – assumindo, por isso, e nessa parte, a estrutura deôntica de uma regra".[22]

Segundo Vitorelli[23], para se realizar o objetivo almejado no processo, necessariamente, tem que se romper com o processo tradicional, ou seja, romper com a estrutura "direito-obrigação-violação-reparação". O intento dessa decisão "nova" é que não haja mais violações nesse sentido. Assim, buscam-se maneiras de parar o comportamento que ensejou a lide ou o contexto que a favorece.

Outro ponto relevante, é que, até que chegue à decisão principal, várias outras decisões são feitas anteriormente. Arenhart considera essas decisões como

---

20. DIDIER JR, Fredie [*et al*]. Notas sobre decisões estruturantes. *Civil Procedure Review*, v. 8, n. 1: 46-64, jan.-apr., 2017. Disponível em: https://www.civilprocedurereview.com/revista. Acesso em: 30 jul. 2023.
21. Ibidem, p. 48-50.
22. Ibidem.
23. VITORELLI, Edilson. O devido processo legal coletivo: representação, participação e efetividade da tutela jurisdicional. Disponível em: https://acervodigital.ufpr.br/bitstream/handle/1884/40822/R%20-%20T%20-%20EDILSON%20VITORELL. Curitiba, 2015. Acesso em: 02 jul. 2023.

medidas estruturais a necessidade de se recorrer a *provimentos em cascata*, de modo que os problemas devam ser resolvidos à medida que apareçam. Assim, por exemplo, é típico das medidas estruturais a prolação de uma primeira decisão, que se limitará a fixar em linhas gerais as diretrizes para a proteção do direito a ser tutelado, criando o núcleo da posição jurisdicional sobre o problema a ele levado" [...] outras decisões serão exigidas, para a solução de problemas e questões pontuais, surgidas na implementação da "decisão-núcleo".[24] (grifo nosso).

Sobre isso, Didier Jr, Zaneti Jr e Oliveira realçam que, "muitas vezes, à decisão principal seguem-se inúmeras outras que têm por objetivo resolver problemas decorrentes da efetivação das decisões anteriores de modo a permitir a efetiva concretização do resultado visado pela decisão principal."[25]

No entanto, Arenhart[26] pontua assertivamente sobre o processo civil tradicional, ratificando que o processo é balizado por uma dualidade, cabendo ao juiz decidir quem ganha ou quem perde. Julgando o pedido de acordo com o Princípio da Demanda em conformidade com o art. 492 do CPC/2015. Não se pode decidir além do que foi pedido. Dito de outro modo, o pedido formulado pelo autor estabelece o limite máximo da decisão judicial, como também, define exatamente o bem da vida que será julgado. Ressalta, ainda, que, no processo tradicional, o juiz está sujeito a acolher ou rejeitar, no todo ou em parte, o pedido formulado na inicial. "A tarefa judicial, portanto, se limita a uma escolha entre duas posições jurídicas".

Depreende-se, portanto, que, na *decisão (re)estrutural*, duas características são fundamentais: *a postura ativa dos juízes e um litígio complexo* e, por consequência, haverá uma decisão que se reveste de complexidade.

Entretanto, nem todo litígio que envolve Alienação Parental se enquadra em um litígio estrutural e, por conseguinte, não será toda decisão que terá conteúdo (re)estruturante.

A complexidade do litígio abordada neste contexto diz respeito à existência de vários interesses que se chocam e que merecem o amparo da tutela jurisdicional e não em razão da complexidade da ideia comum de que complexo é difícil, mas, sim, porque direitos fundamentais estão em colisão.

Como discorrido, o Processo (Re)estruturante pode e deve se amparar no Princípio do Superior Interesse da Criança, associando-se, também, à Doutrina da Proteção Integral previstos no art. 227 da CF/88 e art. 4º do ECA/90, e em outras

---

24. ARENHART, Sérgio Cruz. Decisões estruturais no direito processual civil brasileiro. *Revistas dos Tribunais online. Revista de Processo*, v. 225/2013,| p. 389 – 410, nov. 2013. p. 06. Disponível em: https:// edisciplinas.usp.br. Acesso em: 02 ago. 2023.

25. DIDIER JR, [*et al*]. Notas sobre decisões estruturantes. *Civil Procedure Review*, v. 8, n. 1: 46-64, jan.-apr., 2017. Disponível em: www.civilprocedereview.com. Acesso em: 30 jul. 2013. p. 51.

26. ARENHART, Sérgio Cruz. Decisões Estruturais no Direito Processual Civil Brasileiro. *Revistas dos Tribunais online. Revista de Processo*, v. 225/2013, p. 389-410, nov. 2013. p. 06. Disponível em: https:// edisciplinas.usp.br. Acesso em: 02 ago. 2023.

leis que formam um sistema normativo de proteção aos direitos fundamentais da criança/adolescente como sujeitos de direitos. Visa-se, ainda, proteger sua dignidade como sujeito mais vulnerável em uma hierarquia de violências dentro de um contexto familiar adoecido e não funcional.

O Princípio do Superior/Melhor Interesse da Criança rege de forma basilar os processos que envolvem crianças/adolescentes, especialmente em contextos de vulnerabilidades em que estão inseridas violências, no caso abordado, a Alienação Parental.

A importância de se ampliar as lentes do Princípio do Superior/Melhor Interesse da Criança/Adolescente, se dá, para coibir as diversas violências que nossas crianças/adolescentes estão suscetíveis, principalmente, nos litígios de guarda. Dito de outra forma, é o cuidado em estabelecer um novo núcleo familiar com possibilidades mais assertivas para a família.

Sendo assim, em casos complexos que envolvem Alienação Parental, faz-se necessária essa quebra de paradigma em relação ao processo civil tradicional das famílias, admitindo o Processo (Re)estruturante.

Ressaltadas essas considerações, para um maior esclarecimento desse constructo, observam-se, pelo resumo da sentença explorada abaixo, as características do Processo (Re)estruturante e quão precisa foi a decisão final. Antes de analisar o caso prático, segue-se um breve relato da decisão explorada, extraída do Processo 0007231-19.2013.8.19.0002:[27]

Pontualmente, nesse estudo, toma-se como base de análise a sentença evidenciada para extrairmos parâmetros que balizem o entendimento em relação à intersecção com a inteligibilidade do Processo (Re)estruturante. Nos conflitos de família, Câmara[28], entende ser possível sua aplicação nos casos em que envolvam litígios estruturais, ou seja, quando no conflito há mudanças significativas, envolvendo polos distintos, no espaço de tempo em que ocorre o processo. Ademais, pode-se observar na sentença[29] "inovadora" ora explorada que o juízo aplicou as premissas do Processo (Re)estruturante no curso do feito e assim procedeu até a decisão final. Partindo da intelecção de Câmara[30], pode-se perceber, em vários pontos da sentença, as características do Processo (Re)estruturante, mesmo antes

---

27. Sentença. Processo: 0007231-19.2013.8.19.0002. TJ-RJ. Niterói. Data da publicação: 16.05.2016. Disponível em: www1.tjrj.jus.br. Acesso em: 23 jul. 2023.
28. CÂMARA, Alexandre Freitas. Processo reestruturante de família. *Revista de Processo*, São Paulo, v. 338, Ano 48, p. 277-298, abr. 2023. Disponível em: https://amaerj.org.br/noticias/processo-reestruturante-de-familia-e-tema-de-artigo-de-desembargador. Acesso em: 01 ago. 2023.
29. Sentença. Processo: 0007231-19.2013.8.19.0002. TJ-RJ. Niterói. Data da publicação: 16.05.2016 – Disponível em: www1.tjrj.jus.br. Acesso em: 23 jul. 2023.
30. CÂMARA, Alexandre Freitas. Processo reestruturante de família. Revista de Processo, São Paulo, v. 338, Ano 48, p. 277-298, abr. 2023. Disponível em: https://amaerj.org.br/noticias/processo-reestruturante-de-familia-e-tema-de-artigo-de-desembargador. Acesso em: 01 ago. 2023.

das novas regras do CPC/15 e das demais vindouras normativas progressistas no ordenamento jurídico familiarista.

Conforme observa Osna:

> é interessante notar que algumas das principais decisões de nossos Tribunais por vezes reconhecidas como estruturantes também pareceram partir desse fluxo. Ao apreciá-las, *verifica-se uma mesma pedra angular: a tentativa do Poder Judiciário de encontrar saídas concretas para problemas cuja complexidade não é suficientemente compatível com as respostas do processo civil tradicional.*[31] (grifo nosso).

Vejamos, portanto, no quadro a seguir como os elementos do Processo (Re) estruturante dialogam com a observação de Osna e como "carimbam" de forma clara, os argumentos que se depreendem da decisão em voga:

Análise dos elementos que ensejam o Processo (Re)estruturante e suas características extraídas da sentença proferida, acima esboçada:

ELEMENTOS NARRATIVOS DA SENTENÇA	CARACTERÍSTICAS DO PROCESSO (RE)ESTRUTURANTE
Complexidade: [...] *"é possível inferir o intenso grau de litigiosidade existente entre os genitores".* [...]	Entende-se aqui a necessidade de uma gradativa condução face ao litígio que é carregado de notícias imprevisíveis atravessadas pela incerteza gerada a respeito de uma "nova informação e suas consequentes incertezas".
Multipolaridade: [...] *"Diante dos dados colhidos, conclui-se que, após período de intenso litígio parental no contexto pós-separação - quando houve ação de execução de alimentos contra o genitor de A., medida protetiva de afastamento emitida pelo Juizado de Violência Doméstica também contra o pai (por suposta agressão deste contra a requerida) e, ainda, reversão provisória da guarda do menino para o pai durante o ano de 2013 (por suposta agressão da mãe contra a criança)"* [...].	Pode-se perceber pela narrativa que há um problema núcleo (reversão da guarda), em que orbitam capilaridades de outros problemas que se intercruzam com a questão central.
Recomposição Institucional: [...] *"observa-se, ainda, que não obstante a repetição das alegações da parte autora, que de certo modo poderia acarretar a extinção do processo sem resolução do mérito em razão da existência de coisa julgada, notadamente por força da inexistência de fundamento novo a ensejar a rediscussão da guarda. Contudo, diante da gravidade das alegações e visando proteger o menor, o feito prosseguiram, tendo sido realizado diversos estudos psicossociais e oportunizada ampla dilação probatória a fim de avaliar, com segurança, qual genitor possui melhores condições de exercer a guarda do menor A."* [...]	É tarefa do juiz estabelecer formas que possibilitem a (re)estruturação daquele processo, enfrentando de modo preciso os entraves institucionais, buscando estabelecer meios de resolução, ou seja, através de ferramentas assertivas dar "uma nova condução aquele procedimento" para cumprir o objeto, que é (re)estruturar o processo.
Prospectividade: [...] *em arremate, impende observar que muito embora não conste do rol dos pedidos a modificação da visitação paterna, certo é que a improcedência do pedido restabeleceria a visitação livre pactuada pelas partes. No entanto, com vistas ao melhor interesse do menor, visando, outrossim, Estado do Rio de* <u>*evitar novo litígio entre as partes*</u>*, acolho a sugestão ministerial a fim de fixar a visitação paterna nos moldes fixados provisoriamente.* [...]. (Grifo nosso).	Depreende-se, portanto, que o objetivo do processo (re)estruturante diferencia-se, também, do procedimento comum, porque visa não ponderar o fato que deu origem à demanda, mas, igualmente, olhar para o futuro, para o depois daquela sentença, para que, assim, haja uma mudança de comportamento das partes e não se reiniciem novos conflitos.

---

31. OSNA, Gustavo. *Acertando problemas complexos*: o "praticalismo" e os "processos estruturais". Disponível em: https://periodicos.fgv.br/rda/article/view/82013. Acesso em: 02 jul. 2023.

Nos casos de Alienação Parental, o Princípio do Superior Interesse da Criança invocado na sentença em destaque, desempenha um papel fundamental, pois enfatiza os direitos fundamentais das crianças/adolescentes como sujeitos de direito, tomando como uma de suas características basilares, segundo Mendes e Ormerod[32], aquelas

> relacionadas à manutenção da integridade da família (principalmente a relação com os pais e irmãos) e também que elas são determinadas pelas características pessoais de cada criança/adolescente [...] também está, de alguma forma, relacionado aos interesses dos pais: eles podem proteger/promover (proteção) ou prejudicar/dificultar (risco) os interesses da criança/adolescente. O PMICA também possui, geralmente, um senso de temporalidade (localizado no presente ou no futuro).

Portanto, pode-se compreender, pela análise da sentença citada, que é perfeitamente cabível e necessário introduzir com maior amplitude o Processo (Re)estruturante no Direito Processual das Famílias, especialmente, nos casos que envolvem Alienação Parental.

Dito isto, infere-se que o Princípio do Superior/Melhor Interesse da Criança está, em sua essência, de "mãos dadas" com o objetivo do Processo (Re)estruturante nos processos das famílias envolvendo casos de Alienação Parental. De outro modo, ainda que a sentença em tela não tenha o "reconhecimento de uma *decisão (re)estruturante* - (posto que, ainda não se admite formalmente o Processo (Re)estruturante no Direito Processual das Famílias), pode-se auferir que, no seu bojo, conferiu à realidade material complexa os mecanismos basilares do Processo (Re)estruturante para concretização dos direitos fundamentais violados no caso prático.

É precisamente a convergência da ideia de um Processo (Re)estruturante que se torna um ponto de confluência com o processo civil que abrange questões familiares, especialmente nos casos de Alienação Parental. Nesses cenários, surge a necessidade de o sistema judiciário equilibrar as decisões em cascata voltadas à (re)estruturação da situação conflituosa. Isso é realizado com a intenção de garantir a proteção e a realização dos direitos, por meio de uma (re)organização do processo que culmine na resolução do conflito e na prestação jurisdicional necessária.

5. CONSIDERAÇÕES FINAIS

A doutrina tem se debruçado há algum tempo sobre os Processos (Re)estruturantes, relativamente aos quais, para este estudo, tomamos a terminologia de "Processos (Re)estruturantes", conforme, assertivamente, nomeou Câmara.

---

32. MENDES, Josimar Antônio de Alcântara; ORMEROD, Thomas. O princípio dos melhores interesses da criança: uma revisão de literatura em inglês e português. *Psicol. Estud.* 24 • Jan-Dec 2019. Disponível em: https://www.scielo.br/j/pe/a/ZPPWmRgRsrXDCfcLM9JjX4F. Acesso em: 20 jul. 2023.

É certo que a utilização dos Processos (Re)estruturantes tem sido recebida pelo Direito Processual Civil, nos casos de litígios coletivos. No entanto, ainda não acontece do Direito Processual das Famílias. Mas, para auferir como e se há uma tendência de o juiz lançar mão desses mecanismos dos Processos (Re)estruturantes nos casos envolvendo Alienação Parental, como foi explorado na análise da sentença, esbarra-se numa limitação: os processos correm em segredo de justiça e não é possível a análise de dados completos, tanto quantitativos quanto qualitativos, buscando enxergar essa nova perspectiva de paradigma no Processo Civil das Famílias.

Portanto, este estudo se baseou em um recorte, um caso prático: a sentença que foi explorada - o que não espelha a realidade do judiciário, por tratar de um recorte mínimo, como já mencionado. Mas, o que é importante e necessário frisar é que restou demonstrada a hipótese ventilada neste artigo: a possibilidade e a necessidade da utilização dos mecanismos do Processo (Re)estruturante nos litígios envolvendo casos complexos de Alienação Parental.

A ideia é quebrar com a regra binária do processo civil tradicional: procedência ou improcedência. Como foi analisado no artigo, nos litígios estruturais das famílias essa dicotomia tradicional e cristalizada não garante a efetividade dos Direitos Fundamentais. Logo, a prestação jurisdicional não alcança o objetivo desejado.

Na sentença, o juízo evidenciou que o julgamento pela procedência ou improcedência do pedido não resolveria a questão, então, com os pressupostos do Processo (Re)estruturante, na sua decisão, além de contemplar os pedidos da exordial, também acolheu a sugestão do Ministério Público e regulamentou o regime de convivência, o que não estava contido no pedido. Ou seja, não só observou a situação fática passada, mas regulamentou o regime de convivência. Evitou-se uma nova ação, pensando no futuro.

Obviamente, este artigo não tem por objetivo esgotar o tema, mas, sim, problematizar a questão para que se possa conferir ao Direito Processual das Famílias uma maior dinamicidade, assim como pede sua sistemática, de maneira que, ao final do processo, se tenha uma decisão que prime pela solução litígio e eliminação dos conflitos.

6. REFERÊNCIAS

ALMEIDA, Gregório Assagra de. Direito estrangeiro e comparado – Generalidades. 2. O Sistema Jurídico Nos Estados Unidos – Common Law E Carreiras Jurídicas (Judges, Prosecutors E Lawyers): o que poderia ser útil para a reforma do sistema processual brasileiro? *Revista de Processo* 2016. *Repro*, v. 251, jan. 2016.

ARENHART, Sérgio Cruz. Decisões Estruturais no Direito Processual Civil Brasileiro. Revistas dos Tribunais online. *Revista de Processo*, v. 225/2013, nov. 2013.

BRAZIL, Glicia Barbosa de Mattos. A reconstrução dos vínculos afetivos pelo Judiciário. In: *Revista Brasileira de Direito das Famílias e Sucessões*, Editora Magister, Belo Horizonte, v. 13, dez./jan. 2010.

CÂMARA, Alexandre Freitas. Processo reestruturante de família. *Revista de Processo*, v. 338, Ano 48, São Paulo, abr. 2023.

DIDIER JR, ZANETI JR e OLIVEIRA. Notas sobre decisões estruturantes. *Civil Procedure Review*, v. 8, n. 1: 46-64, jan.-apr., 2017. Disponível em: <www.civilprocedereview.com.>. Acesso em: 30 jul. 2013.

MACIEL, Kátia Regina Ferreira Lobo Andrade. Em defesa do superior interesse da criança domo princípio constitucional e sua interpretação pelas cortes superiores no brasil nas demandas de relações parento-filiais. *Revista do Ministério Público*, Rio de Janeiro: MPRJ, n. 47, jan./mar. 2013. Disponível em: <https://www.mprj.mp.br/documents/20184/2580660/Katia_Regina_Ferreira_Lobo_Andrade_Maciel.pdf>. Acesso em: 03 jul. 2023.

MENDES, Josimar Antônio de Alcântara; ORMEROD, Thomas. O princípio dos melhores interesses da criança: uma revisão de literatura em inglês e português. *Psicol. Estud.*, 24 • Jan-Dec 2019. Disponível em: <https://www.scielo.br/j/pe/a/ZPPWmRgRsrXDCfcLM9JjX4F>. Acesso em: 20 jul. 2023.

OLIVEIRA, Ana Lúcia Navarro. A alienação parental e suas implicações no contexto familiar. In: AZEVEDO NETO, Álvaro; QUEIROZ, Maria Emília M. de Oliveira; CALÇADA, Andréia (Orgs.). *Alienação parental e a família contemporânea*: um estudo psicossocial. Recife: FBV/Devry, 2015.

OSNA, Gustavo. Acertando problemas complexos: o "praticalismo" e os "processos estruturais". Disponível em: <https://periodicos.fgv.br/rda/article/view/82013>. Acesso em: 02 jul. 2023.

VITORELLI, Edilson. *O devido processo legal coletivo*: representação, participação e efetividade da tutela jurisdicional. Disponível em: <https://acervodigital.ufpr.br/bitstream/handle/1884/40822/R%20-%20T%20-%20EDILSON%20VITORELL>. Curitiba, 2015. Acesso em: 02 jul. 2023.

VITORELLI, Edilson. *Processo civil estrutural*. Teoria e prática. 4. ed. Salvador: JusPodivm, 2023.

SÚMULA 621 DO STJ – UMA CRÍTICA À RETROAÇÃO EM DESFAVOR DO ALIMENTANDO

Analuísa de Freitas

Especialista em Responsabilidade Civil e Contratos pela Universidade Federal do RS e UPF. Associada ao Instituto Brasileiro de Direito de Família IBDFAM e Comissões de Direito de Família e Sucessões da OAB/RS. Advogada e Professora de Graduação e Pós-Graduação. Pós-graduanda em Direito Processual das Famílias (Atame/DF).

Elton Costa

Especialista em Direito das Famílias e Sucessões pela ESAPI – Escola Superior da Advocacia do Piauí. Mestrando em Direito e Gestão de Conflitos pela UNIFOR – Universidade de Fortaleza. Servidor efetivo do Tribunal de Justiça do Estado do Maranhão. Professor de graduação e pós-graduação. Pós-graduando em Direito Processual das Famílias e das Sucessões (Atame/DF).

Flávia Cristina Pagnoncelli Corrêa

Licenciada em Letras – Português e Inglês e Respectivas Literaturas pelo Centro Universitário Dinâmica das Cataratas – UDC de Foz do Iguaçu-PR. Bacharel em Direito pelo Centro Universitário Dinâmica das Cataratas – UDC de Foz do Iguaçu-PR. Pós-graduanda em Direito Processual das Famílias (Atame/DF). Advogada.

Márcia Fátima da Silva Giacomelli

Mestre em Direitos da Personalidade pela Unicesumar – Centro Universitário de Maringá; Licenciada em História pela UEM – Universidade Estadual de Maringá. Bacharel em Direito pela Unicesumar – Centro Universitário de Maringá e Licenciada em Pedagogia pela Uninter. Pós-graduada em Fundamentos da Educação, Neurociência e Direito Civil e Processo Civil. Pós-graduanda em Direito Processual das Famílias e das Sucessões (Atame/DF). Advogada e professora.

Pamella Suelen de Oliveira Alves

Especialista em Processo Civil pela Damásio Educacional. Especialista em Direito das Famílias e Sucessões pela Damásio Educacional. Pós-graduanda em Direito Processual das Famílias e das Sucessões (Atame/DF). Advogada.

Sumário: 1. Introdução – 2. Dos alimentos – 3. Irrepetibilidade e incompensabilidade dos alimentos; 3.1 A incompensabilidade dos alimentos; 3.2 A irrepetibilidade dos alimentos – 4. Súmula 621 do STJ e a doutrina – 5. Súmula 621 do STJ e jurisprudência – 6. Considerações finais – 7. Referências.

1. INTRODUÇÃO

Ao pensarmos na palavra alimentos, já nos vem em mente aquilo que seja necessário para a nossa sobrevivência e, para além disso, os alimentos são cruciais para o desenvolvimento humano em todas as suas áreas, garantindo a todos nós a possibilidade de termos uma vida digna – direito fundamental da pessoa humana, esculpido no artigo art. 1º, inciso III, da Constituição Federal de 1988. Os alimentos estão intimamente ligados ao sagrado direito à vida, constituindo-se como um dever de amparo dos parentes, visando a garantia de sustento daquele que não tem condições de supri-lo, em razão de situação social e econômica desfavorável.

Uma vez terminada a vida em comum, o que antes era dever de mútua assistência, se transforma em obrigação alimentar, bastando haver a necessidade de um e a possibilidade de outro. No entanto, nem sempre a obrigação alimentar é assumida voluntariamente por aquele que a ela se obriga. Vários são os casos em que o alimentando, para garantir o seu direito aos alimentos, necessita ingressar nas vias judiciárias. E ingressa-se tanto para receber, quanto para revisar ou exonerar, pois, como sabido, os alimentos são devidos até que aquele que deles necessita não mais precise.

Frente à importância do instituto da obrigação alimentar, este artigo aborda um tema que se encontra em frequente debate na comunidade jurídica: a Súmula 621 do STJ.

Com este texto, esperamos aguçar a curiosidade acerca dos impactos do entendimento por ela cristalizado sobre as ações de alimentos, para que se possa compreender que quando prevê a retroação dos efeitos da sentença condenatória à citação, sem prescrever, também, que seja feita a análise adequada do caso concreto, acaba por gerar inúmeros prejuízos ao Alimentado.

2. DOS ALIMENTOS

O ser humano, desde o seu nascimento, necessita ser amparado pelos seus semelhantes, faça ele ou não parte do mesmo núcleo familiar. Tornando-se parte desse mundo, inegável a necessidade de cuidados para que consiga sobreviver. No entanto, alimentos não se resumem apenas à alimentação, como leciona Venosa, pois "além de abranger os alimentos propriamente ditos, deve referir-se também à satisfação de outras necessidades essenciais da vida em sociedade"[1]

E o que seriam essas necessidades essenciais?

---

1. VENOSA, Sílvio de Salvo. *Direito civil*: direito de família. 8. ed. São Paulo: Atlas, 2008, p. 347.

O Código Civil Português, por exemplo, em seu artigo 2.003º.1.[2] define os alimentos como tudo que for indispensável à vida, o que demonstra que não há divergência da amplitude e abrangência para com o direito brasileiro, já que, por aqui, os alimentos possuem a mesma conotação e se encontram tutelados pelo art. 3º da Constituição Federal[3], quando cita em seus objetivos a promoção do bem de todos, e a erradicação da pobreza.

Observa-se a clara preocupação do Estado em promover o bem-estar da pessoa, e que o mínimo necessário para sobreviver seja resguardado.

Sobre o tema, Farias ensina que "em concepção jurídica alimentos podem ser conceituados como tudo o que se afigurar necessário para a manutenção de uma pessoa humana."[4]

No direito brasileiro, há quatro origens obrigacionais de alimentos, porém apenas uma delas é objeto de discussão neste trabalho: a) os provenientes de vínculo de parentesco a obrigação de prestar alimentos (CC, art. 1694); b) os que podem originar-se a partir de testamento (CC, arts. 1920 a 1928, parágrafo único); c) aqueles provenientes de sentença condenatória ao pagamento de verbas indenizatórias para ressarcir danos que versem de ato ilícito (CC, art. 950), e; d) os originados por negócio jurídico (contrato).

Os alimentos provenientes do vínculo de parentesco, como já citado, são o fio condutor deste trabalho. Assim, importante destacar que as decisões judiciais oriundas de ações de alimentos atribuem efeitos retroativos no que pertine à exoneração, à redução ou à majoração, quando autorizadas no caso de mudança de situação financeira, seja do alimentante ou do alimentado.[5] Esses alimentos, em razão de serem necessários à manutenção do sustento de seres humanos, são abarcados pelo Princípio da Dignidade da Pessoa Humana, bem como pelo Princípio da Solidariedade, sendo que o primeiro diz respeito às condições materiais (aquelas que preservam a vida e à integridade física da pessoa) e o segundo refere-se à superação dos interesses individuais, ou seja, ao núcleo familiar, que pode ser os alimentos entendidos como uma expressão de

---

2. Art. 2003º.1. Por alimentos entende-se tudo que é indispensável ao sustento, habitação e vestuário. 2. Os alimentos compreendem também a educação do alimentando no caso de este ser menor.

3. Art. 3º Constituem objetivos fundamentais da República Federativa do Brasil: I – construir uma sociedade livre, justa e solidária; II – garantir o desenvolvimento nacional; III – erradicar a pobreza e a marginalização e reduzir as desigualdades sociais e regionais; IV – promover o bem de todos, sem preconceitos de origem, raça, sexo, cor, idade e quaisquer outras formas de discriminação.

4. FARIAS, Cristiano Chaves de. ROSENVALD, Nelson. *Curso de Direito Civil*: famílias. 8. ed. Salvador: JusPodivm, 2016, p. 702.

5. RABELLO, Fernanda. A súmula 621 do STJ e a necessidade de mitigação da sua aplicação na prática dos tribunais. Em: PORTANOVA, Rui; CALMON, Rafael; D'Alessandro, Gustavo (Coords.). *Direito de família conforme interpretação do STJ*: alimentos: aspectos processuais. Indaiatuba: Foco, 2024.

solidariedade recíproca os cônjuges e companheiros, estendendo-se aos pais e filhos, parentes e companheiros.[6]

Além dessas classificações, é de suma importância trazer ao leitor que os alimentos ainda apresentam características como caráter personalíssimo, irrenunciabilidade, imprescritibilidade, intransmissibilidade e irrepetibilidade. O caráter personalíssimo remete à não admissão de cessão, seja ela, onerosa ou gratuita. Quanto à irrenunciabilidade, prevalece, segundo Farias, o entendimento majoritário no sentido de que, fixados os alimentos em favor de incapaz, não é possível haver sua renúncia em razão do seu caráter alimentar.[7] Também a pretensão à fixação de alimentos não prescreve, podendo ser exercida a qualquer tempo, desde que preenchidos os requisitos legais. Os alimentos também não são transmissíveis, justamente devido à sua natureza personalíssima. E, por último, porém não menos importante, a irrepetibilidade significa basicamente que o alimentante não pode requerer que lhe sejam devolvidos os alimentos pagos ao alimentando, até porque, como diz Farias, "não se compensa ou restitui a própria dignidade".[8]

3. IRREPETIBILIDADE E INCOMPENSABILIDADE DOS ALIMENTOS

Por serem os alimentos destinados à própria subsistência do alimentante, principalmente quando este é incapaz, resta necessário que a obrigação alimentar seja permeada por características únicas. Ensina-nos Farias que, "tratando-se de uma obrigação tendente à manutenção da pessoa humana e de sua fundamental dignidade, é natural que os alimentos estejam cercados de características muito peculiares, afastando-o das relações obrigacionais comuns."[9]

A Súmula 621 do STJ, objeto desse estudo, dispõe acerca de duas características basilares dos alimentos: a incompreensibilidade e a irrepetibilidade. Abordar-se-ão ambas a seguir.

3.1 A incompensabilidade dos alimentos

Partindo-se da premissa de que os alimentos servem, em regra, para a mantença do credor, permitir-se a compensação – abatimento – na parcela seguinte, de valores pagos a mais pelo devedor, por exemplo, ou aceitar que o devedor compense em momento futuro o valor referente ao que, por mera liberalidade, entregou *in natura*, quando deveria fazê-lo em dinheiro, seria possibilitar que o

---

6. LÔBO, Paulo. *Direito Civil*: famílias. 7. ed. São Paulo: Saraiva, 2017, p. 56-57.
7. *Op. Cit.*, p. 707.
8. Idem, p. 345.
9. Idem, p. 758.

pensionamento alimentar fosse aplicado de modo diverso à sua finalidade precípua: atender às necessidades pessoais (personalíssimas) e essenciais de quem o recebe.

A vedação à compensabilidade dos alimentos encontra-se disposta no código civilista em seu art. 1.707.[10] Sobre ela elucida Farias:

> Em decorrência da sua característica personalíssima, a obrigação alimentar não permite o uso da compensação, contemplada no Código Civil, como forma de extinção das obrigações (cumprimento indireto das obrigações). Aliás, mesmo que o devedor tenha, voluntariamente, prestado outros valores ao alimentários (constituindo mera liberalidade) – o que, não raro, ocorre, quando o pai, e. g., paga viagens ou gastos supérfluos ao filho – não poderá compensar com o valor que deverá pagar a título de alimentos.[11]

Não se pode olvidar, porém, que, apesar de essa característica dos alimentos ser impositiva, em determinadas situações a sua relativização se faz necessária para fins de evitar o enriquecimento sem causa de quem percebe a verba alimentar. Não obstante a isso, as possibilidades de compensação devem ser analisadas em cada caso, sempre sob a perspectiva do melhor interesse do credor, visando evitar prejuízos irreparáveis à sua mantença minimamente digna.

Como leciona o multicitado Farias:

> Todavia, cuida-se de hipótese completamente excepcional, somente tolerada quando demonstrado, a toda evidência, o caráter indevido do pagamento realizado e desde que não comprometa a subsistência do alimentando (ou seja, desde que a compensação no mês seguinte não ultrapasse a um percentual tolerável de desconto.[12]

Enfim, é o credor alimentar quem de fato conhece e vivencia as suas necessidades básicas e, por isso, é quem deve dar a destinação adequada ao que aufere de alimentos. Por exemplo: de que adianta o alimentante querer pagar os alimentos através da mensalidade escolar do alimentando, enquanto este ficará sem verbas para custear a sua alimentação? Permitir a compensação, neste caso, seria ir de encontro à própria subsistência digna de quem recebe os alimentos.

3.2 A irrepetibilidade dos alimentos

Tal qual a característica anterior, esta possui um viés protetivo aos interesses do alimentando e, de outro modo não poderia ser, porquanto é ele (alimentando) quem precisa ser pensionado para sobreviver. Sentido algum teria uma norma que

---

10. Art. 1707 – Pode o credor não exercer, porém lhe é vedado renunciar o direito a alimentos, sendo o respectivo crédito insuscetível de cessão, compensação ou penhora.
11. FARIAS, Cristiano Chaves de. *Manual prático de execução de alimentos. Variabilidade. Cumulabilidade e atipicidade*. São Paulo: JusPodivm, 2023, p. 778.
12. Idem, p. 778.

impusesse ao credor alimentar restituir a verba percebida para a sua subsistência minimamente digna, sob qualquer fundamento, mesmo que tenha recebido a mais, desde que, por óbvio, estes valores tenham sido revertidos, de fato, em favor da sua mantença.

Sobre o ponto, preleciona, mais uma vez, Farias:

> que a premissa fundamental de que os alimentos estão presos ao direito à vida (digna), representando um dever recíproco de subsistência entre os parentes, os cônjuges e os companheiros, conduz à justificativa lógica do princípio da *irrepetibilidade*. Equivale a dizer: a quantia paga a título de alimentos não pode ser restituída pelo alimentando por ter servido à sua sobrevivência"[13]

Eis um exemplo fático da aplicação desse princípio: uma vez desconstituída a paternidade biológica em ação negatória de paternidade, finda-se o vínculo paterno-filial e, consequentemente, a obrigação desse "ex-pai" de prestar alimentos. Todavia, essa extinção obrigacional só produzirá efeitos *ex tunc,* pois, sobre os alimentos já pagos, irradia a proteção da irrepetibilidade.

Outra não poderia ser a dinâmica normativa, face à essencialidade da verba alimentar para a sobrevivência do alimentando. Impor a ele a restituição de valores recebidos não só desrespeitaria a vedação à repetição, como macularia toda a principiologia protetiva aos alimentários, principalmente os incapazes.

Denota-se, assim, que as características elencadas – incompensabilidade e irrepetibilidade – possuem caráter eminentemente protetivo para o credor alimentar e, por isso, são de observância obrigatória pelos operadores do Direito.

Quando o ordenamento jurídico dispõe acerca dos alimentos – seja pela via legal, seja pela jurisprudencial – a proteção aos interesses do alimentando, principalmente quando ele é incapaz, devem prevalecer sobre os demais, pela própria essência e função do pensionamento alimentar: contribuir com a mantença digna de quem recebe os alimentos.

4. SÚMULA 621 DO STJ E A DOUTRINA

Lutar pelo direito dos outros é o fim mais nobre e bonito de um ser humano, já afirmou o filósofo, escritor e poeta libanês Khalil Gibran (1883-1931), traduzindo, com essa frase inspiradora, a verdadeira essência do trabalho da advocacia.[14]

---

13. FARIAS, Cristiano Chaves de. *Manual prático de execução de alimentos. Variabilidade. Cumulabilidade e atipicidade.* São Paulo: JusPodivm, 2023, p. 776.
14. GIBRAN, Khalil. *O profeta*: Edição Integral Capa comum – 1 fev. 2018. Edição Português por Khalil Gibran (Autor), Lígia Barros (Tradutor). Editora Mantra.

Em se tratando do direito de família e, mais especificamente, do tema alimentos, esse espírito de luta pela legitimação ao direito dos hipossuficientes se torna ainda mais vincado no exercício dos operadores do Direito, em razão das diversas nuances de injustiça e abandono a que são expostos os filhos e demais sujeitos de direitos que deles necessitam, tanto no campo legal, quanto dos aspectos morais que envolvem o descumprimento dos deveres de prestar alimentos.

O direito a ter um padrão adequado de vida é garantia prevista na Declaração Universal dos Direitos Humanos[15], na Constituição Federal e no Código Civil,[16] sendo essa obrigação decorrente do vínculo parental e do cumprimento aos princípios da dignidade da pessoa humana e da solidariedade.

Os alimentos devidos pelos pais aos filhos são a garantia da própria existência humana, na medida em que, além de garantia jurídica, é a forma natural como os grupos familiares se organizam desde os mais remotos períodos históricos, para garantir que os descendentes consigam sobreviver, como já abordamos no início desse trabalho.

Quando ocorre a alteração da capacidade de prestar alimentos por quem os deve, é possível ser movida a ação revisional ou de exoneração de alimentos em face da relação jurídica continuativa estabelecida nesse tema, conforme previsto no artigo 471, I, do CPC[17], e em face da cláusula *rebus sic stantibus* inerente aos alimentos[18], que, ao serem fixados judicialmente, fazem

---

15. Art. 25. 1. Toda a pessoa tem direito a um nível de vida suficiente para lhe assegurar e à sua família a saúde e o bem-estar, principalmente quanto à alimentação, ao vestuário, ao alojamento, à assistência médica e ainda quanto aos serviços sociais necessários, e tem direito à segurança no desemprego, na doença, na invalidez, na viuvez, na velhice ou noutros casos de perda de meios de subsistência por circunstâncias independentes da sua vontade. 2. A maternidade e a infância têm direito a ajuda e a assistência especiais. Todas as crianças, nascidas dentro ou fora do matrimônio, gozam da mesma proteção social

16. Art. 1.696. O direito à prestação de alimentos é recíproco entre pais e filhos, e extensivo a todos os ascendentes, recaindo a obrigação nos mais próximos em grau, uns em falta de outros.

17. Art. 471. Nenhum juiz decidirá novamente as questões já decididas, relativas à mesma lide, salvo: I – se, tratando-se de relação jurídica continuativa, sobreveio modificação no estado de fato ou de direito; caso em que poderá a parte pedir a revisão do que foi estatuído na sentença; II – nos demais casos prescritos em lei.

18. Esse dispositivo do novo Código repetiu a norma do artigo 401 do CC de 1916, apenas substituindo o termo fortuna por situação financeira. Manteve assim os princípios da proporcionalidade e periodicidade da prestação alimentar. Os alimentos são fixados, obedecendo-se ao binômio legal, ou seja, na proporção das possibilidades do alimentante e das necessidades do alimentando. Esse equilíbrio alimentar, estabelecido pelo §1º do art. 1.694 do CC atual (art. 400 do anterior), poderá assim ser alterado, pois é regido pelo princípio contido na cláusula *rebus sic stantibus*. Ocorrendo modificação da situação financeira tanto do devedor como do credor, o *quantum* da pensão vigente poderá ser majorado, reduzido ou mesmo extinto por força da exoneração da obrigação alimentar, presentes as causas que autorizem a isenção.

[1] Caio Mário da Silva Pereira: Revisibilidade. Tem-se dito que a sentença, proferida em ação de alimentos, não faz coisa julgada. A expressão não significa que lhe falta definitividade resultante do esgotamento de todos os recursos (coisa julgada formal). Mas é certíssimo, no sentido de que se sujeita

somente coisa julgada formal e não material, escorada em fatos apresentados pelo alimentante e tendo como principal autorizativo legal o artigo 1.699 do Código Civil Brasileiro[19].

Dentre os objetivos buscados na ação de alimentos, um deles é que a sentença buscada tenha efeitos *ex tunc*[20], ou seja, que retroaja à data da citação, conforme previsto no art. 13, §2º da Lei de Alimentos[21]. Além dessa previsão legal na referida lei, como já salientado, foi editada pelo Superior Tribunal de Justiça, a Súmula n.º 621, que cristalizou os efeitos dos julgados relativos a alimentos. Nela, a Corte firmou entendimento no sentido de que todas as sentenças proferidas em ação de revisão, redução, majoração ou extinção de alimentos retroagem à data de citação, sendo ressalvada a irrepetibilidade dos valores já pagos e a compensação do valor já pago em excesso em relação às prestações vindouras.

Na opinião dos autores deste texto, contudo, o efeito retro operante somente se justifica nos casos em que há aumento das necessidades da parte alimentada, ou aumento da capacidade de quem os provê, juntamente com a busca de uma proporcionalidade entre essas duas balizas. No entanto, em caso de pedido de exoneração ou diminuição dos alimentos, não se pode aceitar que nova decisão possa ter eficácia desde a citação, por ofender o princípio da dignidade da pessoa humana, o princípio da paternidade responsável previsto no art. 226, § 7º, da Constituição Federal, e os artigos 3º, 4º e 6º do Estatuto da Criança e do Adolescente, e preceitos protetores à vida e à infância, como o princípio do melhor interesse da criança, princípio da proteção integral da infância.

Esse entendimento parece ter levado parte dos estudiosos brasileiros a se dividir entre posicionamentos contrários e favoráveis à súmula, devido à abrangência do que ficou positivado em seu texto, e pelas consequências que, para alguns, foram consideradas indesejáveis e injustas e, para outros, como uma pacificação

---

a reexame ou revisão, independentemente de esgotamento de todos os recursos. Com efeito, sobrevindo mudança na situação financeira de quem os supre, ou de quem os recebe (art. 1.699, CC), poderá o interessado reclamar ao juiz, e este, julgando-o provado, determinará a majoração ou redução do quantum devido, Superior Tribunal De Justiça 106 adequando-o ao requisito da proporcionalidade já focalizado (n. 426, supra). Poderá, mesmo, exonerar o devedor, se as circunstâncias o aconselharem. O art. 15 da Lei n. 5.478/1968 expressamente estabelece o princípio da revisibilidade (PEREIRA, Caio Mário da Silva. *Instituições de Direito Civil – Direito de Família*. 20. ed. Rio de Janeiro: Editora Forense, 2012, v. V. p. 564-565).

19. Art. 1.699. Se, fixados os alimentos, sobrevier mudança na situação financeira de quem os supre, ou na de quem os recebe, poderá o interessado reclamar ao juiz, conforme as circunstâncias, exoneração, redução ou majoração do encargo.

20. PEREIRA, Rodrigo Cunha. *Dicionário de Direito de Família e Sucessões*: Ilustrado. 3. ed. São Paulo: Saraiva, 2015, p. 283-285.

21. Art. 13 O disposto nesta lei aplica-se igualmente, no que couber, às ações ordinárias de desquite, nulidade e anulação de casamento, à revisão de sentenças proferidas em pedidos de alimentos e respectivas execuções. § 2º. Em qualquer caso, os alimentos fixados retroagem à data da citação.

e segurança jurídica quanto ao tema, justificado por uma lógica decorrente da ordem natural dos fatos jurídicos existentes no ordenamento brasileiro.

Maria Berenice Dias, por exemplo, se manifestou perplexa com a última parte da Súmula. Com efeito, em artigo publicado na página oficial do Instituto Brasileiro de Direito de Família (IBDFAM), concluiu que a retroatividade prevista na Sumula é verdadeiro estímulo ao inadimplemento aos alimentos por aquele que postula judicialmente a redução ou exoneração, pois:

> a admissão da retroatividade do encargo alimentar, perdoa o devedor da dívida vencida e não paga. A redução do valor atinge o crédito do alimentando a partir do momento em que ele for citado na ação revisional. Exonerado o devedor, livra-se de pagar todas as parcelas a partir do momento em o credor tomou conhecimento da pretensão exoneratória.[22]

De outro lado, em face do princípio da irrepetibilidade, que não admite compensação do encargo alimentar, a Justiça parece dizer "bem-feito" ao alimentante que prossegue pagando o valor devido enquanto aguarda o julgamento de seu pedido revisional. Ou seja, o Superior Tribunal de Justiça parece incentivar o inadimplemento com dita Súmula, pois acena que, ao final, quem pagou tem a chance de se ver exonerado ou perdoado parcialmente do débito. Assegura, ao nosso ver e, com o devido respeito àqueles que pensam de forma diferente, indevido benefício do devedor. E pior, acarreta severo prejuízo ao credor.

No ano de 2023, Dias igualmente fez essa crítica em outro artigo publicado no site do IBDFAM, porém os apontamentos críticos foram voltados aos alimentos gravídicos[23].

A previsão média de duração de um processo na Justiça Estadual é de 2 anos e 7 meses, e de 1 ano e 8 meses na Justiça Federal, conforme análise feita pelo Conselho Nacional de Justiça – CNJ[24]. Logo, a sentença que decide sobre a alteração dos alimentos dificilmente vai estar de acordo com os dados e elementos da data de sua prolação, justamente porque entre os pedidos e as provas apresentadas, até o final, ocorrem modificações que dificilmente são contemporaneamente trazidas na instrução. Dificilmente – para não dizer impossivelmente -, a realidade das partes vai ser idêntica nos 31 meses, em média, que duram um processo, o que leva à conclusão da injustiça que a retroatividade causa às hipóteses de redução ou exoneração dos alimentos.

---

22. DIAS, Maria Berenice. *Súmula 621 do STJ incentiva o inadimplemento os alimentos*. Disponível em: <]https://ibdfam.org.br/artigos/1378/S%C3%BAmula+621+do+STJ+incentiva+o+inadimplemento+dos+alimentos> Acesso em: 17 ago.2023.

23. DIAS, Maria Berenice. *Alimentos gravídicos*: direito exigível desde a concepção. Disponível em:<https://ibdfam.org.br/artigos/1974/Alimentos+grav%C3%ADdicos%3A+direito+exig%C3%ADvel+desde+a+concep%C3%A7%C3%A3o>. Acesso em: 20 ago. 2023.

24. Disponível em:< https://www.cnj.jus.br/pesquisas-judiciarias/>. Acesso em: 25 ago. 2023.

Tantos indicadores dos malefícios da manutenção da indigitada Súmula no que concerne à redução ou exoneração dos alimentos desafiam a doutrina quanto à discussão dos efeitos da retroatividade. O próprio Professor Cristiano Chaves de Farias, homenageado nessa obra, publicou em dezembro de 2018, artigo que já pontuava algumas dificuldades enfrentadas pela consolidação e jurisprudência da Súmula 621 quanto a retroatividade. De acordo com ele:

> Com isso, exige-se do juiz um cuidado ainda maior ao conceder tutelas de urgência nas ações de revisão e exoneração de alimentos. Isso porque, concedida a liminar em um determinado valor ou percentual, sobrevindo um aumento ou diminuição na sentença (decisão terminativa), os efeitos retroraem à data da citação, o que pode gerar um passivo flutuante para o devedor. Isso porque, estando regularmente adimplida a obrigação no valor arbitrado na liminar, um eventual aumento permite a execução da diferença, desde a citação, inclusive sob pena de prisão civil (CPC 528). A recíproca, todavia, não é verdadeira. Se a sentença reduziu o valor/percentual dos alimentos, malgrado a sua eficácia retroaja até a citação, não se pode restituir ou compensar alimentos, em razão de sua peculiar natureza, voltada à subsistência do credor."[25]

Ao nosso ver, a revisão ou superação do entendimento cristalizado em tal Súmula também parece ser algo necessário, pois, em absoluta concordância com Maria Berenice Dias, causa sem dúvidas "verdadeiro estímulo ao inadimplemento aos alimentos"[26].

De sua parte, Rafael Calmon[27] também faz várias ponderações com os aspectos normativos e principiológicos aplicados ao assunto, inclusive com perspectiva histórica de decisões do STJ quanto aos efeitos retroativos tão somente em casos de majoração dos alimentos, e prospectivos em casos de minoração de alimentos. Ao final, porém, concluiu pelo apoio à Sumula 621 do STJ, porque confirma o texto expresso da Lei de Alimentos, trazendo, em sua opinião, maior segurança jurídica ao tema, ainda que reconheça que a retroatividade em caso de diminuição ou exoneração dos alimentos possa incentivar o inadimplemento do devedor. O ilustre processualista ainda entende, com apoio no STJ, que os alimentos provisórios não fazem parte do patrimônio subjetivo do credor, explicando as consequências desse entendimento firmado sob a égide da referida Súmula[28].

Semelhante conclusão foi aquela a que chegou Rolf Madaleno que, ao analisar os julgamentos que deram origem à uniformização da jurisprudência que levou à

---

25. FARIAS, Cristiano Chaves de. *O STJ e a obrigação alimentícia*: duas novas orientações. Disponível em: https://meusitejuridico.editorajuspodivm.com.br/2018/12/28/o-stj-e-obrigacao-alimenticia-duas--novas-orientacoes/. Acesso em: 17 ago. 2023.
26. DIAS, Maria Berenice. *Súmula 621 do STJ incentiva o inadimplemento os alimentos*. Disponível em: <]https://ibdfam.org.br/artigos/1378/S%C3%BAmula+621+do+STJ+incentiva+o+inadimple-mento+dos+alimentos> Acesso em: 17 ago. 2023.
27. CALMON, Rafael. *Manual de Direito Processual das Famílias*. 3. ed. São Paulo: Saraivajur, 2023, p. 540-546.
28. Idem, p. 544-545.

edição da referida súmula, reconheceu que "(...) não há como negar que se trata de um enunciado democrático, eis que reporta à data da citação toda e qualquer decisão alimentar definitiva, quer aumente, reduza ou exonere os alimentos"[29]. Conrado Paulino da Rosa compartilha do mesmo entendimento do conterrâneo Rolf Madaleno, mas não sem observar que o STJ terminou estimulando que o devedor que se encontre em ação revisional de alimentos não faça os pagamentos de forma pontual, por contar com a anistia em caso de procedência dos pedidos que lhe beneficiam[30].

O Superior Tribunal de Justiça trouxe a definição quanto aos entendimentos dos efeitos das sentenças que versam sobre os alimentos através da Súmula 621, sendo observada essa compreensão nos julgados proferidos por tribunais brasileiros desde então.

Ainda que os precedentes tenham conflitado entre si por anos até a edição desse entendimento, verifica-se um sentimento de ressalvas junto a alguns doutrinadores, ora mais brandos, ora mais contundentes, diante da possibilidade de serem prolongadas as execuções dos alimentos provisórios, para gerar o benefício de uma eventual sentença que venha a exonerar ou reduzir os alimentos originariamente devidos. Esse incômodo pode ser traduzido como a imposição lógica de todo jurista de que sejam atendidos os princípios e fundamentos morais que envolvem o instituto dos alimentos, eis que, mesmo diante da vedação da compensação de alimentos futuros e da irrepetibilidade, a forma como foi cristalizado o entendimento da Súmula, de fato, parece retirar a chance de o alimentado receber valores que, no curso do feito, possam ter sido reconhecidos como devidos em razão do espelho fático e probatório daquele momento.

5. SÚMULA 621 DO STJ E JURISPRUDÊNCIA

Neste tópico, iremos discutir alguns pontos referentes à Súmula 621 do STJ, aprovada no dia 12 de dezembro de 2018, por sua 2ª Seção, trazendo o seguinte enunciado: "Os efeitos da sentença que reduz, majora ou exonera o alimentante do pagamento retroagem à data da citação, vedadas a compensação e a repetibilidade".

A Súmula veio confirmar o que reza o artigo 13, § 2º da Lei de Alimentos[31], porém ainda versa muita discussão a respeito no mundo jurídico, causando

---

29. MADALENO, Rolf. *Alimentos compensatórios*. Rio de Janeiro: Forense, 2021, p. 131.
30. ROSA, Conrado Paulino da. *Direito de família contemporâneo*. 8. ed. Salvador. JusPodivm, 2021, p. 694-695.
31. Art. 13 O disposto nesta lei aplica-se igualmente, no que couber, às ações ordinárias de desquite, nulidade e anulação de casamento, à revisão de sentenças proferidas em pedidos de alimentos e respectivas execuções. § 1º. Os alimentos provisórios fixados na inicial poderão ser revistos a qualquer tempo, se houver modificação na situação financeira das partes, mas o pedido será sempre processado em apartado. § 2º. Em qualquer caso, os alimentos fixados retroagem à data da citação.

impacts negativos, ao nosso ver, às ações de alimentos, visto que vem conferir eficácia retroativa à sentença de alimentos e acaba por impulsionar a inadimplência do devedor.

A respeito, Calmon entende que:

> obstaculizar-se simplesmente a retroação dos efeitos das sentenças, em franca contrariedade à prescrição contida em regra escrita, poderia gerar uma nada recomendável insegurança jurídica, opostamente a tudo que se espera de um ecossistema de justiça, sobretudo pelo fato de se estar atribuindo maior valor a uma decisão liminar.[32]

Porém, reforçando nosso entendimento, a retroação dos efeitos pode instigar o inadimplemento do devedor de alimentos. Isto porque vigora o princípio da irrepetibilidade e da não compensação nas ações de alimentos. Imagine, por exemplo, a hipótese do devedor de alimentos que seja autor de uma ação de exoneração de alimentos. Este, enquanto aguarda a eventual procedência do pedido, continua a adimplir os alimentos. Todavia, sendo julgada a ação procedente, não poderá reaver os valores já pagos, em razão da não compensabilidade.

Em razão desse entendimento, temos Tribunais que entendem pela inaplicabilidade da Súmula, ou seja, a aplicação da vedação à compensação e à repetibilidade, visto que podem incentivar os devedores ao descumprimento do pagamento alimentar. Trazemos alguns exemplos:

> Agravo de instrumento. Direito de família. Execução de alimentos provisórios. Decisão que minora o valor dos alimentos. Irretroatividade. Súmula 621 STJ. Inaplicabilidade.
>
> 1. O STJ perfilha o entendimento de que o direito ao recebimento dos alimentos provisórios, fixados por decisão judicial que produziu efeitos imediatos, integra o patrimônio do alimentando. Trata-se de um direito que, embora provisório, é efetivo e juridicamente protegido.
>
> 2. Os alimentos provisórios poderão ser executados no montante originalmente estipulado, sem sofrer influência do ato judicial posterior que altera o valor desses alimentos, razão pela qual não há que se falar em retroatividade. Deve-se entender, portanto, que a quantia executada a título de alimentos provisórios permanece inalterada, desde a data em que foi fixada até o momento da eventual modificação, cujos efeitos não retroagem.
>
> 3. "A característica de antecipação provisória da prestação jurisdicional, somada a de irrepetibilidade dos alimentos garantem a eficácia plena da decisão concessiva dos alimentos provisionais. Do contrário, os devedores seriam incentivados ao descumprimento, aguardando o desfecho do processo principal". (REsp 36.170/SP, Rel. Ministro RUY ROSADO DE AGUIAR, QUARTA TURMA, julgado em 13/06/1994, DJ 01/08/1994, p. 18655).
>
> 4. Inaplicável o enunciado da Súmula n. 621 do STJ, eis que no caso houve a prolação de uma decisão, enquanto o verbete versa expressamente sobre a necessidade de sentença (que reduz, majora ou exonera a pensão alimentícia) como premissa para a retroatividade da obrigação alimentícia à data da citação.

---

32. CALMON, Rafael. *Manual de Direito Processual das Famílias*. 3. ed. São Paulo: SaraivaJur, 2023, p. 544.

5. Agravo de instrumento provido.

(TJDFT, Acórdão 1265289, 07246746820198070000, rel.: Hector Valverde Santanna, 1ª Turma Cível, DJe: 28/7/2020)

Agravo de instrumento. Ação de alimentos. Cumprimento de sentença. Rito da coerção pessoal. Decisão rejeitou impugnação apresentada pelo executado, determinando o pagamento do débito, sob pena de prisão. Insurgência sob alegação de ilegitimidade ativa, ausência de liquidez e excesso de execução. Agravante não demonstrou absoluta impossibilidade de pagamento. Desemprego não se confunde com incapacidade financeira. Ilegitimidade ativa. Título exequendo composto por exequente, devidamente representada pela genitora e executado. Pagamento de alimentos in natura não amplia ou altera a posição dos credores. Opção por pagamento de boletos, incluindo mensalidade escolar, não retira da exequente a legitimidade para cobrança. Liquidez. Apresentada documentação que fundamenta os cálculos apresentados e possibilita a apresentação de impugnação. Realizado por liberalidade, abatimento de valores pagos em desconformidade com o título. Forma híbrida de pagamento que não altera exigibilidade do valor cobrado. Acordo foi expresso na atribuição de valores. Excesso de execução não verificado. Pretensão do executado de se beneficiar com o atraso no pagamento do valor devido. Título prevê os valores a serem pagos. Inaplicabilidade do enunciado de Súmula 621, do STJ. Proposta ação revisional de alimentos. Sentença de improcedência. Pendente julgamento de recurso. Circunstância que não afeta o trâmite do processo executivo. Pedido de condenação do agravante às penas por litigância de má-fé formulado em contrarrazões. Má-fé não configurada. Mera defesa de direito que entende legítimo. Presunção inadmissível. Agravo não provido.

(TJSP; Agravo de Instrumento 2059807-14.2023.8.26.0000; Rel.: Edson Luiz de Queiróz; Órgão Julgador: 9ª Câmara de Direito Privado; Foro Regional I – Santana – 2ª Vara da Família e Sucessões; Data do Julgamento: 28/04/2023).

Fica claro que a implementação da Súmula é uma busca pela garantia da segurança jurídica na uniformização das decisões. Porém, nos Tribunais Pátrios, percebe-se que a discussão sobre a retroatividade das sentenças de alimentos, especialmente nas ações de redução e de exoneração, não chegou ao fim.

6. CONSIDERAÇÕES FINAIS

Ao término das discussões e questionamentos desse trabalho, nos deparamos com vários posicionamentos acerca da aplicação da Súmula 621 STJ. Muitos processualistas entendem que sua aplicação merece os devidos aplausos, pois veio pacificar uma questão tão divergentes durante anos, visto que a Lei de Alimentos não comportava discussão acerca de sua aplicação literal, mostrando-se clara quanto à eficácia retroativa da sentença de alimentos, não importando analisar em qual caso.

Mas, este não é o entendimento de todos. Respeitosamente a quem entenda de forma diferente ou não concorde com esse posicionamento, conforme foi discutido ao longo desse trabalho, principalmente no que tange à exoneração dos alimentos, esta tem trazido tanto ao Alimentante quanto ao Alimentado, prejuízos incalculáveis. De um lado pode ocorrer a inadimplência daquele que deve, atingindo de forma certeira e extremamente prejudicial o Alimentado, e, do outro, a bancarrota daquele que esperava pelo deferimento do seu pedido, se ver afogado numa dívida impagável.

O que se busca é por um equilíbrio tanto de uma parte como da outra, sem deixar de observar o princípio da dignidade da pessoa humana.

7. REFERÊNCIAS

CALMON, Rafael. *Manual de Direito Processual das Famílias* 3 ed. São Paulo: SaraivaJur, 2023.

DIAS, Maria Berenice. *Alimentos gravídicos*: direito exigível desde a concepção. Disponível em: <https://ibdfam.org.br/artigos/1974/Alimentos+grav%C3%ADdicos%3A+direito+exig%C3%ADvel+desde+a+concep%C3%A7%C3%A3o>. Acesso em: 20 ago. 2023.

DIAS, Maria Berenice. *Súmula 621 do STJ incentiva o inadimplemento os alimentos*. Disponível em: <https://ibdfam.org.br/artigos/3la+621+do+STJ+io+ito+dos+alimentos>. Acesso em: 17 ago. 2023.

FARIAS, Cristiano Chaves de. *O STJ e a obrigação alimentícia*: duas novas orientações. Disponível em: https://meusitejuridico.editorajuspodivm.com.br/2018/12/28/o-stj-e-obrigacao-alimenticia-duas-novas-orientacoes/. Acesso em 17 ago. 2023.

FARIAS, Cristiano Chaves de. *Manual Prático de Execução de Alimentos. Variabilidade. Cumulabilidade e atipicidade*. São Paulo: JusPodivm, 2023.

FARIAS, Cristiano Chaves de; ROSENVALD, Nelson. *Curso de Direito Civil*: famílias. 8. ed. rev. e atual. Salvador: JusPodivm, 2016.

LÔBO, Paulo. *Direito civil*: famílias. 7. ed. São Paulo: Saraiva, 2017.

OLIVEIRA, J. F. Basílio. *Alimentos*: revisão e exoneração – Doutrina. Jurisprudência. Prática Processual. 5. ed. Rio de Janeiro: *Lumen Juris*, 2008.

PEREIRA, Rodrigo Cunha. *Dicionário de direito de família e sucessões*: ilustrado. 3. ed. São Paulo: Saraiva, 2015.

ROSA, Conrado Paulino da. *Direito de família contemporâneo*. 8. ed. Salvador: JusPodivm, 2021.

VENOSA, Sílvio de Salvo. *Direito civil*: direito de família. 8. ed. São Paulo: Atlas, 2008.

CONTRATUALIZAÇÃO DO PLANEJAMENTO FAMILIAR: ENTRE A AUTONOMIA PRIVADA E O RECONHECIMENTO PELOS TRIBUNAIS

Ana Luiza Pires Moreira

Especialista em Direito Civil e Processual Civil (Unesa) e em Mediação Gestão Adequada e Resolução de Conflitos (Fumec). Membro das Comissões de Família e de Diversidade Sexual e de Gênero (OAB/RJ). Pós-graduanda em Direito Processual das Famílias e das Sucessões (Atame/DF). Advogada consensual.

Ana Maria Moreira Marques

Especialista em Direito Civil e Processo Civil pelo Instituto de Desenvolvimento Cultural – IDC. Especialista em Direito de Família e Sucessões, pelo mesmo Instituto. Coordenadora da Comissão de Práticas Sistêmicas do IBDFAM-RS (gestão 2018-2023). Membro Comissão de Direito de Família e Sucessões da OAB/RS. Pós-graduanda em Direito Processual das Famílias e das Sucessões (Atame/DF). Advogada.

Jaqueline Prestes Ferreira

Especialista em Direito de Família e Sucessões, com capacitação para Infância e Juventude e docência do Ensino Superior (ESA/SP). Membro da Comissão de Direito das Famílias e Sucessões da OAB Itapetininga/SP. Pós-graduanda em Direito Processual das Famílias e das Sucessões (Atame/DF). Advogada.

Karina Pereira Antunes

Coordenadora Temática da Nossa CAASC. Coordenadoria de Apoio às Ações Sociais e Campanhas Beneficentes da Nossa CAASC, triênio 2010/2012. Pós-graduanda em Direito Processual das Famílias e das Sucessões (Atame/DF). Advogada.

Sumário: 1. Introdução – 2. Constitucionalização do direito de família; 2.1 A família no Código de 1916; 2.2 Influência da CF/88 – despatrimonialização do Código Civil; 2.3 Código de 2002 e a intervenção mínima do estado nas famílias – 3. Autonomia privada; 3.1 Limites à autonomia privada; 3.2 Autonomia privada x autonomia da vontade – 4. Contratualização e contratos no direito das famílias; 4.1 Requisitos de validade; 4.2 Momentos e modalidades contratuais – 5. Judicialização e execução dos contratos; 5.1 Cumprimento de títulos judiciais; 5.2 Execução de títulos extrajudiciais; 5.3 Efetivação judicial das cláusulas existenciais – 6. Conclusão – 7. Referências.

1. INTRODUÇÃO

É notável, ao longo dos tempos, que a sociedade passa por rápida e constante transformação e o Direito, evidentemente, precisa acompanhar esta evolução. Há uma necessidade de individualização e de menor interferência pública nas tomadas de decisões no âmbito familiar.

A relevância deste trabalho está em apontar que, ainda que seja menor a interferência do Estado, não quer dizer que ela não exista; e ao contrário, a legislação estabeleceu limites para a liberdade de contratar dos cidadãos.

Neste sentido, o presente artigo tem como objetivo, abordar estes limites para o exercício da autonomia para contratualizar, em especial no âmbito no direito das famílias. No decorrer do texto, trataremos sobre os requisitos para sua validade, sobre as modalidades contratuais e os momentos que eles podem ser elaborados pelos contratantes, com indicação de quais matérias, envolvendo a relação familiar, podem ser objeto de contratualização.

Por fim, é feita uma análise dos casos em que há necessidade de judicialização e execução dos contratos para a busca da sua efetividade, assim como a abordagem das possibilidades jurídicas, de acordo com o nosso sistema processual, para o exercício da execução.

2. CONSTITUCIONALIZAÇÃO DO DIREITO DE FAMÍLIA

2.1 A família no Código de 1916

O século passado foi marcado pela patrimonialização das relações interpessoais e pela liberdade negocial, com a não intervenção do Estado nas relações particulares. Sem dúvida, tal posicionamento da sociedade influenciou fortemente o Código Civil de 1916, que já nasceu velho, talvez pela longa demora na sua elaboração, pois é marcante a prioridade e o respeito à propriedade de forma quase absoluta em todo seu texto.

No direito de família o posicionamento ultrapassado não foi abordado de forma diferente, posto que a família fora definida como entidade de produção de riqueza, instituto jurídico desatrelado da felicidade pessoal de seus componentes. Observa-se nitidamente no Código de 1916 que, nos artigos destinados à família, há forte predomínio das normas de caráter patrimonial.

Naquele período, era reconhecida apenas uma espécie de entidade familiar – a família matrimonializada. A exemplo desta postura jurídica, tínhamos a proibição do divórcio. Portanto, a família não poderia ser extinta enquanto vivos os cônjuges. O Estado avocava para si o regulamento das relações provenientes dessa entidade, como forma de incrementar a força inexorável atribuída ao vínculo matrimonial.

Desse modo, o ente estatal impunha irrestritamente às relações familiares, normas tidas como de ordem pública, cogentes, praticamente afastando a possibilidade de incidência da manifestação da vontade em tais relações, o que ocorria apenas em situações explicitamente tidas como patrimoniais, a exemplo da liberdade de escolha do regime de bens do casamento[1].

Esse cenário veio a ser alterado ao longo do século XX, com o desenvolvimento do Estado Social e, principalmente, com o advento da Constituição Federal de 1988, símbolo do Estado Democrático de Direito.

2.2 Influência da CF/88 – despatrimonialização do Código Civil

Uma vez que as relações sociais são dinâmicas e o Direito não pode ficar afastado da realidade social, muito menos na sua contramão, foi necessária uma atualização legislativa para acompanhar as mudanças desta sociedade, que passa de uma instituição rígida e patriarcal para um núcleo funcional e eudemonista. Os direitos fundamentais foram deslocados do Código Civil e abraçados pela Constituição Federal de 1988, passando a ter papel fundamental na dinâmica das relações privadas. Desta forma, a Lei Maior assume, material e formalmente, a centralidade sistêmica da ordem jurídica para tornar-se norte hermenêutico para todos os sistemas de direito privado[2].

Tendo como pilar o princípio da dignidade humana elencado já no art. 1º, a Carta Política rompe o paradigma que tinha por base a patrimonialização do Direito Civil, passando a ter como propósito a realização da personalidade humana. Neste sentido, também abriga as transformações e anseios de uma sociedade em constante transformação, definindo, em seu art. 226, *caput*[3], a família como base da sociedade, merecedora de especial atenção do Estado[4].

Pode-se dizer então, conforme afirma Renata de Lima Rodrigues[5], que a partir deste momento o direito de família constitucionaliza-se, deixando de ser um instituto centrado no casamento, formal e absolutizado, para se apresentar como instrumento de concretização da pluralidade, diante da orientação principiológica

---

1. ROSA, Conrado Paulino; ALVES, Leonardo Barreto Moreira. *Direito de Família Mínimo na Prática Jurídica*. São Paulo: JusPodivm, 2023. p. 17.
2. RODRIGUES, Renata de Lima. *Planejamento Familiar*: limites e liberdades parentais. Indaiatuba: Foco. 2021. p. 17.
3. Art. 226, CF/88: "A família, base da sociedade, tem especial proteção do Estado."
4. ROSA, Conrado Paulino. *Curso de direito de família contemporâneo*. 9. ed. São Paulo: JusPodivm, 2022. p. 59.
5. RODRIGUES, Renata de Lima. *Op. cit*. p. 19.

constitucional, que se mostra atenta a quaisquer projetos de vida marcados pela dignidade, solidariedade e afetividade.

Nas palavras de Conrado Paulino da Rosa e Leonardo Barreto Moreira Alves:

> (...) se o valor necessário à felicidade do indivíduo, segundo o Código, era a propriedade, o acúmulo de bens, o ter, a Carta magna, quebrando com esse paradigma, estabelece como fator de realização da pessoa a sua dignidade, o ser, sua real condição de sujeito de direito. Daí por que é possível afirmar que houve uma verdadeira despatrimonialização ou personalização do Direito Civil.[6]

2.3 Código de 2002 e a intervenção mínima do Estado nas famílias

A família esculpida pela Carta Política permitiu que ela se tornasse uma instituição verdadeiramente democrática, onde a preocupação maior é com a felicidade de seus integrantes, com a dignidade e com a realização de seus direitos fundamentais, motivo pelo qual deixa de ser uma entidade estatal e ganha contornos de entidade social[7].

Por toda mudança de paradigma das famílias, entendidas a partir de então como lugar de afeto e realização pessoal dos seus entes, passa a ser defendida, por grande parte da doutrina, a interferência mínima do Estado na entidade familiar, surgindo o entendimento de que o Estado apenas deve intervir no Direito de Família quando suas normas implicarem uma verdadeira melhoria na situação pessoal de seus componentes[8].

Maria Celina Bodin de Moraes e Ana Carolina Brochado Teixeira reforçam este entendimento ao afirmarem:

> Em uma sociedade plural e multifacetada chancelada pela atual Constituição Federal, é possível que a pessoa planeje sua vida de forma autônoma sem, no entanto, agredir direitos alheios, de uma ou várias pessoas. Seus atos de liberdade devem limitar-se ao espaço pessoal, ao respeito à alteridade e à solidariedade. Contudo, em razão dessa mesma solidariedade, deve-se assegurar que o Estado respeite e promova a realização dos direitos fundamentais segundo os projetos autônomos de vida, para que a ordem pública também possa se realizar.[9]

Oportunamente, este viria a ser o posicionamento adotado, também, pelo STJ[10].

---

6. ROSA, Conrado Paulino; ALVES, Leonardo Barreto Moreira. *Op. cit.*, p. 114.
7. *Ibidem.* p. 151.
8. Art. 1.513, CC/02: "É defeso a qualquer pessoa, de direito público ou privado, interferir na comunhão de vida instituída pela família."
9. MORAES, Maria Celina Bodin de; TEIXEIRA, Ana Carolina Brochado. Contratos no ambiente familiar. In: TEIXEIRA, Ana Carolina Brochado; RODRIGUES, Renata de Lima (Coords.). *Contratos, família e sucessões*: diálogos complementares. 3. ed. Indaiatuba: Foco, 2023. p. 2.
10. REsp 1.483.841/RS, Rel. Min. Moura Ribeiro, julgado em 17/3/2015, DJe 27/3/2015.

3. AUTONOMIA PRIVADA

Tendo em vista a constitucionalização do direito civil, este passou, também, a se preocupar com o âmbito existencial dos indivíduos, e não somente com suas questões patrimoniais, acompanhando, assim, a evolução da sociedade. Nesse sentido, diante da consagração dos princípios da dignidade da pessoa humana, da solidariedade social, da liberdade individual e autonomia existencial, possibilitando a cada indivíduo construir seu projeto de vida, bem como diante do novo conceito trazido para família, da pluralidade familiar e possibilidade de escolha da melhor estrutura para cada núcleo, torna-se importante que cada pessoa possa ter seu espaço de escolha preservado[11].

A alteração da função exercida pelo Estado ao longo do tempo, passando do Estado Liberal ao Estado Social, até chegar ao Estado Democrático de Direito, implicou uma grande mudança, também, no papel do indivíduo, em sua liberdade de agir e em suas responsabilidades com relação às suas escolhas.

Embora toda a evolução do direito escrito, a sociedade se adapta, evolui e modifica muito mais rapidamente do que as normas conseguem fazê-lo, e garantir o espaço de autonomia privada do cidadão se faz mais importante na busca da realização plena. A sociedade atual é cada vez mais complexa. A cada dia mais, abre-se campo para a individualização das pessoas, a manifestação de seus gostos pessoais, de suas particularidades e de quais arranjos funcionam melhor em seus âmbitos familiares. Por outro lado, ao Estado se torna mais difícil e prescindível regular todos os espaços e todas as relações, abrindo-se, então, caminho para que esses indivíduos manifestem suas vontades e exerçam sua autonomia, criando-se áreas de construção normativa própria.

3.1 Limites à autonomia privada

Contudo, criar esse lugar de construção normativa própria e reduzir a atuação do Estado na esfera íntima das famílias não significa ausência de parâmetros ou limites. A Constituição Federal de 1988, ao estabelecer direitos fundamentais aos indivíduos na busca por garantir a dignidade da pessoa humana, traçou claros limites a serem observados na atuação privada de cada ser. Assim, a autonomia privada, considerada, no entender de Rosa e Alves, como "(...) autorização fornecida pelo Estado para que o particular possa administrar e gerir sua vida íntima como melhor lhe aprouver"[12], não é irrestrita. Ela deve se subordinar às normas jurídicas, à ordem pública, deve observar e respeitar os direitos fundamentais de

---

11. MULTEDO, Renata Vilela. *Liberdade e família*: limites para a intervenção do Estado nas relações conjugais e parentais. Rio de Janeiro: Processo, 2017. p. 41.
12. ROSA, Conrado Paulino; ALVES, Leonardo Barreto Moreira. *Op. cit.*, p. 22.

cada um, suas vulnerabilidades, os costumes sociais, cabendo sopesamento dos interesses envolvidos quando da existência de qualquer conflito no seu exercício.

Não se pode considerar a autonomia privada como absoluta. No entanto, ela pode ser mais ou menos ampla, a depender da idade, do grau de vulnerabilidade e dos interesses a serem protegidos em cada situação[13]. Nesse sentido, tendo em vista que a autonomia privada objetiva o respeito à liberdade individual em sua busca pela autorrealização, é possível entendê-la, em verdade, não como instituto limitado pelos direitos fundamentais e pelo princípio da dignidade da pessoa humana, mas sim como ferramenta para a consolidação de tais garantias constitucionais, enquanto fenômeno expressivo da identidade jurídico-social do sujeito, como afirmam Rosa e Alves[14].

Portanto, quando se fala de espaços de negociabilidade no âmbito familiar, a fim de respeitar os preceitos do ordenamento e fazer uso da ferramenta da autonomia, estes só existem em situações de igualdade entre os envolvidos[15].

3.2 Autonomia privada x autonomia da vontade

Diante do que foi mencionado acerca da autonomia privada, é possível entender que seu conceito é variável, de acordo com o contexto histórico e com cada modelo assumido pelo Estado com o passar do tempo, podendo-se atribuir a ela uma natureza mutável. Nesse sentido, não se pode confundir a autonomia privada, já discutida e conceituada, com a autonomia da vontade, exercida no contexto histórico do Estado Liberal, no século XIX, momento em que a burguesia se encontrava no poder e que os valores da sociedade eram patrimonialistas e individualistas.

Naquele contexto, a autonomia da vontade assumia uma concepção individualista, egoística e trazia a ideia de que a mera vontade poderia ser fonte de direitos[16]. Com o decorrer do tempo e as consequentes mudanças sociais, alterando-se o contexto histórico e a função exercida pelo Estado, alterou-se também o paradigma sobre autonomia. A sociedade se tornou mais complexa, houve desenvolvimento de tecnologias, globalização, liberalização de costumes, movimentos sociais como luta por igualdade de gênero e respeito à livre orientação sexual, promulgação de uma nova Constituição e consequente proteção de direitos fundamentais e, assim, se fez necessário romper com o paradigma da autonomia da vontade, adequando-o ao novo contexto.

---

13. MORAES, Maria Celina Bodin de; TEIXEIRA, Ana Carolina Brochado. *Op. cit.*, p. 15.
14. ROSA, Conrado Paulino; ALVES, Leonardo Barreto Moreira. *Op. cit.*, p. 26.
15. CARVALHO, Dimitre Braga Soares de. Contratos Familiares: cada família pode criar seu próprio direito de família. In: TEIXEIRA, Ana Carolina Brochado; RODRIGUES, Renata de Lima (Coords.). *Contratos, família e sucessões*: diálogos interdisciplinares. 3. ed. Indaiatuba: Foco, 2023. p. 21.
16. ROSA, Conrado Paulino; ALVES, Leonardo Barreto Moreira. *Op. cit.*, p. 27.

No paradigma da Constituição Federal de 1988, a simples declaração de vontade não se mostra mais como suficiente no âmbito negocial. Faz-se necessário analisar requisitos como capacidade daqueles envolvidos no negócio jurídico, sua vontade em conformidade com o ordenamento jurídico, a existência de igualdade de posição entre eles, e, no âmbito das famílias, ainda se mostra necessário verificar se está de acordo com o melhor interesse de crianças e adolescentes.

Nesse sentido, Rodrigues afirma:

> (...) a vertente liberal da autonomia, essencialmente volitiva, mostra-se insuficiente para respaldar a maioria (quiçá todas) das relações ou situações jurídicas atualmente, inclusive naquilo que concerne ao exercício do direito ao livre planejamento familiar. Isto porque, conforme já evidenciado ao longo do desenvolvimento deste estudo, o planejamento familiar se conecta com uma esfera de inegável privacidade, mas ao que se sabe apresenta sérias reverberações em um espaço de subjetividade alheia ou de intersubjetividade e, portanto, a autonomia da vontade, livre de conformações consentâneas com nosso marco jurídico-político, não se revela compatível com o exercício desse direito.[17]

Dessa forma, a perspectiva de autonomia da vontade foi superada, sendo necessário limitá-la, uma vez que, por mais que se trate da expressão de vontade e tomada de decisões sobre a esfera privada do indivíduo, quando se trata de direito das famílias, essas decisões reverberam em outras pessoas e, consequentemente, em outros direitos.

4. CONTRATUALIZAÇÃO E CONTRATOS NO DIREITO DAS FAMÍLIAS

Com essas mudanças ocorrendo tanto nas relações familiares, quanto nas relações interpessoais, com o surgimento de novos arranjos familiares e novas formas de relacionamentos, em que as famílias e os indivíduos que as compõem se veem, por vezes, levados ao Poder Judiciário diante de conflitos que surgem em suas vidas, surge o fenômeno da contratualização das relações familiares, visando a redução das intervenções do Estado na vida de seus integrantes[18].

Em poucas palavras, trata-se de uma maneira de formalizar, por meio dos contratos, as vontades dos indivíduos, suas reais intenções naquele relacionamento, suas regras ou formas de convivência, suas objeções, suas questões patrimoniais e não patrimoniais, forma de administração do lar conjugal, de relacionamentos, combinados sobre a criação e educação de filhos, a educação religiosa, deveres, formas de solução de conflitos etc. Ainda, podem ser pactuados nesses mesmos instrumentos a forma de dissolução da sociedade conjugal, multas por descum-

---

17. RODRIGUES, Renata de Lima. *Op. cit.*, p. 81.
18. MARZAGÃO, Silvia Felipe. *Contrato paraconjugal*: a modulação da conjugalidade por contrato teoria e prática. Indaiatuba: Foco, 2023, p. 30.

primentos das obrigações assumidas – que ainda podem encontrar resistência em nossa sociedade –, a partilha de seus bens, enfim, inúmeros assuntos de interesse de todos os envolvidos naquela relação familiar.

Seria dizer, nas palavras de Dimitre Braga Soares de Carvalho[19], que cada família pode construir seu próprio Direito de Família, visando chegar a soluções de problemas, quaisquer que sejam eles. Dessa forma, os instrumentos contratuais podem tratar, inclusive, de direitos da personalidade[20]. E, ao contrário do que se poderia imaginar, referidas possibilidades das partes vão além da disposição de direitos materiais, patrimoniais e de relações pessoais. Elas podem também convencionar sobre questões processuais, objetivando a prevenção de demandas, o estabelecimento do uso obrigatório de métodos adequados à solução de conflitos antes de sua efetiva propositura, podendo, ainda, dispor acerca dos instrumentos probatórios a serem utilizados e até sobre prazos para a prática de atos no âmbito do processo[21]. Aliás, é possível afirmar, nas palavras de Calmon, que "(...) houve um significativo empoderamento das partes. Uma gigantesca ampliação da autonomia da vontade, responsável por disromper o sistema tradicional e inaugurar uma nova era do processo civil brasileiro"[22].

Entretanto, conforme já mencionado, os contratos devem respeitar a dignidade dos envolvidos, sua isonomia, suas vulnerabilidades, as garantias constitucionais, além de não poderem, de forma alguma, servir como instrumento apto a viabilizar violências[23].

Dito isso, desde que respeitados os princípios e garantias constitucionais, além de particularidades a serem observadas no caso concreto, e tendo as partes envolvidas interesse em pactuar, decidir sobre questões familiares, patrimoniais, não patrimoniais, pessoais, afetivas, bem como se atentando aos requisitos necessários e legais dos negócios jurídicos, é possível realizar o contrato desejado.

4.1 Requisitos de validade

De acordo com a lei, para que os contratos sejam considerados válidos, devem se fazer presentes, no mínimo, os seguintes requisitos: partes capazes e/ou processualmente capazes; objeto lícito, possível e determinado (ou determinável); forma

---

19. CARVALHO, Dimitre Braga Soares de. *Op. cit.*, p. 22.
20. ROCHA, Ana Tereza Costa. *A contratualização do direito de família*: um caminho para o alcance da dignidade. 2021. Disponível em: <https://magis.agej.com.br/a-contratualizacao-do-direito-de-familia-um-caminho-para-o-alcance-da-dignidade/?. Acesso em 10 ago.2023.
21. CALMON, Rafael. *Manual de partilha de bens*: na separação, no divórcio e na dissolução da união estável – aspectos materiais e processuais. 4. ed. São Paulo: SaraivaJur, 2023, p. 38.
22. CALMON, Rafael. *Manual de Direito Processual das Famílias*. 3. ed. São Paulo: Saraivajur, 2023. p. 323-324.
23. CARVALHO, Dimitre Braga Soares de. *Op. cit.*, p. 23.

prescrita ou não defesa em lei; manifestação de vontade válida e desimpedida; partes legítimas; e inexistência de situação de manifesta vulnerabilidade entre as partes, o que somente pode ser aferido no caso concreto, considerando-se uma série de fatores (art. 104 do CC; art. 190 do CPC)[24].

Assim, o direito de formalização de contratos familiares e estipulação de regras de convivência, regime de bens, entre outras disposições, não significa ausência total de intervenção do Estado. Significa apenas que tal intervenção deve se ajustar à nova realidade do Direito das Famílias, devendo se limitar àquelas situações em que realmente sejam necessárias, como, por exemplo, para verificar a validade dos negócios jurídicos realizados, a capacidade das partes, as questões que envolvem partes vulneráveis, pessoas idosas, crianças e o respeito à dignidade da pessoa humana.

Assim já determinou a Constituição Federal, ao prever a atuação do Estado na proteção da família e de seus membros, com o intuito de refrear a violência, de garantir a proteção integral e prioritária à criança e ao adolescente, a proteção de grupos vulneráveis, e às diversas formas de constituição[25], bem como a necessidade da atuação do Ministério Público quando efetivamente existirem interesses de incapazes ou interesse social, abstendo-se de atuar nos processos judiciais de direitos disponíveis envolvendo partes capazes. Em complemento, o art. 698 do Código de Processo Civil de 2015, determina a intervenção obrigatória do Ministério Público como fiscal da ordem jurídica nas ações de família quando houver interesse de incapaz, bem como quando figurar como parte vítima de violência doméstica e familiar[26].

Nesse sentido, ao se contratualizar questões envolvendo grupos vulneráveis, é necessário, para a validade do contrato, que ele seja submetido ao crivo do Ministério Público.

De acordo com Hermes Zaneti Junior:

> A atuação do Ministério Público no processo civil se dará não só como órgão agente e, portanto, legitimado ativo para o ajuizamento de ação (art. 177, CPC), mas também como órgão interveniente com a missão de zelar pela tutela adequada do interesse público e

---

24. CALMON, Rafael. *Manual de Direito Processual das Famílias*. 3. ed. São Paulo: Saraiva, 2023, p. 333.
25. CARVALHO, Dimas Messias. Intervenção do Ministério Público no Direito de Família: entre o público e o privado. In: *Anais do VIII Congresso Brasileiro de Direito De Família – Família*: Entre o público e o privado, 2011. Disponível em: https://ibdfam.org.br/publicacoes/anais/detalhes/608/VIII%20 Congresso%20Brasileiro%20de%20Direito%20de%20Família%20-%20Família:%20entre%20o%20 público%20e%20o%20privado. Acesso em: 01 ago. 2023.
26. Art. 698, CPC/15: Nas ações de família, o Ministério Público somente intervirá quando houver interesse de incapaz e deverá ser ouvido previamente à homologação de acordo. Parágrafo único. O Ministério Público intervirá, quando não for parte, nas ações de família em que figure como parte vítima de violência doméstica e familiar, nos termos da Lei 11.340, de 7 de agosto de 2006 (Lei Maria da Penha).

interesses individuais indisponíveis (...) A presença de incapaz na relação jurídica processual implica a intervenção obrigatória do Ministério Público, justificada pela presunção legal da existência de interesse público na tutela do incapaz.[27]

4.2 Momentos e modalidades contratuais

A realização dessas manifestações de vontade das partes pode ocorrer em vários momentos da vida e dos relacionamentos. Especificamente sobre os negócios jurídicos processuais referidos pelo art. 190 do CPC, Calmon observa que:

> A conveniência na celebração dos acordos é tão grande, que não existe um momento ideal para as pessoas fazerem ajustes sobre eventuais demandas a serem ajuizadas umas contra as outras. Isso vai sempre depender de incontáveis fatores, tão variáveis quanto o são os próprios acontecimentos da vida.[28]

Nesse sentido, várias são as possibilidades de contratualização no direito das famílias. A título de exemplos, tem-se a realização de contratos pré e pós-nupciais, pré e pós-divórcio, contratos de união estável, de namoro, de coparentalidade, entre outros que podem surgir no mundo jurídico para adequar o direito à realidade social e regulamentar os interesses de cada grupo familiar ao longo do tempo. Todos eles são negócios jurídicos solenes.

O contrato antenupcial ou pré-nupcial é realizado antes do casamento, e nele as partes podem convencionar regras patrimoniais, como estipular o regime de bens do casamento, bem como regras existenciais, desde que em conformidade com a ordem pública e com a finalidade do pacto[29]. A respeito destas últimas, Dimitre Braga Soares de Carvalho afirma:

> Na prática, um número muito maior de regras pode ser estipuladas através de pacto antenupcial, sobretudo regras não necessariamente patrimoniais ou econômicas, que são os chamados "pactos sobre direitos existenciais". Dentre eles, podemos destacar os seguintes: – instituição de Cláusula Penal (multa) nas hipóteses de ocorrência de violência doméstica; – negócios sobre a distribuição do trabalho doméstico; – pactos que disciplinem os cuidados com os filhos, horas de dedicação às atividades escolares em casa e acompanhamento nas atividades extra-curriculares; – acordos sobre relações sexuais: frequência das relações/ número de relações por semana ou mês/ estabelecimento da monogamia como regra (ou não), dentre outros.[30]

Com relação aos contratos pós-nupciais ou intramatrimoniais, estes, em essência, se assemelham aos anteriormente mencionados, deles diferindo pelo

---

27. JUNIOR, Hermes Zanetti. A atribuição do Ministério Público nas ações de família. *Revista Eletrônica de Direito Processual – REDP/UERJ*, Ano 14, v. 21, n. 3, set./dez-2020. Disponível em: https://www.e-publicacoes.uerj.br/index.php/redp/article/view/52388/34879. Acesso em 29 jun. 2023.
28. CALMON, Rafael. *Manual de Direito Processual das Famílias*. 3. ed. São Paulo: Saraiva, 2023 p. 349.
29. CALMON, Rafael. *Manual de Partilha de Bens*: na separação, no divórcio e na dissolução da união estável – aspectos materiais e processuais. 4. ed. São Paulo: SaraivaJur, 2023, p. 39.
30. CARVALHO, Dimitre Braga Soares de. *Op. cit.*, p. 25.

momento em que são celebrados: aqui, a celebração ocorre durante o casamento ou a união estável. Sobre eles, Calmon faz uma ressalva relevante, ao afirmar que não podem alterar regime de bens[31], diante da redação dos arts. 734, CPC/15[32] e 1.639, § 2º, CC/02[33].

A possibilidade de celebração dos contratos pós nupciais se mostra relevante diante do fato de que, durante os relacionamentos e a convivência familiar, novos arranjos podem surgir, questões importantes podem necessitar de combinados não realizados no momento do casamento ou da união estável e, assim, ao contratualizar tais questões, o ambiente familiar pode se tornar mais confortável e seguro.[34]

Os contratos pré-divórcio ou pré-dissolução de união estável são aqueles celebrados quando o fim da relação afetiva se mostra inevitável e o casal deseja estabelecer as normas que vão orientar esse fim e os caminhos a serem por eles percorridos, seja com relação ao uso dos bens durante esse momento, seja com relação aos filhos ou com relação ao método de resolução de conflitos a ser utilizado. Já os contratos pós-divórcio ou pós-união estável objetivam reajustar, sempre que necessário, os ajustes feitos quando do fim do relacionamento afetivo, referindo-se à "manutenção e construção de uma convivência harmônica entre pessoas que mantêm, mesmo após o divórcio ou dissolução da união estável, vínculos jurídicos em comum"[35].

Além dos contratos mencionados, existem muitos outros que, de igual forma, visam regulamentar situações da vida cotidiana, sejam elas surgidas antes, durante ou após o casamento ou união estável, ou relacionamento estabelecido entre as partes, como é o caso do contrato de namoro, que, em linhas gerais, trata-se basicamente de um documento por meio do qual se busca afastar o reconhecimento da união estável e seus efeitos patrimoniais. Outro exemplo são os contratos que visam regulamentar as relações de coparentalidade, instituindo como se dará o exercício do poder familiar e a divisão da convivência com os filhos por meio de acordos de parentalidade.

Fato é que diversas são as possibilidades contratuais dentro do ambiente familiar, com o fim de respeitar os arranjos próprios, atender aos interesses específicos de cada grupo e reduzir a necessidade de que o Estado precise preencher lacunas quando não definidas suas regras.

---

31. CALMON, Rafael. *Manual de Partilha de Bens*: na separação, no divórcio e na dissolução da união estável – aspectos materiais e processuais.4. ed. São Paulo: SaraivaJur, 2023, p. 38.

32. Art. 734, CPC/15: A alteração do regime de bens do casamento, observados os requisitos legais, poderá ser requerida, motivadamente, em petição assinada por ambos os cônjuges, na qual serão expostas as razões que justificam a alteração, ressalvados os direitos de terceiros.

33. Art. 1.639, § 2º, CC/02: É admissível alteração do regime de bens, mediante autorização judicial em pedido motivado de ambos os cônjuges, apurada a procedência das razões invocadas e ressalvados os direitos de terceiros.

34. CARVALHO, Dimitre Braga Soares de. *Op. cit.*, p. 26.

35. *Ibidem*, p. 27.

Contudo, mesmo quando combinados são feitos, há momentos em que o Estado é chamado a intervir na relação familiar e, inevitavelmente será preciso a judicialização para efetivação do avençado pelos contratantes.

5. JUDICIALIZAÇÃO E EXECUÇÃO DOS CONTRATOS

O sistema atual contempla duas possibilidades de exercício da "efetivação forçada" das obrigações. A primeira se pauta por título executivo judicial, cujo procedimento está regulado entre os arts. 513 e 538 do CPC, sob a denominação: cumprimento de sentença. A segunda se afirma por processo de execução, cujo rito vem previsto pelos arts. 771 a 925 do CPC, justificando-se quando o jurisdicionado detém título executivo extrajudicial.[36]

Assim, basta que o contratante que pretende exigir a efetivação da obrigação contratual defina por qual das duas possibilidades esta se dará, a depender da especificidade do título, se judicial ou extrajudicial.

Apesar de a "contratualização do direito das famílias" ter sofrido grande avanço, a interpretação acerca do objeto e da abrangência do negócio deve ser restritiva, de modo a não subtrair do Poder Judiciário o exame de questões relacionadas ao direito material ou processual que obviamente desbordem do objeto convencionado entre os litigantes, sob pena de ferir de morte o art. 5º, XXXV, da Constituição Federal[37] e o art. 3º, *caput*, do CPC[38].

Pode-se afirmar, dessa forma, que para que o contratante busque a efetivação de todo e qualquer contrato firmado, independentemente do fato de ter sido homologado por sentença ou celebrado de forma extrajudicial, deve acionar o Poder Judiciário, e é neste ponto que surge um grande problema, quando tratamos da exigência do cumprimento da obrigação de cláusulas de cunho existenciais, como será analisado mais profundamente algumas linhas adiante.

5.1 Cumprimento de Títulos Judiciais

Assim, para a satisfação de obrigação não alimentar[39] advinda de acordo homologado por sentença, isto é, de título judicial (art. 515, II e III, CPC/15[40]), o

---

36. RIBEIRO, Marcelo. *Processo civil [recursos eletrônicos]*. 3. ed. Rio de Janeiro: Método, 2023, p. 760.

37. Art. 5º, CF/88: Todos são iguais perante a lei, sem distinção de qualquer natureza, garantindo-se aos brasileiros e aos estrangeiros residentes no País a inviolabilidade do direito à vida, à liberdade, à igualdade, à segurança e à propriedade, nos termos seguintes: (...) XXXV – a lei não excluirá da apreciação do Poder Judiciário lesão ou ameaça a direito.

38. Art. 3º, CPC/15: Não se excluirá da apreciação jurisdicional ameaça ou lesão a direito.

39. Se a quantia a ser paga ostentar natureza alimentar, o seu cumprimento se dará pelo procedimento previsto no artigo 528, caput, do CPC, que exige a intimação pessoal do devedor.

40. Art. 515, II e III, CPC/15: São títulos executivos judiciais, cujo cumprimento dar-se-á de acordo com os artigos previstos neste Título: (...) II – a decisão homologatória de autocomposição judicial; III – a decisão homologatória de autocomposição extrajudicial de qualquer natureza.

procedimento adequado é o que está regulado entre os artigos 513 e 538 do CPC (cumprimento de sentença), devendo o contratante exequente requerer seu cumprimento, em regra, no juízo que homologou o contrato (art. 516, II, CPC/15[41]) ou a critério do contratante exequente, pelo juízo do atual domicílio do executado, pelo juízo do local onde se encontrem os bens sujeitos à execução ou pelo juízo do local onde deva ser executada a obrigação de fazer ou de não fazer, casos em que a remessa dos autos do processo será solicitada ao juízo de origem. (art. 516, Parágrafo único, CPC/15[42]).

Prevê o § 1º, do art. 513, do CPC[43], que o cumprimento da sentença que reconhece o dever de pagar quantia, far-se-á a requerimento do exequente. Dessa forma, uma vez requerido o cumprimento do contrato homologado por sentença, que previu o dever de pagar quantia, o outro contratante será intimado para pagamento no prazo de 15 (quinze) dias, pelo Diário da Justiça, na pessoa do seu advogado constituído (art. 513, § 2º, I, CPC/15[44]), sob pena do acréscimo de multa de dez por cento e, também, de honorários de advogado de dez por cento.

Em se tratando de acordo homologado sujeito a condição ou termo, deverá o contratante exequente, no seu requerimento, demonstrar que se realizou a condição ou de que ocorreu o termo (art. 514, CPC/15[45]).

Já em relação à obrigação de fazer ou não fazer estipulada no contrato homologado, o Juiz poderá determinar as medidas necessárias para o efetivo cumprimento da obrigação, tais como a fixação de multa, busca e apreensão, remoção de pessoas e coisas, inclusive requisitando força policial, sendo certo que a multa será devida desde o dia em que se configurar o descumprimento da decisão e incidirá enquanto não for cumprida a decisão que a tiver cominado (art. 537, CPC/15[46]).

---

41. Art. 516, II, CPC/15: O cumprimento da sentença efetuar-se-á perante: (...) II – o juízo que decidiu a causa no primeiro grau de jurisdição.
42. Art. 516, Parágrafo único, CPC/15: Art. 516 [...]. Parágrafo único. Nas hipóteses dos incisos II e III, o exequente poderá optar pelo juízo do atual domicílio do executado, pelo juízo do local onde se encontrem os bens sujeitos à execução ou pelo juízo do local onde deva ser executada a obrigação de fazer ou de não fazer, casos em que a remessa dos autos do processo será solicitada ao juízo de origem.
43. Art. 513, § 1º, CPC/15: Art. 513. [...]. § 1º O cumprimento da sentença que reconhece o dever de pagar quantia, provisório ou definitivo, far-se-á a requerimento do exequente.
44. Art. 513, § 2º, I, CPC/15: Art. 513 [...]. § 2º O devedor será intimado para cumprir a sentença: I – pelo Diário da Justiça, na pessoa de seu advogado constituído nos autos.
45. Art. 514, CPC/15: Quando o juiz decidir relação jurídica sujeita a condição ou termo, o cumprimento da sentença dependerá de demonstração de que se realizou a condição ou de que ocorreu o termo.
46. Art. 537, CPC/15: A multa independe de requerimento da parte e poderá ser aplicada na fase de conhecimento, em tutela provisória ou na sentença, ou na fase de execução, desde que seja suficiente e compatível com a obrigação e que se determine prazo razoável para cumprimento do preceito. § 1º O juiz poderá, de ofício ou a requerimento, modificar o valor ou a periodicidade da multa vincenda ou excluí-la, caso verifique que: I – se tornou insuficiente ou excessiva; II – o obrigado demonstrou cumprimento parcial superveniente da obrigação ou justa causa para o descumprimento. § 2º O valor da multa será devido ao exequente. § 3º A decisão que fixa a multa é passível de cumprimento provisório,

Por fim, se os contratantes avençaram sobre a entrega de coisa e a obrigação não for cumprida dentro do prazo estabelecido no título judicial, poderá ser expedido mandado de busca e apreensão ou de imissão na posse em favor do credor, conforme se tratar de coisa móvel ou imóvel (art. 538, do CPC[47]), aplicando-se neste procedimento, no que couber, as disposições previstas no procedimento de obrigação de fazer ou de não fazer (art. 538, § 3°, CPC/15[48]).

5.2 Execução de Títulos Extrajudiciais

Em relação aos contratos não levados à homologação, a execução de título extrajudicial demanda a formação de processo autônomo, cuja finalidade reside na satisfação concreta do direito consubstanciado no título. A espécie de obrigação imposta ao executado determina certas peculiaridades no procedimento,[49] podendo ser elas o pagamento de quantia, a entrega de coisa, obrigação de fazer ou não fazer.

Independentemente de qual obrigação se busque a satisfação pela execução de título extrajudicial, deverá o interessado fazê-la mediante a propositura de ação, a qual será inaugurada por petição inicial que, além de preencher os requisitos dos artigos 319[50] e 320[51] do CPC, deverá estar acompanhada do contrato (art. 798, I, a, do CPC[52]) e, se tratando de execução para o pagamento de quantia, do

---

devendo ser depositada em juízo, permitido o levantamento do valor após o trânsito em julgado da sentença favorável à parte. § 4° A multa será devida desde o dia em que se configurar o descumprimento da decisão e incidirá enquanto não for cumprida a decisão que a tiver cominado. § 5° O disposto neste artigo aplica-se, no que couber, ao cumprimento de sentença que reconheça deveres de fazer e de não fazer de natureza não obrigacional.

47. Art. 538, CPC/15: Não cumprida a obrigação de entregar coisa no prazo estabelecido na sentença, será expedido mandado de busca e apreensão ou de imissão na posse em favor do credor, conforme se tratar de coisa móvel ou imóvel.

48. Art. 538, § 3°, CPC/15: Art. 538 [...]. Aplicam-se ao procedimento previsto neste artigo, no que couber, as disposições sobre o cumprimento de obrigação de fazer ou de não fazer.

49. RIBEIRO, Marcelo. *Processo civil [recursos eletrônicos]*. 3. ed. Rio de Janeiro: Método, 2023, p. 803.

50. Art. 319, CPC/15: A petição inicial indicará: I – o juízo a que é dirigida; II – os nomes, os prenomes, o estado civil, a existência de união estável, a profissão, o número de inscrição no Cadastro de Pessoas Físicas ou no Cadastro Nacional da Pessoa Jurídica, o endereço eletrônico, o domicílio e a residência do autor e do réu; III – o fato e os fundamentos jurídicos do pedido; IV – o pedido com as suas especificações; V – o valor da causa; VI – as provas com que o autor pretende demonstrar a verdade dos fatos alegados; VII – a opção do autor pela realização ou não de audiência de conciliação ou de mediação. § 1° Caso não disponha das informações previstas no inciso II, poderá o autor, na petição inicial, requerer ao juiz diligências necessárias a sua obtenção. § 2° A petição inicial não será indeferida se, a despeito da falta de informações a que se refere o inciso II, for possível a citação do réu. § 3° A petição inicial não será indeferida pelo não atendimento ao disposto no inciso II deste artigo se a obtenção de tais informações tornar impossível ou excessivamente oneroso o acesso à justiça.

51. Art. 320, CPC/15: A petição inicial será instruída com os documentos indispensáveis à propositura da ação.

52. Art. 798, I, a, CPC/15: Ao propor a execução, incumbe ao exequente: I – instruir a petição inicial com: a) o título executivo extrajudicial.

demonstrativo de débito atualizado (art. 798, I, b, do CPC[53]); a prova de que se verificou a condição ou ocorreu o termo, se for o caso (art. 798, I, c, do CPC[54]); a prova, se for o caso, de que adimpliu a contraprestação que lhe corresponde ou que lhe assegura o cumprimento, se o executado não for obrigado a satisfazer a sua prestação senão mediante a contraprestação do exequente (art. 798, I, d, do CPC[55]).

5.3 Efetivação judicial das cláusulas existenciais

Os negócios patrimoniais de família são admitidos, em regra. Os negócios existenciais de família, por sua vez, são passíveis de "sindicância" judicial, levando-se em conta as peculiaridades da situação, a realidade das partes e a dimensão jurídica dada aos negócios[56].

Segundo Rodrigo da Cunha Pereira, ainda quanto às cláusulas existenciais, mesmo que tais obrigações sejam de difícil cumprimento ou ineficazes juridicamente, elas são importantes, pois podem funcionar como diretrizes para o casal.[57] Assim, podemos dizer que a judicialização para efetivação de obrigações existenciais dificilmente terá um comando judicial que lhe dê eficácia plena, tendo em vista se tratarem de obrigações personalíssimas, e por conta disso, impassíveis de cumprimento de forma forçada, diferentemente do que acontece com as cláusulas que versam sobre direito material e patrimonial, as quais devem se submeter ao mesmo regramento traçado pelo ordenamento para os contratos não familiares: preservação ampla da autonomia e mínima intervenção.[58]

Além disso, podemos afirmar que, mesmo que exista cláusula penal atrelada às cláusulas existenciais, o cumprimento destas ou a exigibilidade daquelas poderá ser obstaculizado diante da dificuldade de se comprovar que um dos contratantes fez ou deixou de fazer algo. Seria exemplificar com cláusulas estipulando quantos dias na semana as partes devem ter relações sexuais.

---

53. Art. 798, I, b, CPC/15: "(...) o demonstrativo do débito atualizado até a data de propositura da ação, quando se tratar de execução por quantia certa;"
54. Art. 798, I, c, CPC/15: "(...) a prova de que se verificou a condição ou ocorreu o termo, se for o caso; (...)."
55. Art. 798, I, d, CPC/15: "(...) a prova, se for o caso, de que adimpliu a contraprestação que lhe corresponde ou que lhe assegura o cumprimento, se o executado não for obrigado a satisfazer a sua prestação senão mediante a contraprestação do exequente; (...)."
56. TEPEDINO, Gustavo. Contratos em Direito de Família. In: PEREIRA, Rodrigo da Cunha (Org.). *Tratado de Direito de Família*. Belo Horizonte: EDITORA IBDFAM, 2019.
57. PEREIRA, Rodrigo da Cunha. *Cláusulas existenciais em pactos antenupciais e contratos em direito de família – o "debitum" e o crédito conjugal*. 2022. Disponível em: https://ibdfam.org.br/artigos/1892/Cl%C3%A1usulas+existenciais+em+pactos+antenupciais+e+contratos+em+direito+de+fam%-C3%ADlia+%E2%80%93+o+%2debitum%22+e+o++cr%C3%A9dito+conjugal. Acesso em: 29 ago. 2023.
58. MARZAGÃO, Silvia Felipe. *Op. cit.*, p. 30.

Contudo, havendo o inadimplemento da obrigação, ainda que de natureza existencial, e desde que ela tenha respeitado os limites impostos pela lei na sua estipulação e, ainda, se o contratante se encarregar de provar o seu descumprimento, pode então pleitear junto ao judiciário a efetivação da obrigação, seja pelo procedimento de cumprimento de sentença, seja pelo procedimento de execução de título extrajudicial, a depender da especificidade do título em questão, conforme esclarecido anteriormente.

A título de exemplo, suponha-se que o contrato preveja que nenhum dos contratantes possa expor fotos do filho menor nas redes sociais (shareting) ou ainda criar um perfil para a criança, sob pena de incidência de multa em caso de descumprimento. Neste exemplo, trata-se de obrigação de não fazer de cunho nitidamente existencial, cujo inadimplemento surgiria de uma conduta ativa (comissiva) de qualquer dos contratantes, gerando, por consequência, o desfazimento da ação realizada e a incidência da multa estipulada na cláusula penal.

Assim, em que pese a potencial ineficácia jurídica de algumas cláusulas existenciais, o ideal é que o Estado não as proíba de imediato, se isso for contra a vontade dos contratantes, desde que sejam respeitados, é claro, os limites impostos pelo ordenamento jurídico, até mesmo porque, se as cláusulas não atenderem a esses limites, haverá uma grande dificuldade na busca da sua efetivação.

6. CONCLUSÃO

O presente artigo se predispôs a analisar a evolução da autonomia privada nas relações familiares e a intervenção mínima do Estado nas famílias, objetivando demonstrar que os membros da família podem planejar, por meio de contratos, as regras ou formas de convivência, na busca pela plena realização familiar. Durante a exposição, demonstrou-se como seria importante se as pessoas traçassem diretrizes de como se daria a vida comum do grupo familiar, o que pode acontecer antes, durante e até mesmo após finda a sociedade conjugal.

Por certo, estabelecer cláusulas patrimoniais ou existenciais, desde que respeitados os limites legais impostos para celebração de negócios jurídicos, só auxilia a formação de uma efetiva e saudável comunhão plena de vida, evitando que o Estado precise decidir no lugar de quem, de fato, deveria fazê-lo.

Ademais, pôde-se verificar como se dá a execução dos contratos familiares, com atenção especialmente às cláusulas existenciais, uma vez que alguns arranjos familiares, a depender das especificidades de certas cláusulas, ainda que não sejam consideradas eficazes juridicamente, podem ser reputadas de cunho pedagógico, até mesmo porque, quando um contrato é celebrado, o que se espera dos contratantes é que o cumpram e não o contrário.

7. REFERÊNCIAS

CALMON, Rafael. *Manual de Direito Processual das Famílias*. 3. ed. São Paulo: Saraiva, 2023.

CALMON, Rafael. *Manual de Partilha de Bens*: na separação, no divórcio e na dissolução da união estável – aspectos materiais e processuais. 4. ed. São Paulo: SaraivaJur, 2023.

CARVALHO, Dimas Messias. Intervenção do Ministério Público no direito de família: entre o público e o privado. In: *Congresso Brasileiro de Direito de Família – Família*: entre o público e o privado, VIII, 2011. Anais. Disponível em: https://ibdfam.org.br/publicacoes/anais/detalhes/608/VIII%20Congresso%20Brasileiro%20de%20Direito%20de%20Família%20-a:%20entre%20o%20público%20e%20o%20privado. Acesso em: 01 ago. 2023.

CARVALHO, Dimitre Braga Soares de. Contratos Familiares: cada família pode criar seu próprio direito de família. In: TEIXEIRA, Ana Carolina Brochado; RODRIGUES, Renata de Lima (Coords.). *Contratos, família e sucessões*: diálogos interdisciplinares. 3. ed. Indaiatuba: Foco, 2023.

MARZAGÃO, Silvia Felipe. *Contrato paraconjugal*: a modulação da conjugalidade por contrato teoria e prática. Indaiatuba: Foco, 2023.

MORAES, Maria Celina Bodin de; TEIXEIRA, Ana Carolina Brochado. Contratos no ambiente familiar. In: TEIXEIRA, Ana Carolina Brochado; RODRIGUES, Renata de Lima (Coords.). *Contratos, família e sucessões*: diálogos complementares. 3. ed. Indaiatuba: Foco, 2023.

MULTEDO, Renata Vilela. *Liberdade e família*: limites para a intervenção do Estado nas relações conjugais e parentais. Rio de Janeiro: Processo, 2017.

PEREIRA, Rodrigo da Cunha. *Cláusulas existenciais em pactos antenupciais e contratos em direito de família – o "debitum" e o crédito conjugal*. 2022. Disponível em: https://ibdfam.org.br/artigos/1892/Cl%C3%A1usulas+existenciais+em+pactos+antenupciais+e+contratos+em+direito+de+fam%C3%AD lia+%E2%80%93+o+%22debitum%22+e+o++cr%C3%A9dito+conjugal. Acesso em: 29 ago. 2023.

RIBEIRO, Marcelo. *Processo civil [recursos eletrônicos]*. 3. ed. Rio de Janeiro: Método, 2023.

ROCHA, Ana Tereza Costa. *A contratualização do direito de família*: um caminho para o alcance da dignidade. 2021. Disponível em https://magis.agej.com.br/a-contratualizacao-do-direito-de-familia-um-caminho-para-o-alcance-da-dignidade/. Acesso em: 10 ago. 2023.

RODRIGUES, Renata de Lima. *Planejamento familiar*: limites e liberdades parentais. Indaiatuba: Foco. 2021.

ROSA, Conrado Paulino. *Curso de direito de família contemporâneo*. 9. ed. rev. ampl. e atual. São Paulo: JusPodivm. 2022.

ROSA, Conrado Paulino; ALVES, Leonardo Barreto Moreira. *Direito de família mínimo na prática jurídica*. São Paulo: JusPodivm, 2023.

TEPEDINO, Gustavo. Contratos em direito de família. In: PEREIRA, Rodrigo da Cunha (Org.). *Tratado de Direito de Família*. Belo Horizonte: EDITORA IBDFAM, 2019.

ZANETTI JUNIOR, Hermes. A atribuição do Ministério Público nas ações de família. *Revista Eletrônica de Direito Processual – REDP*, Rio de Janeiro, Ano 14, v. 21, n. 3, set.-dez. 2020. Periódico Quadrimestral da Pós-Graduação Stricto Sensu em Direito Processual da UERJ. Disponível em: https://www.e-publicacoes.uerj.br/index.php/redp/article/view/52388/34879. Acesso em: 29 jun. 2023.

A PROVA TESTEMUNHAL DOS FILHOS NO DIVÓRCIO DOS PAIS E O CONFLITO DE LEALDADE: COMENTÁRIOS AO RECURSO ESPECIAL 1.947.751/GO

Juliana Travassos Siqueira

Advogada especialista em Direito das Famílias MBA em *Business Law*. Membro do IBDFAM. Pós-graduanda em Direito Processual das Famílias e das Sucessões – Atame/DF.

Diane Capponi Gisler

Especialista em Direito das Famílias. Membro do IBDFAM. Membro da Comissão de Direito de Família da OAB/RJ – Barra da Tijuca. Pós-graduanda em Direito Processual das Famílias e das Sucessões – Atame/DF. Advogada.

Karla Pereira Fortuna

Advogada especialista em Direito das Famílias. Membro e sócia apoiadora do IBDFAM. Pós-graduanda em Direito Processual das Famílias e das Sucessões – Atame/DF.

Sumário: 1. Introdução – 2. Contextualização: divórcio e partilha de bens – 3. Aspectos psicológicos do depoimento dos filhos – 4. Da escuta da criança e a verdade judicial – 5. Da prova testemunhal – 6. Da fidedignidade do depoimento de filhos em demandas travadas por seus pais – 7. Do conflito de lealdade – 8. Fundamentos da decisão que tornou válido o testemunho dos filhos em processo de divórcio dos pais – 9. Conclusão – 10. Referências.

1. INTRODUÇÃO

É de conhecimento geral que o divórcio é um processo complexo e doloroso para todos os envolvidos, especialmente para os filhos do casal desfeito. Neste cenário, frequentemente desafiador e emocionalmente pesado, os filhos muitas vezes se tornam inadvertidamente participantes involuntários de um processo que impacta profundamente suas vidas. Durante essa fase conflituosa, é comum que eles sejam colocados em uma posição delicada e desconfortável, onde são confrontados com a necessidade de demonstrar lealdade a ambos os pais. A maneira como os sistemas legais e as famílias abordam o envolvimento das crianças nesses procedimentos, pode ter repercussões de longo alcance em seu desenvolvimento psicológico, emocional e social.

Recentemente, o ordenamento jurídico se deparou com uma decisão judicial proferida pela 3ª Turma do Superior Tribunal de Justiça, no REsp 1.947.751/GO, que foi julgado no âmbito de uma ação de divórcio com pedido de partilha de bens. A decisão judicial, proferida de forma unânime pelo Colegiado, deu nova interpretação à regra do art. 447, § 2º, I, do CPC, que diz que podem depor como testemunhas todas as pessoas, exceto: "(...) *o cônjuge, o companheiro, o ascendente e o descendente em qualquer grau e o colateral, até o terceiro grau, de alguma das partes, por consanguinidade ou afinidade, salvo se o exigir o interesse público ou, tratando-se de causa relativa ao estado da pessoa, não se puder obter de outro modo a prova que o juiz repute necessária ao julgamento do mérito (...)*". Na decisão, o Eminente Relator Ministro Marco Aurélio Bellize foi claro ao mostrar que, de acordo com a posição daquele Colegiado, há casos em que não se "*verifica uma parcialidade presumida quando a testemunha possui vínculo de parentesco idêntico com ambas as partes, sobretudo quando não demonstrada a sua pretensão de favorecer um dos litigantes em detrimento do outro*". No mesmo pronunciamento também foi considerado que o Magistrado afastou quaisquer questões subjetivas que pudessem interferir na parcialidade da testemunha em relação a seus genitores, de modo que foi analisado, pela Corte Superior, simplesmente, a admissibilidade da prova decorrente do testemunho de descendentes dos divorciandos. Mas ficam as indagações a respeito da parcialidade, admissibilidade e lealdade deste testemunho; será que a questão é tão simples assim? Os aspectos psicológicos e mentais dos filhos, foram devidamente considerados na decisão proferida pela Corte Superior?

O depoimento da criança, devido a particularidades específicas da fase infantil, pode ser influenciado por elementos que modificariam a narrativa. Aspectos como a sensibilidade da criança, a introdução de informações falsas por sugestão e o impacto de emoções negativas na memória, têm o potencial de comprometer a viabilidade da evidência.

Além desses pontos, a passagem do tempo entre o ocorrido e eventuais depoimentos, pode enfraquecer os relatos, tanto de crianças, quanto de adultos, que tenham vivenciado situações de violência ou crime. Por outro lado, surgem as contaminações originadas na mente humana, aquelas que podem surgir por meio de sentimentos e ser expressas por emoções ou oscilações entre o mundo real e o imaginário (especialmente no contexto infantil). E, por último, entram em cena as falsas lembranças.

O presente artigo pretende expor e questionar tais questões relacionadas a essa pioneira decisão judicial, assim como contextualizá-la com a real importância do testemunho dos filhos em ações de divórcio, separação e dissolução de união estável de seus pais. Os aspectos relacionados à prova testemunhal no direito das famílias, as questões materiais e processuais dessa natureza de prova, bem como a sua admissibilidade nos processos dissolutórios das uniões afetivas, a lealdade, aspectos psicológicos e efeitos emocionais do testemunho dos filhos são igualmente cotejados para que se possa contribuir com a matéria.

2. CONTEXTUALIZAÇÃO: DIVÓRCIO E PARTILHA DE BENS

A prova testemunhal tem sido historicamente uma ferramenta valiosa no sistema jurídico para estabelecer fatos e evidências em diversos tipos de processos judiciais. No entanto, argumenta-se que, em certos casos, como no divórcio, a prova testemunhal pode ser desnecessária ou até mesmo inadequada para a consecução dos objetivos legais e processuais. Isto porque a EC 66/2010 firmou o entendimento do divórcio como um direito potestativo, onde qualquer dos cônjuges possui a capacidade de dissolver legalmente o vínculo matrimonial, sem a necessidade de fornecer razões específicas ou obter o consentimento do outro. Esse esforço legislativo, de fato, esvaziou a necessidade da prova testemunhal ou de quaisquer outros meios de prova nos processos de divórcio.

Nesse contexto, sendo o único critério necessário para a decretação do divórcio a manifestação de vontade de, pelo menos, uma das partes da relação matrimonial, de plano fica esvaziada a discussão a respeito da possibilidade de os filhos do casal participarem ativamente, na condição de testemunhas, durante a instrução deste processo. De fato, não há necessidade de provas sobre a motivação das pessoas ou tempo de afastamento do casal para se obter o divórcio. Daí a perspicácia da redação do art. 226, § 6º da CF, ao eliminar a necessidade de quaisquer outros critérios objetivos ou subjetivos para a obtenção do divórcio, tornando-o sempre imediato e sem necessidade de justificativa, provas e até mesmo intervenção judicial (no caso de haver consenso).

Eis o seu texto:

> Art. 226. A família, base da sociedade, tem especial proteção do Estado.
>
> (...)
>
> § 6º O casamento civil pode ser dissolvido pelo divórcio.

Justamente por esse motivo, no Recurso Especial 1.947.751/GO, não se discute o direito à obtenção do divórcio. Já nas questões patrimoniais dentro do processo de divórcio, o testemunho dos filhos pode ter um papel relevante, mas também muito delicado, havendo a necessidade de se levar em consideração e respeitar o melhor interesse dos menores, e, também, questões psicológicas dos maiores.

Quando se trata de testemunho para comprovação de fatos ocorridos dentro do matrimônio, como datas, administração de bens, construções, compra e venda de imóveis e outros, o filho pode ter presenciado negociações e conversas entre os pais, o que poderia ajudar o entendimento e convencimento judicial, quando aliado a outras provas. A grande questão a ser analisada é se o filho teria capacidade emocional ou até mesmo maturidade de entendimento para depor de forma imparcial e concreta sobre a ocorrência desses mesmos fatos. A capacidade das crianças de compreender plenamente as complexidades financeiras e legais pode ser limitada. É importante considerar que a imparcialidade dos filhos pode estar comprometida, já que podem existir interesses financeiros e emocionais envolvidos na disputa de bens.

Tais questões deverão ser analisadas pelo Magistrado singular, destinatário da prova, para decidir se admite ou não a sua produção. No recurso aqui analisado, inclusive, não há discussão sobre as questões subjetivas e valoração da prova testemunhal produzida, até mesmo pela limitação exercida pela Súmula de 07 daquele Tribunal[1]. E foi nesse sentido que o Ministro relator pontuou: *"Obviamente que nessas situações caberá ao Magistrado ponderar as circunstâncias fáticas apresentadas, a fim de verificar se a referida imparcialidade subsiste ou não, momento em que deverá admitir a testemunha ou considerá-la impedida."*

Não se pode deixar de mencionar tais questionamentos, por serem de suma importância para o entendimento e formação de opinião sobre o tema complexo que está sendo abordado. Levando em consideração a partilha de bens dos genitores, não se presume uma neutralidade suficiente para justificar a continuidade da restrição (aceitação ou não do depoimento dos filhos no divórcio), visto que, de maneira geral e superficial, as afirmações apresentadas pela testemunha estariam estritamente ligadas aos eventos que ela presenciou, sem a intenção de favorecer um dos pais em detrimento do outro.

3. ASPECTOS PSICOLÓGICOS DO DEPOIMENTO DOS FILHOS

Por se tratar da quebra de um paradigma, de uma nova interpretação ao dispositivo legal, a pesquisa realizada não encontrou textos científicos ou trabalhos debruçados especificamente sobre o assunto. A maioria dos textos escritos sobre a temática se atêm ao impacto psicológico do depoimento de crianças e adolescentes em processos, em geral.

Tomando-se por parâmetro o que acontece com o testemunho da criança e adolescente[2], há de ser levado em conta que a oitiva dos filhos menores, nas ações de divórcio de seus pais, deve ser realizada através de uma forma especial, em procedimento diferente daquele onde os depoimentos das demais testemunhas são colhidos. Psicólogos nomeados pelo juízo ou até mesmo

---

1. A pretensão de simples reexame de prova não enseja recurso especial.
2. Art. 8º da Lei 13.431/2017.

indicados pelas partes são presenças fundamentais para que se busque um depoimento isento de vícios, o que poderia acarretar nulidades e prejuízos processuais. O testemunho de filhos, especialmente quando incapazes, contra ou a favor de um dos pais, exige uma escuta extremamente delicada e com nuances de grande controvérsia.

Geralmente, as crianças experimentam pressão da realidade, pois ainda não possuem capacidade para enfrentá-la, e a "falsidade", de certa maneira, pode atuar como uma forma de defesa, ou possivelmente como um mecanismo de equilíbrio. Quando uma criança receia admitir certas ações devido ao conhecimento de possíveis punições, ela recorre à mentira defensiva, procurando evitar ser penalizada. Também mente por receio de perder o carinho ou a bondade das pessoas que mais estima, como seus próprios pais. Dessa forma, a mentira pode se tornar um escape para a frustração imposta pela realidade. No entanto, durante a fase pré-puberal, emerge um tipo de mentira astuta, expressa com o propósito de prejudicar alguém, e essa mentira é intencional.[3]

Freud também destaca a importância de compreender a mentira como uma forma de defesa da criança pequena diante das expectativas dos adultos. Freud nos revela que as crianças pequenas contam mentiras ao imitar as falsidades proferidas por adultos, mas há mentiras contadas por *"crianças bem-educadas que possuem um significado especial e que deveriam levar seus responsáveis a refletirem, em vez de se zangarem. Essas mentiras surgem de sentimentos intensos de afeto e tornam-se significativas quando resultam em uma má compreensão entre a criança e a pessoa que ela ama."*[4]

Desta forma, a colheita de um depoimento tão especial como este pode causar sequelas e consequências gravíssimas à sanidade mental dos filhos do casal em processo de divórcio.

A questão que permanece latente aborda as implicações psicológicas e emocionais que podem surgir como resultado de um testemunho tão doloroso. Esta conduta não apenas toca, mas muitas vezes penetra profundamente na mente de crianças, adolescentes e, até mesmo, filhos adultos que se veem diretamente envolvidos nos processos de divórcio e partilha dos pais.

Primeiramente, é imperativo reconhecer o impacto que essas experiências podem ter nas crianças. A fase de desenvolvimento em que se encontram as torna

---

3. Em sentido próximo: Cartilha Depoimento Especial. Salvador, 2019. Tribunal de Justiça do Estado da Bahia. Disponível em: https://www.mpba.mp.br/sites/default/files/biblioteca/crianca-e-adolescente/depoimento_especial/cartilha_depoimento_especial_definitiva_-_tjba.pdf.

4. FREUD, S. (1914-1916) *Introdução ao narcisismo, ensaios de metapsicologia e outros textos*. [trad. Por Paulo César de Souza]. Edição Standard Brasileira das Obras Completas de Sigmund Freud, v. XII. Rio de Janeiro: Imago, 1996. p. 331.

particularmente vulneráveis a eventos disruptivos, como o divórcio dos pais[5]. O presenciamento de discussões, afastamentos e, por vezes, disputas acaloradas pode abalar profundamente sua sensação de segurança e estabilidade. As crianças podem experimentar sentimentos de confusão, culpa e até abandono, muitas vezes sem ter a capacidade emocional ou cognitiva de compreender e processar essas emoções complexas. Adolescentes, por sua vez, enfrentam desafios adicionais. Além de lidarem com as mesmas incertezas que as crianças mais novas, também estão no processo de construção de sua própria identidade. O testemunho de desavenças entre os pais pode levar a uma sensação de conflito interno, dividindo sua lealdade e questionando suas próprias relações futuras. A possibilidade de eles se sentirem pressionados a tomar partido ou a se tornarem mediadores involuntários pode agravar ainda mais o estresse emocional que já estão vivenciando. Nem mesmo os adultos estão imunes às consequências psicológicas desse tipo de testemunho. Enquanto possuem uma maior capacidade de compreensão e comunicação, a profunda ligação emocional com os pais e a vivência de um evento tão impactante como o divórcio podem resultar em sentimentos de tristeza, frustração e até raiva. A responsabilidade de lidar com as emoções de seus próprios pais ao mesmo tempo em que lidam com suas próprias reações emocionais pode ser esmagadora.

Em última análise, é evidente que um testemunho tão doloroso pode deixar marcas duradouras nas mentes das pessoas envolvidas. A busca por recursos de suporte emocional, como aconselhamento terapêutico, grupos de apoio e abordagens de resolução de conflitos saudáveis, torna-se fundamental para minimizar os efeitos negativos e auxiliar na construção de caminhos de cura e reconstrução emocional para todos os envolvidos.

4. DA ESCUTA DA CRIANÇA E A VERDADE JUDICIAL

A escuta da criança é um tema que ultimamente tem preocupado muito os Tribunais. Nos dias 21 e 22 de setembro de 2023, aconteceu a III Jornada de Direito Processual Civil, na sede do Conselho da Justiça Federal (CJF), em Brasília.

A finalidade do evento é de promover debates entre especialistas para trazer novas interpretações sobre o processo civil, ajustadas às inovações legislativas, doutrinárias e jurisprudenciais, bem como analisar os avanços, os retrocessos e as perspectivas, após oito anos de vigência do Código de Processo Civil.

---

5. Segundo a escala de estresse de Thomas Holmes e Richard Rahe, desenvolvida em 1967, que lista 43 eventos que são estressantes em nossas vidas, o divórcio figura em 2º lugar (desenvolveram a Holmes and Rahe Social Readjustment Rating Scale – SRRS).

Conferindo a relevância imprescindível sobre a escuta de crianças e adolescentes, na III Jornada de Direito Processual Civil foram aprovados dois Enunciados:

1) O depoimento ou testemunho de criança ou adolescente não pode ser colhido extrajudicialmente por tabelião, por meio de ata notarial ou de escritura pública de declaração.

- A criança ou adolescente não pode ser conduzida por um dos pais ao cartório para fazer qualquer relato ao tabelião. Essa oitiva, transcrita em ata notarial pública e anexada em processo de família judicial não poderá servir como meio de prova.

2) Quando o objeto do processo for relacionado a abuso ou alienação parental e for necessário o depoimento especial de criança ou adolescente em juízo, a escuta deverá ser realizada de acordo com o procedimento previsto na Lei 13.431/2017, sob pena de nulidade do ato.

- A psicóloga Glícia Brazil recomenda que esse Enunciado seja conjugado com um protocolo do Tribunal ou do CNJ, com alguma diretriz que diga que nos casos de alienação parental e abuso, em que geralmente ocorre vício de coação moral e pressão psicológica para declarar, ainda que na forma da Lei de Depoimento Especial, o relato pode ser induzido e gerar invalidade da prova.

5. DA PROVA TESTEMUNHAL

As partes têm o direito de empregar todos os meios legais, bem como os moralmente legítimos, ainda que não especificados na lei processual, para provar a verdade dos fatos em que se funda o pedido ou a defesa e influir eficazmente na convicção do juiz, cabendo ao magistrado determinar as provas necessárias ao julgamento do mérito (art. 369 do CPC). Em complemento, o Código Civil Brasileiro assegura que o fato jurídico pode ser provado mediante confissão, documento, testemunha, presunção e perícia (art. 212).

Havendo a necessidade de produção da prova oral, será designada a audiência de instrução e julgamento, na qual destacamos, entre os meios de prova, as testemunhas, a serem arroladas a partir da intimação da decisão de saneamento e organização do processo, pelo autor e pelo réu, no prazo comum não superior a 15 (quinze) dias, na forma do art. 357, §4º do CPC.

A produção da prova testemunhal, conforme a previsão do artigo 443 do diploma processual, terá como escopo a demonstração dos fatos que, a uma, não tenham sido provados por documento ou confissão da parte e, a duas, que não possam ser atestados por via documental ou mediante exame pericial[6]. Adicionalmente, o texto do artigo 447 do Código de Processo Civil prevê que todas as pessoas podem depor como testemunhas, com exceção das incapazes, impedidas ou suspeitas.

Conforme leciona a Professora Fernanda Tartuce, acerca da dificuldade probatória nas demandas de família, "*além de haver a natural ocultação de fatos desfavoráveis pelos causadores (como ocorre em toda a lide), há ainda obstáculos adicionais: nem sempre é possível demonstrar o que ocorreu na intimidade do lar; quando há testemunhas, por exemplo, elas costumam ser impedidas, suspeitas ou incapazes*"[7].

Imperioso referir que é incapaz aquele que tiver menos de 16 (dezesseis) anos[8]; é impedido o descendente em qualquer grau, de alguma das partes, por consanguinidade ou afinidade[9]; e é suspeito o que tiver interesse no litígio[10]. Portanto, a princípio, a codificação processual impede a prova testemunhal dos filhos no divórcio.

Para essas hipóteses, o legislador trouxe a possibilidade da colheita do depoimento das pessoas suspeitas, impedidas e até dos menores na condição de meros informantes (e não testemunhas), os quais serão prestados independentemente de compromisso, e lhe será atribuído o valor que mereça, em conformidade com todo o acervo probatório carreado aos autos. Vejamos:

> Art. 447. Podem depor como testemunhas todas as pessoas, exceto as incapazes, impedidas ou suspeitas.
>
> § 4º Sendo necessário, pode o juiz admitir o depoimento das testemunhas menores, impedidas ou suspeitas.
>
> § 5º Os depoimentos referidos no § 4º serão prestados independentemente de compromisso, e o juiz lhes atribuirá o valor que possam merecer.

Deste modo, caso sejam arrolados como testemunhas, independentemente de serem contraditados, os filhos poderão ser ouvidos como informantes do juízo, já que o seu relato pode ser decisivo para o deslinde da causa, mormente quando o objeto depende de comprovação fática, nos termos dos parágrafos 1º e 2º do artigo 457 do Código de Processo Civil.

Não se admite, todavia, que as partes arrolem a prole como testemunhas e o magistrado simplesmente defira o requerimento e designe audiência. Não.

---

6. ROSA, Conrado Paulino da. *Direito de Família Contemporâneo*. 10. ed. São Paulo: JusPodivm, 2023.
7. TARTUCE, Fernanda. *Processo Civil no Direito de Família: Teoria e Prática*. 2. ed. Rio de Janeiro: Forense; São Paulo: Método, 2017, p. 109.
8. Art. 447 § 1º, III do CPC.
9. Art. 447 § 2º, I do CPC.
10. Art. 447 § 3º, II do CPC.

É imprescindível cautela: as crianças e os adolescentes devem ser consultados, sendo recomendada avaliação preliminar, pois *"antes de decidir se os filhos devem testemunhar em questões familiares, deve-se levar em consideração a sua posição vulnerável na família e o efeito que tal testemunho pode ter nos relacionamentos presentes e futuros. As crianças devem ser informadas das consequências de testemunhar ou não"*[11].

Contudo, validar tal meio de prova não pode ser considerado infalível, porque as experiências efetivamente vivenciadas, direta ou indiretamente, por essas pessoas, podem vir influenciadas por variados juízos de valor pessoal.

As hipóteses de impedimento e suspeição de testemunhas partem do pressuposto de que o indivíduo indicado para exercer tal papel tenderia a dar declarações favoráveis a uma das partes ou ao resultado que lhe seria benéfico.

Sendo assim, buscamos verificar se existe uma parcialidade presumida quando a testemunha possui vínculo de parentesco idêntico com ambas as partes, sobretudo quando não demonstrada a sua pretensão de favorecer um dos litigantes em detrimento do outro.

Por derradeiro, é recomendável que, previamente à escuta, seja feita avaliação preliminar pelo setor técnico, a fim de averiguar o impacto da entrevista para a prole, quando crianças ou adolescentes. Afinal, não se olvida que *"os acirrados embates entre os genitores, em disputas judiciais, acabam por tornar a vida das crianças e dos adolescentes um campo de batalha minado, em que não raro há conflitos de lealdade dos filhos em relação aos genitores"*[12], razão pela qual é preciso perquirir (e a avaliação preliminar é ideal para tanto) até que ponto depor em juízo pode colocar a criança ou o adolescente num conflito de lealdade que, ao fim e ao cabo, viola o seu interesse de manter uma boa e harmoniosa convivência com ambos os pais.

6. DA FIDEDIGNIDADE DO DEPOIMENTO DE FILHOS EM DEMANDAS TRAVADAS POR SEUS PAIS

Considerando a dificuldade em avaliar a fidedignidade do relato de um filho em relação ao conflito dos pais, é fundamental que o depoimento seja colhido presencialmente pelo magistrado que irá julgar o feito. Neste sentido, o Professor Luiz Fabiano Corrêa[13] leciona sobre a importância do contato pessoal do magistrado

---

11. *Diretrizes*: crianças em contacto com o Sistema de Justiça. IAYFJM, 2017, p. 81. Disponível em https://iacrianca.pt/wp-content/uploads/2021/10/diretrizes-justice-youthopia-2.pdf.
12. BRETZ, Talita. Os conflitos familiares na justiça: desafios da atuação integrada e protetiva da infância. *Revista IBDFAM: Famílias e Sucessões*, v. 56, Belo Horizonte, MG, IBDFAM, mar./abr. 2023, p. 90.
13. CORRÊA, Luiz Fabiano. Prova Testemunhal. *Revista de Processo*, São Paulo, v. 762, abr. 1999, p. 771.

com a testemunha, quando ressalta *"entre outros fatores, a riqueza das reações, a expressão do rosto, o choro sentido ou a percepção do sorriso cínico".*

O olhar perspicaz do magistrado que preside a instrução do processo é a chave para o grande desafio de discernir se o fato relatado pelo filho, ora informante, prejudicou a capacidade de declarar a sua vontade livremente, a fim de indicar se a sua fala serve como prova judicial válida. Se estiver comprometida, estará eivada de vício de manifestação, e, por isso, deverá ser relativizada e sopesada com outros meios de prova, sob pena de se ter uma decisão judicial passível de ser anulada, acaso seja fundamentada na literalidade do discurso do filho.

Preocupam os pesquisadores as diversas variáveis que colocam em xeque a fidedignidade do testemunho dos filhos, dentre elas, as falsas memórias e a alienação parental[14]. Segundo a Professora Lilian Stein[15], falsas memórias são recordações de fatos que não existiram na realidade ou que existiram na realidade, mas não no modo como o sujeito se recorda. A complexidade das falsas memórias, que são fruto de funcionamento normal do organismo, podendo ser espontaneamente originadas, clamam por uma escuta técnica, que requer do sistema de valoração da prova judicial o cuidado e a cautela necessárias, onde é sabido que a memória boa é falha e que ao contrário do que leigamente se pensa, o relato não linear, incapaz de descrever um fato com toda a riqueza de detalhes, tem mais chance de ser fidedigno do que um relato que seja permeado por detalhes e aparentemente tenha mais elementos mnemônicos.

As hipóteses de alienação parental são igualmente variáveis a serem consideradas. Fenômeno antigo e sem *nomem juris* no passado, a atualmente tão discutida Síndrome da Alienação Parental, parte da premissa da interferência na formação psicológica da criança ou do adolescente que tenha vivido em ambiente conflituoso e assimilado a lógica adversarial dos pais e/ou tido apego patológico com o adulto-figura de autoridade.

A figura dos pais geralmente é a principal referência do mundo e da sociedade para os filhos e, em muitas situações de alienação parental, provoca-se a deterioração dessa imagem, o que causa impactos não apenas na relação filial, mas também na formação da pessoa em seus aspectos intelectual, cognitivo, social e emocional[16].

Estreme de dúvida que toda a criança tem suas crenças e fantasias. Nos casos em que o filho a ser inquirido pelo juízo tenha sofrido pressão psicoló-

---

14. BRAZIL, Glicia Barbosa de Mattos. *Psicologia Jurídica*: a criança o adolescente e o caminho do cuidado na Justiça. SP: ed. Foco, p. 12.

15. STEIN, Lilian Milnitsky (Org.) *Falsas Memórias. Fundamentos científicos e suas aplicações clínicas e jurídicas.* Porto Alegre: Artmed, 2010.

16. Fonte: https://mppr.mp.br/Pagina/Direito-de-Familia-Alienacao-parental.

gica (interferência dos pais), na infância ou na adolescência, há que ter muita cautela na apreciação do seu depoimento, pois geralmente a declaração literal está eivada do vício da coação emocional, porque os conflitos e desavenças do casal afetam o vínculo entre pais e filhos.

7. DO CONFLITO DE LEALDADE

O Professor Rafael Calmon, pautado em lições da antropologia e psiquiatria, nos ensina que o divórcio não é um ato isolado, mas sim "uma jornada"[17].

Nesse percurso, os pais estão muito mais centrados neles próprios do que nas necessidades dos filhos. Focados na raiva, na vingança, na procura da culpa. Na legislação esta questão da culpa desapareceu, mas na cabeça de quem está num processo de divórcio litigioso, é lugar comum.

As pessoas têm muita dificuldade em separar conjugalidade de parentalidade, o que faz com que os filhos presenciem situações desagradáveis do casal e até mesmo guardem mágoas de comentários depreciativos expostos por um de seus genitores em relação ao outro. Daí temos um sem-número de crianças que crescem com um sentimento de que não podem demonstrar que gostam mais de um, para não trair o outro. Como se estivessem tomando partido. E este conflito de lealdade é devastador para os filhos, especialmente quando crianças. Sentem-se culpadas, deprimidas, ansiosas, tem dificuldade de se relacionar e, por vezes, tem alterações de comportamento e rendimento na escola.

É natural que em um processo de divórcio, o filho que esteja envolvido no conflito dos pais escolha um lado. Não é essencial que exista um conflito grave para que isso aconteça, e, muitas vezes, a tensão começa quando o casal ainda está junto, acabando por triangular a relação com a prole, que cede às pressões dos pais como forma de diminuir a carga e o estresse de quem ama. O filho pode se posicionar do lado de quem acha que é mais forte ou do lado de quem acha que é mais fraco, não necessariamente com quem tem mais afinidade,[18] de modo que, não só a lógica de avaliação, mas também de intervenção do Estado na figura do juiz, requer-nos perceber em que medida a oitiva de crianças e adolescentes no processo de divórcio dos pais tem influência nesses indivíduos e de como podem ser protegidos. E daí a importância de haver serviços mais especializados nas Varas de Família, para que se identifique se as questões dos pais estão se sobrepondo aos interesses dos próprios filhos.

---

17. CALMON, Rafael. (@conteudo_e_linguagem) *Instagram*, 10/10/2022. Disponível em https://www.instagram.com/conteudo_e_linguagem/.
18. CALÇADA, Andreia. ULLMANN, Alexandra. *Alienação parental levada a sério. Você sabe o que é conflito de lealdade?* Disponível em https://youtu.be/hLKwptgn1Cc?si=hNfSBOuz6qsylls2.

Este é um caminho ainda a se percorrer. O depoimento de um filho, a produzir prova sobre determinado fato, não pode, em hipótese alguma, ainda que indiretamente, favorecer a uma das partes ou ao resultado que lhe seria benéfico, sob pena de termos a figura do Juiz da própria família.

A par da complexidade, quando a ruptura conjugal aporta no Judiciário, tem-se claramente demonstrada a dificuldade dos envolvidos em distinguir as funções parentais e conjugais advindas da separação. Sob este foco, a justiça estatal mostra-se insuficiente para solucionar os conflitos familiares embutidos de forte carga emocional, na medida em que pode nortear suas decisões nos fatos narrados nos processos, ainda que resultantes de um juízo de ponderação. Resta a dúvida de qual é o lugar do filho entre laços familiares judicializados.

8. FUNDAMENTOS DA DECISÃO QUE TORNOU VÁLIDO O TESTEMUNHO DOS FILHOS EM PROCESSO DE DIVÓRCIO DOS PAIS

Como dito, em decisão unânime, exarada pela 3ª Turma do Superior Tribunal de Justiça, no REsp 1.947.751/GO, entendeu-se por ser válido o testemunho dos filhos no processo de divórcio dos pais. No âmbito da ação de divórcio litigioso, com partilha de bens, ajuizada pelo cônjuge, foi prolatada a decisão julgando parcialmente procedentes os pedidos, sendo decretado o divórcio do casal. Durante a instrução, foram ouvidos os filhos, visando ser esclarecido se um determinado bem deveria ou não compor a partilha. Assim, diante da procedência parcial, o cônjuge inconformado interpôs recurso de apelação, sob o argumento de que, além de o testemunho do filho ser inválido, ainda haveria seu interesse na causa, por ser proprietário de um dos bens adquiridos.

Contudo, seu apelo foi negado pela Primeira Câmara Cível do Tribunal de Justiça de Goiás, a qual se posicionou no sentido de admitir e validar o depoimento dos filhos, afastando o impedimento legal destes para depor em juízo, tendo em vista não ter ficado configurada nenhuma pretensão de benefício ou prejuízo apenas para uma das partes litigantes, em suas declarações proferidas em juízo.

Foi, então, interposto Recurso Especial, objetivando ver reconhecida a nulidade desses julgados, haja vista terem se baseado em prova nula, sob a alegação de que o filho, na condição de descendente, estaria impedido de testemunhar em juízo – violando-se, com isso, a regra do art. 447, § 2º, I do CPC.

Entretanto, o STJ chancelou o entendimento estadual, validando a possibilidade de os filhos atuarem como testemunhas no divórcio dos pais. Ao analisar a questão, o Relator do recurso, o Ministro Marco Aurelio Bellizze, inicialmente salientou que a prova testemunhal possui destaque entre os meios de prova, sendo a mais usual, sobretudo pelo fato de a testemunha poder relatar ao magistrado as informações que possui sobre determinado fato que tenha presenciado. Em seguida, por meio de uma análise interpretativa, teleológica e gramatical, deu novo entendimento ao § 2º, I do artigo 447 do CPC, concluindo que não é legalmente possível justificar a nulidade do testemunho, quando a testemunha possui vínculo comum a ambas as partes e não apenas com alguma delas, entendendo, ainda, que *"não estão impedidos de atuar como testemunhas no processo de divórcio dos pais, por possuírem vínculo de parentesco idêntico com ambas as partes e não apenas com alguma delas, como prevê o dispositivo."*

Não obstante, também considerou a falibilidade humana em tal meio de prova, haja vista que, por muitas vezes, as testemunhas, influenciadas por diversos fatores e experiências vivenciadas, podem ter seus testemunhos carregados de juízo de valor, prejudicando assim, o descobrimento da verdade, mas que a falibilidade humana pode ser verificada de acordo com os elementos existentes na situação concreta, em que o filho esteja indisposto com um de seus genitores, ou não cultive uma relação tão amigável. Nestes casos, continuou o relator, deve o julgador avaliar as circunstâncias fáticas apresentadas, a fim de verificar se a imparcialidade está presente ou não, devendo nesta oportunidade admitir ou não o testemunho desse filho. Ainda, segundo o Ministro, o próprio Código de Processo Civil prevê, no artigo 447, §§ 4º e 5º, que o magistrado pode, caso julgue necessário, colher o depoimento de testemunhas menores, impedidas, suspeitas, independente de compromisso, valorando tais declarações em conjunto com o acervo probatório dos autos.

Em última análise, destacou que o posicionamento da Corte estadual não mereceria reparo, tendo em vista que os depoimentos dos filhos do casal foram colhidos sem ser detectada nenhuma intenção de favorecimento exclusivo da genitora, sendo, ademais, tais declarações analisadas juntamente com o todo acervo probatório contido nos autos, não havendo que se falar em nulidade da prova a anular a decisão primeira.

9. CONCLUSÃO

Diante do exposto, conclui-se que o assunto aqui tratado é atual e relevante, pois explora a questão da possibilidade de os filhos atuarem como testemunhas (informantes) em demandas travadas por seus pais, acarretando eventual conflito de lealdade.

É cediço que o ordenamento jurídico pátrio assegura ao indivíduo, num processo judicial, o direito de apresentar suas alegações e provas, bem como se contrapor àquelas feitas pela parte adversa, amparado pelo Princípio Constitucional do Contraditório e da Ampla Defesa[19]. No âmbito familiar, um universo tão complexo, os meios de prova se tornam ainda mais difíceis de se produzir, em razão das questões delicadas que envolvem os conflitos familiares.

Vale ressaltar que, determinados conflitos familiares levados ao Judiciário podem ser considerados nefastos, como os casos de alienação parental, violência doméstica, divórcios altamente conflituosos, que na maioria das vezes envolvem questões que vão além das patrimoniais. Neles, alguns meios de prova são imprescindíveis ao deslinde da questão, sobretudo a prova pericial e testemunhal. Contudo, a realização de tais provas demanda uma certa parcimônia dos operadores do Direito, especialmente no que tange à possibilidade de os filhos testemunharem no âmbito das ações promovidas entre seus pais, sob pena de acarretar prejuízos irreparáveis às suas vidas, sendo um verdadeiro desafio ao julgador produzir tais provas, em especial a oitiva de filhos dos litigantes, em razão de tantos óbices encontrados a respeito.

O assunto aqui discutido ganha importância quando se percebe a relevância de se compreender que a memória do indivíduo, seus preconceitos e percepções podem acarretar num testemunho propositalmente falso ou involuntariamente errôneo, ainda mais quando a testemunha a ser ouvida em juízo for descendente dos litigantes, o que desafia o julgador a avaliar muitos fatores no sentido de se averiguar se esse filho possui a isenção necessária para esclarecer ao juízo o que se passou no seio familiar, sem, contudo, tomar partido de nenhuma das partes.

Em que pese ser um avanço para o Direito de Família, a validação da prova testemunhal dos filhos deve ser analisada de acordo com o caso concreto, tendo em vista que, ainda que seja comum, caso ele não tenha uma boa relação familiar com um dos pais, quem garante que ele teria a isenção necessária para figurar como testemunha, sobretudo quando o magistrado não está amparado no resultado de uma prova pericial que configure ou não a existência de conflito familiar entre eles? E o que dizer dos inúmeros casos de crianças e adolescentes que sofrem nas mãos de pais alienadores, assim como aqueles que detêm a guarda unilateral e sequer permitem a convivência do filho com o outro genitor e com a sua família, impedindo a criação de laços afetivos entre eles?

A validade da prova testemunhal dos filhos no divórcio dos pais é assunto que demanda análise detalhada, devendo ser respeitadas as normas vigentes e as implicações psicológicas e emocionais envolvidas, sob pena de prejudicar a validade da prova e ainda acarretar prejuízos de ordem emocional irreversível aos filhos, o que leva à conclusão de que, embora a prova testemunhal dos filhos possa contribuir para o entendimento das dinâmicas familiares e do melhor

---

19. Art. 5º, inciso LV da Constituição Federal.

interesse da criança e do adolescente, é crucial assegurar que sua obtenção seja feita de maneira ética e responsável, minimizando possíveis danos emocionais.

Por fim, ressalte-se que, embora a recente decisão tenha aberto um novo e importante precedente, possibilitando a utilização da prova testemunhal dos filhos nos processos judiciais que envolvam os pais, esta deve ser valorada em conjunto com todo o acervo probatório contido nos autos, para que assim seja alcançada a almejada justiça.

10. REFERÊNCIAS

BRAZIL, Glicia Barbosa de Mattos. *Psicologia jurídica*: a criança o adolescente e o caminho do cuidado na Justiça. São Paulo: Editora Foco, 2021.

BRETZ, Talita. Os conflitos familiares na justiça: desafios da atuação integrada e protetiva da infância. *Revista IBDFAM: Famílias e Sucessões*, Belo Horizonte, n. 56, p. 86-112, mar./abr. 2023.

CALMON, Rafael. *Manual de Direito Processual das Famílias*. 3. ed. São Paulo: Saraivajur, 2023.

CORRÊA, Luiz Fabiano. Prova Testemunhal. *Revista de Processo*, São Paulo, v. 762, abr. 1999.

FREUD, S. (1914-1916). *Introdução ao narcisismo, ensaios de metapsicologia e outros textos*. [trad. Por Paulo César de Souza]. Edição Standard Brasileira das Obras Completas de Sigmund Freud, v. XII. Rio de Janeiro: Imago, 1996.

ROSA, Conrado Paulino da. *Direito de Família Contemporâneo*. 10. ed. São Paulo: JusPodivm, 2023.

SMITH, J. K., BROWN, L. M., & JOHNSON, R. (2019). Child Testimony in Divorce Proceedings: Psychological and Ethical Considerations. *Journal of Family Law*, 45(2), 121-135.

STEIN, Lilian Milnitsky (Org.) *Falsas memórias. Fundamentos científicos e suas aplicações clínicas e jurídicas*. Porto Alegre: Artmed, 2010.

TARTUCE, Fernanda. *Processo Civil no Direito de Família*: teoria e prática. 2. ed. Rio de Janeiro: Método, 2017.

A INOVADORA AÇÃO DE REEMBOLSO DE ALIMENTOS, SEUS ASPECTOS PRÁTICO-PROCESSUAIS E A NECESSIDADE DE UM OLHAR APURADO NA GARANTIA DO DIREITO AOS ALIMENTOS

Bárbara Xavier Figueiredo

Pós-graduanda em Direito Processual das Famílias e Sucessões – Atame/DF. Sócia e Fundadora do Escritório Ribeiro, Figueiredo & Fantazia Advogados, em São José do Rio Preto – SP. Membro da Comissão de Direito de Família da 22ª Subseção da OAB – São José do Rio Preto. Membro do IBDFAM. Advogada.

Cláudia Sanches Magalhães Tunes Rodrigues

Especialista em Direito de Família e Sucessões pelo Instituto Damásio de Direito, associada ao IBDFAM. Pós-graduanda em Direito Processual das Famílias e Sucessões – Atame/DF. Advogada.

Letícia Peres Silva

Pós-graduanda em Direito Processual das Famílias e Sucessões – Atame/DF. Graduada em Direito há 32 anos, com escritório estabelecido no Centro da Cidade do Rio de Janeiro, associada ao IBDFAM, atuando em todo território nacional, em Tribunais Estaduais e Federais, em matérias de Direito Civil e Processual Civil. MBA em Gestão de Negócios, Advogada.

Valéria Cristina de Oliveira Silva Lima

Especialista em Direito das Famílias e das Sucessões. Pós-graduada em Direito Civil e Processo Civil pela Universidade Cruzeiro do Sul/SP. Associada ao IBDFAM desde 2019. Pós-graduanda em Direito Processual das Famílias e Sucessões – Atame/DF. Advogada.

Sumário: 1. Introdução – 2. A retroatividade relativa dos alimentos fixados judicialmente – 3. Ação de alimentos x ação de execução de alimentos – 4. Ação de reembolso de alimentos; 4.1 Legitimidade para propositura da ação de reembolso; 4.2 Prescrição e competência; 4.3 Hipóteses de cabimento; 4.4 Provas, pedido e valor da causa da ação de reembolso de alimentos; 4.5 Aspectos econômico-financeiros da ação de reembolso de alimentos; 4.6 Quadro comparativo: ação de alimentos x ação de reembolso de alimentos – 5. Conclusão – 6. Referências.

1. INTRODUÇÃO

O presente artigo tem por objetivo apresentar os principais aspectos prático-processuais da ação de reembolso de alimentos, para disseminar esse importante instrumento processual que busca o direito a 'retroatividade' dos alimentos, notadamente naqueles casos de alimentandos incapazes, diante da ausência expressa de disposição legal. Nesse sentido tratou-se inicialmente de descrever, em linhas gerais, a diferenciação entre a ação de alimentos, a ação de execução/cumprimento de sentença de alimentos e a ação de reembolso de alimentos, para depois adentrar-se especificamente nos principais aspectos desta, inclusive apresentando seus aspectos econômico-financeiros, a fim de avaliar o custo-benefício de sua utilização prática.

2. A RETROATIVIDADE RELATIVA DOS ALIMENTOS FIXADOS JUDICIALMENTE

A legislação brasileira que trata dos alimentos não prevê que eles sejam pagos de modo suficientemente retroativo; ao contrário, vige a máxima da retroatividade relativa, por meio da qual os alimentos fixados definitivamente pelo órgão julgador retroagem apenas à data da citação ocorrida na respectiva demanda, com fulcro de que os alimentos são o que se consome de imediato (Lei 5.478/68, art. 13, §2º). Este entendimento ultrapassado e derivado de uma legislação com mais de 50 (cinquenta) anos de vigência, precisa ser alterado e repensado pelo legislador para que possa se adequar à realidade social na qual estamos inseridos.

A atual Lei de Alimentos – Lei 5.478/68 – e o vigente princípio da retroatividade relativa não se coadunam com o melhor interesse do menor e a dignidade da pessoa humana, privilegiando apenas aquele que exerce a paternidade/maternidade irresponsável e que sabe que pode se valer da lei para postergar suas obrigações, ao tentar, por exemplo, de todos os modos, se esquivar de ser citado para as ações em que se pleiteiam alimentos.

Não se sabe ainda por que não se fala nos bancos universitários e nem na maioria dos cursos de especialização sobre a ação de reembolso de alimentos. Também não se sabe por qual motivo pouco ou quase nada se fala das alternativas legais conferidas àquele que sustenta de modo integral a prole, para reaver ao menos parte do que despendeu em benefício do sustento dos filhos. De igual modo, uma rápida pesquisa nos bancos de jurisprudência dos tribunais pátrios leva a concluir que a ação de reembolso é um instrumento jurídico pouco utilizado pelos operadores do Direito, e talvez isto ocorra até mesmo pela falta de conhecimento da possibilidade de seu manejo no dia a dia forense.

Em se tratando de alimentos devidos a incapazes, o ideal seria um olhar mais apurado do legislador em consonância com os operadores do Direito e a realidade social na qual estamos inseridos, visando garantir o direito aos alimentos de maneira imediata: seja da concepção, como nos casos dos alimentos gravídicos (Lei n. 11.804/08, art. 2º), ou da data da ruptura de uma união estável/matrimônio para os casais com filhos, de modo que, independentemente da data da propositura da ação judicial na busca de tais direitos ou da citação da parte contrária, seja possível garantir que os menores tenham a colaboração de ambos genitores em seu sustento.

É necessária uma lei efetiva, eficaz e realmente forte em matéria de alimentos, considerando que a atual legislação se encontra obsoleta, privilegiando apenas os que querem se furtar de suas obrigações perante os filhos, onerando ainda mais o guardião que está exercendo a maternidade/paternidade de modo responsável. Porém, enquanto as alterações legislativas não se tornarem realidade, é necessário e fundamental preparar os operadores do Direito para que também tenham um olhar apurado na garantia dos direitos de quem necessita da tutela jurisdicional, especialmente no caso do reembolso dos alimentos.

Deste modo, pretende-se com o presente artigo traçar um panorama sobre os principais aspectos da ação de reembolso de alimentos, com a finalidade primeira de se ter em mente que é possível ao genitor que está sustentando unilateralmente a prole, reaver do outro a parte que lhe cabe na manutenção dos filhos e, ato contínuo, traçar os principais aspectos processuais de tão importante instrumento processual, a fim de que ele seja mais comumente utilizado e divulgado na seara jurídica.

3. AÇÃO DE ALIMENTOS X AÇÃO DE EXECUÇÃO DE ALIMENTOS

Antes de adentrarmos ao tema principal de nosso estudo, qual seja, a Ação de Reembolso de Alimentos, necessário traçarmos um panorama acerca da Ação de Alimentos e da Execução/Cumprimento de Alimentos, para que tenhamos, ao final, uma clara distinção entre referidos institutos. Do mesmo modo, faz-se necessário delimitar o tema de nosso estudo aos alimentos decorrentes do dever de sustento dos filhos menores e incapazes, insculpido no artigo 1.566, IV do Código Civil – ou seja, aqueles fixados diante da necessidade presumida do alimentando e tendo-se por parâmetro as possibilidades (e a proporcionalidade) do pai ou da mãe alimentante.

Nesse sentido, Yussef Said Cahali[1], citando Estevam de Almeida, conceitua alimentos como "prestações devidas, feitas para que aquele que as recebe possa

---

1. CAHALI, Yussef Said. *Dos alimentos*. 7. ed. rev. e atual.. São Paulo: Ed. RT, 2012, p. 16.

subsistir, isto é, manter sua existência, realizar o direito à vida, tanto física (sustento do corpo) como intelectual e moral (cultivo e educação do espírito, do ser racional)."

Sendo assim, a ação de alimentos é a demanda judicial adequada para que a pessoa que pretende obtê-los possa acionar aquela que os deva pagar, cuja previsão legal advém da Lei 5.478/68. A ação de alimentos segue o rito especial das ações de família e tem como causa de pedir os alimentos mínimos necessários para garantir a dignidade de sobrevivência daquele que deles necessite e o seu direito à alimentação, saúde, educação, moradia, lazer, dentre outros, sempre tomando-se por base o trinômio necessidade-possibilidade-adequação. Ao final, com o provimento judicial, o autor da ação terá um título executivo judicial passível de cumprimento forçado em caso de inadimplemento (arts. 528 e s. do CPC).

Tão importante quanto o conceito de alimentos e da ação destinada à sua fixação judicial, é compreender o termo inicial de quando eles passam a ser devidos, pois desta noção decorre o entendimento sobre o direito de pleitear o reembolso dos alimentos, bem como o direito ao cumprimento de sentença que os fixa, conforme veremos a seguir.

A respeito, Maria Berenice Dias[2] ensina que

> O pai não deve alimentos ao filho menor – deve sustento, no dizer de João Baptista Villela. Essa é a expressão correta e justa que tem assento constitucional (CF 229): *os pais têm o dever de assistir, criar e educar os filhos menores*. Esses são os deveres inerentes ao poder familiar (CC 1.634 e ECA 22): sustento, guarda e educação. Entre sustento e alimentos há considerável diferença. A obrigação de sustento é obrigação de fazer. Deixando pai e filho de conviverem sob o mesmo teto e não sendo o genitor o seu guardião, passa a dever-lhe alimentos, obrigação de dar, representada pela prestação de certo valor em dinheiro. Os alimentos estão submetidos a controles de extensão, conteúdo e forma de prestação. Fundamentalmente acham-se condicionados pelas necessidades de quem os recebe e pelas possibilidades de quem os presta (CC 1.694, § 1º).

E, nesse sentido, dispõem a doutrina e a lei acerca da retroatividade parcial dos alimentos em verdadeiro retrocesso e prejuízo aos que mais necessitam, privilegiando aqueles que não prezam por uma paternidade/maternidade responsável, princípio este insculpido no §7º dos arts. 226, 227 e 229, todos da Constituição Federal.

A regra geral nos casos de rompimento de vínculo entre os genitores de crianças e adolescentes é que aquele que não está no convívio diário com estes inicie o pagamento em espécie dos alimentos, de modo a dar continuidade ao dever de sustento decorrente do poder familiar. E se não efetuar o referido pagamento, já

---

2. DIAS, Maria Berenice. *Manual de direito das famílias*. 5. ed. São Paulo: Ed. RT, 2009, p. 477.

estaria constituído em mora automaticamente (art. 394 do CC). Porém, na prática, não é isso que acontece na grande maioria dos casos. E, até que o genitor que esteja no convívio diário com os alimentandos consiga se organizar – inclusive emocionalmente na maior parte dos casos -, e procurar a devida orientação jurídica a fim de fazer valer os direitos de sua prole, para, enfim, começar a perceber alimentos do alimentante, há um espaço de tempo que não é suprido pela legislação vigente, o que faz com que o integral sustento dos alimentandos acabe ficando sob a responsabilidade exclusiva do genitor guardião, beneficiando indevidamente o outro, que fica sem fazer nenhuma contribuição financeira.

É justamente nesta lacuna – na qual um dos genitores assume o integral sustento dos alimentandos -, que este artigo pretende se aprofundar, para demonstrar a real possibilidade de, a cada dia mais, concretizar-se o ajuizamento das ações de reembolso de alimentos, as quais, não se sabe por qual razão, são minimamente prestigiadas, debatidas, divulgadas e intentadas no cotidiano forense.

Quanto ao marco inicial legal do dever de prestar alimentos, atualmente o art. 13, §2º da Lei de Alimentos dispõe ser a citação ocorrida na demanda em que eles estejam sendo pleiteados. Porém, valer-se de tal entendimento e se aguardar o ciclo citatório, parece prestigiar a paternidade/maternidade irresponsável em detrimento do princípio do melhor interesse dos menores.

Não nos cabe aprofundar nesse debate – que renderia um artigo à parte -, mas deve-se ressaltar que o que precisamos é ter em mente que, atualmente, a legislação pátria prevê que um genitor somente é considerado devedor de alimentos depois de ser proferido pronunciamento judicial em demanda judicial pleiteando alimentos para o alimentando (art. 515, I do CPC), quando pareceria mais correto que o legislador se atentasse à defesa dos interesses dos alimentandos, a fim de lhes garantir que os alimentos pudessem ser cobrados desde o não pagamento espontâneo por parte do genitor não guardião. Mas enquanto isso não ocorre, é necessário que o operador do Direito tenha em mente que há sim a possibilidade de se reaver do devedor ao menos parte daquilo que o genitor guardião tenha gasto sustentando exclusivamente a prole no período antecedente à decisão fixadora do valor dos alimentos.

Atualmente, na legislação pátria, só há um meio de se conseguir alimentos desde a concepção, que é por intermédio do procedimento previsto na Lei 11.804, de 5 de novembro de 2008, também conhecida como Lei de Alimentos Gravídicos. Nesse caso, e somente nele, os alimentos retroagem à concepção (art. 2º) e, nascendo a criança com vida, os alimentos gravídicos se convertem em alimentos definitivos, nos termos do parágrafo único do artigo 6º de referida lei.

De se ressaltar que é uma lei relativamente nova, com apenas 15 (quinze) anos de vigência, e que já foi um grande avanço na proteção dos direitos das crianças, da mulher, e em respeito à dignidade da pessoa humana.

Uma vez fixados judicialmente e não pagos os alimentos, o caminho a seguir é o cumprimento de sentença, na forma dos já mencionados arts. 528 e ss. do CPC (também erroneamente chamado de "execução de alimentos"[3]).

Neste cenário, seguindo os ensinamentos de Rafael Calmon[4], conceituamos cumprimento/execução de alimentos, como o procedimento voltado a, judicialmente, compelir o alimentante a cumprir com a obrigação de prestar alimentos.

Entretanto, importante distingui-los pontualmente, para que fique claro que não são um só instituto, muito embora ambos tenham a mesma finalidade. Enquanto o cumprimento de sentença (previsto nos artigos 528 e seguintes do Código de Processo Civil), se embasa em um título executivo judicial (exemplo: sentença ou acordão) o processo de execução (artigos 911 a 913 do Código de Processo Civil) encontra respaldo em um título executivo extrajudicial, como por exemplo, uma escritura pública de divórcio ou um acordo referendado pelo Ministério Público. Além do mais, outra importante diferença está no fato de o cumprimento de sentença seguir nos autos da ação que deu origem ao título judicial, dispensando nova citação, enquanto a execução é uma ação "nova", autônoma, que exige a citação do devedor para cumprir com a obrigação.

Superada esta questão, relevante mencionar que o cumprimento de sentença somente vai atingir o lapso temporal do inadimplemento ocorrido pós fixação/citação na ação antecedente, restando, de igual modo, uma lacuna quanto à obrigação alimentar vencida e não paga antes disso.

Mas não nos cabe neste estudo tratar de todos os aspectos do cumprimento ou da execução que obriga o devedor a pagar alimentos, e sim ter em mente esses aspectos retromencionados, com a finalidade de se entender, em breve síntese, a distinção da ação de reembolso de alimentos em relação à execução/cumprimento de sentença.

Cediço que o direito das famílias está cada dia mais se adaptando à realidade social, embora as leis não consigam acompanhar a velocidade com que as mudanças ocorrem. Porém, em relação aos alimentos e às leis que regem as respectivas ações, urge um novo olhar da sociedade, dos operadores do Direito e do legislador, de modo a tornar a aplicação e efetivo cumprimento das leis mais eficazes. Não se pode premiar aqueles genitores omissos e que deixam de alimentar sua prole no intuito de atingir o outro genitor, sem se importar realmente com as necessidades dos alimentandos. E este é o caso da tese da retroatividade relativa dos alimentos, firmada com base no brocardo jurídico *in praeteritum non vivitur* – não se vive no

---

3. Já que execução pressupõe a existência de título executivo extrajudicial.
4. CALMON, Rafael. *Manual de Direito Processual das Famílias*. 3. ed. São Paulo: SaraivaJur, 2023, p. 569.

A INOVADORA AÇÃO DE REEMBOLSO DE ALIMENTOS **121**

passado -, que quer basicamente dizer: "se o credor não reclamou antes, é porque deles não necessitava".

Entretanto, sabe-se que não é bem assim. Na maior parte dos casos, o genitor que está sob responsabilidade exclusiva de promover o sustento integral da prole está fragilizado, sem condições emocionais ou financeiras de procurar ajuda. Com isso, o tempo vai passando e, quando finalmente consegue se restabelecer e buscar auxílio jurídico, é orientado no sentido de que os alimentos para os filhos serão devidos somente do ajuizamento da ação em diante (ou melhor, da citação em diante), deixando muitas vezes uma grande lacuna a ser suprida.

Nesse sentido, a lição de Orlando Gomes, citado por Cahali[5]

> Fixar na citação o momento inicial do crédito é, na prática, inconveniente aos interesses do alimentando, porquanto, segundo se pondera, com razão, não é nesse momento que surge a necessidade dos alimentos. Via de regra, o necessitado tenta consegui-los amigavelmente antes de propor a ação. A necessidade é, pois, comumente, anterior.

Se os alimentos não retroagem, em regra, até a data da concepção ou do nascimento do alimentando, considerando-os somente como necessários para viver no 'presente', é justo que este desequilíbrio com a obrigação de sustento recaia somente sobre quem está exercendo a efetiva guarda e sustento da prole? Como fica a situação daquele genitor que arcou sozinho com todas as despesas da criança, desde o nascimento, até a data da propositura da ação de alimentos? E se passaram-se anos e anos entre esses dois fatos? Como equilibrar essa balança, dividindo tais responsabilidades ao longo deste lapso temporal que ficou descoberto pela legislação?

A solução encontra resposta no Código Civil, especialmente em seu artigo 871, conforme a seguir apresentaremos.

4. AÇÃO DE REEMBOLSO DE ALIMENTOS

A ação de reembolso de alimentos que trata o presente artigo é aquela fundada no disposto do artigo 871 do Código Civil, a saber:

> Art. 871. Quando alguém, na ausência do indivíduo obrigado a alimentos, por ele os prestar a quem se devem, poder-lhes-á reaver do devedor a importância, ainda que este não ratifique o ato.

A ação de reembolso é, em outras palavras, o exercício do direito de regresso de quem prestou alimentos integrais para o alimentando, no lugar de quem deveria os ter prestado.

---

5. Direito de família, n. 215, p. 344, *In: Dos alimentos*, op. cit., p. 103.

Conforme ensina Cahali[6],

A tendência que tem prevalecido é considerar o terceiro como gestor de negócios do obrigado; se alguém prestou os alimentos, a título de empréstimo, ou sem receber o pagamento, o alimentante deve-os como deveria a quem fosse gestor de negócios sem poder de representação; pois, em direito, sempre que uma pessoa gere utilmente os negócios de outra, aquela, aquela tem ação para se fazer indenizar dessas despesas; assim é possível que aquele que nutriu o filho o tenha feito gerindo utilmente os negócios do pai, devendo este, portanto, ser compelido a indenizar.

Nada mais acertado do que aquele que se viu obrigado a prestar sustento integral à prole poder ser ressarcido de tudo o que despendeu no lugar do outro, principalmente no intuito de se evitar o enriquecimento sem causa daquele que, conjuntamente, tem o dever de sustento, mas o descumpriu.

Nesse sentido, a ação de reembolso de alimentos pode ser manejada em diversas situações, das quais, aqui, destacam-se duas: a primeira, justamente para suprir a lacuna da lei, entre o interregno da mora da obrigação alimentar – que surge quando os genitores ou responsáveis pelo sustento do menor não convivem conjunta e diariamente – e a data em que se tenha um provimento jurisdicional acerca dos alimentos, e; a segunda, quando os alimentandos, já maiores, perdoam o débito alimentar do genitor não guardião, em prejuízo ao outro que os sustentou unilateralmente.

Referindo-se à segunda possibilidade acima mencionada, Cristiano Chaves de Farias[7] ensina que o filho, ao atingir a maioridade, pode perdoar a dívida do genitor inadimplente, que ainda esteja sendo cobrada em via executória judicial. Assim fazendo, automaticamente imputa ao outro genitor o sustento integral ao longo daquele período, afrontando o princípio constitucional da responsabilidade familiar, bem como abrindo margem à propositura da ação de reembolso aqui suscitada.

De sua parte, o Superior Tribunal de Justiça tem assim se posicionado sobre o tema:

Na execução de alimentos, não pode a genitora, na condição de representante legal, se sub-rogar nos direitos da credora, menor, sobre a prestação referente a alimentos *in natura* que aquela pagou em virtude da inadimplência do genitor/executado, devendo ajuizar ação própria.[8]

Portanto, é possível perceber a principal diferença entre ação de reembolso de alimentos e a execução/cumprimento de sentença de alimentos: a ação de reembolso de alimentos é uma ação de procedimento comum e não precisa de

---

6. Op. cit., p. 83.
7. FARIAS, Cristiano Chaves de; ROSENVALD, Nelson. *Curso de direito civil*: famílias. 15. ed. rev. e atual. São Paulo: JusPodivm, 2023. v. 6, p. 884.
8. Nesse sentido: STJ – RHC: 172742 RS 2022/0343428-8, Relator: Ministro Moura Ribeiro, Data de Julgamento: 07/02/2023, T3 – Terceira Turma, Data de Publicação: DJe 09/02/2023).

um título judicial prévio como condição para o seu exercício. Já a execução/cumprimento de sentença de alimentos, obrigatoriamente necessita da existência de um título executivo previamente constituído, extrajudicial ou judicialmente.

Como a ação de reembolso de alimentos é, ainda, uma forma inovadora e pouco utilizada no direito processual das famílias, é necessário demonstrar seus principais aspectos prático-processuais, o que será feito no próximo tópico.

4.1 Legitimidade para propositura da ação de reembolso

Tem legitimidade para propor a ação de reembolso de alimentos qualquer pessoa que tenha suportado as despesas com o alimentando, seja ele genitor ou provedor. Diferentemente da ação de fixação de alimentos, onde o alimentando, representado ou assistido por seu representante legal, cobra do alimentante os alimentos que lhe são devidos, na ação de reembolso de alimentos, a legitimidade ativa passa a ser daquele que suportou financeiramente os alimentos que eram, também, de responsabilidade do genitor-omisso.

Como já dito, após a maioridade, e caso o alimentando exonere o alimentante de sua responsabilidade de lhe prestar alimentos, aquele que assumiu todas as suas despesas quando criança ou adolescente, e que não foi suportado/ressarcido pelo alimentante, torna-se gestor de negócios, portanto, tendo legitimidade ativa para propor a ação em análise.

Assim, como estabelecido no artigo 871 do Código Civil, é importante ressaltar que tal reembolso poderá ser cobrado/reivindicado por qualquer pessoa – pais, avós, tios entre outros – que suportou as despesas durante a omissão do devedor de alimentos. Inclusive, a Terceira Turma do STJ já decidiu nesse sentido, conforme se verifica do seguinte julgado:

Civil. Processual civil. Direito de família. Execução de alimentos. Suprimento das prestações pela genitora durante o inadimplemento do obrigado. Modificação de guarda. Sub-rogação inexistente. Necessidade de ação própria para a obtenção do ressarcimento. 1- Ação distribuída em 26/08/2010. Recurso especial interposto em 13/09/2013 e atribuído à Relatora em 25/08/2016. 2- A genitora que, no inadimplemento do pai, custeia as obrigações alimentares a ele atribuídas, tem direito a ser ressarcida pelas despesas efetuadas e que foram revertidas em favor do menor, não se admitindo, todavia, a sub-rogação da genitora nos direitos do alimentado nos autos da execução de alimentos, diante do caráter personalíssimo que é inerente aos alimentos. Inaplicabilidade do art. 346 do Código Civil. 3- A ação própria para buscar o ressarcimento das despesas efetivadas durante o período de inadimplemento do responsável pela prestação dos alimentos se justifica pela inexistência de sub-rogação legal, pela necessidade de apuração, em cognição exauriente, das despesas efetivamente revertidas em favor do menor e, ainda, pela existência de regra jurídica que melhor se amolda à hipótese em exame. Incidência do art. 871 do Código Civil. Precedentes. 4- Recurso especial provido. (REsp n. 1.658.165/SP, Relatora a Ministra Nancy Andrighi, Terceira Turma, DJe de 18/12/2017).

A ação de reembolso de alimentos é uma ação de compensação que tem por objetivo reembolsar proporcionalmente aquele que tenha efetuado o pagamento no lugar do genitor-omisso, as despesas dos alimentandos. Do contrário, haveria o enriquecimento sem causa do devedor, como dispõe o artigo 305 do Código Civil:

> Art. 305. O terceiro não interessado, que paga a dívida em seu próprio nome, tem direito a reembolsar-se do que pagar; mas não se sub-roga nos direitos do credor.
>
> Parágrafo único. Se pagar antes de vencida a dívida, só terá direito ao reembolso no vencimento.

Já a legitimidade passiva é do alimentante que foi omisso e não assumiu integralmente sua responsabilidade financeira em prover alimentos à sua prole. Como preleciona Rafael Calmon[9], "para obter êxito nessa empreitada, o autor deve fazer a comprovação específica das despesas realizadas com o filho no período, dando especial destaque àquelas que caberiam ao pai, o que comporia o polo passivo".

Como a Lei de Alimentos prevê que os alimentos são parcialmente retroativos, a ação de reembolso é a maneira legal para cobrar pelo sustento da prole de modo integral por uma das partes, diante da omissão da outra.

O que vai se exigir no caso, não são os alimentos para os menores, pois estes já foram consumidos, mas sim o reembolso dos alimentos que foram prestados exclusivamente por um dos genitores, diante da omissão do outro. E isso pode ser feito tanto naqueles casos em que ainda não haja um título executivo fixando a obrigação da prestação alimentar, quanto nas hipóteses em que se tenha tal título, mas, durante sua execução/cumprimento, o alimentando atinge a maioridade e renuncia aos créditos vencidos. Como não é possível a sub-rogação no caso, o meio adequado de se cobrar os valores despendidos é por meio da ação de reembolso de alimentos aqui estudada.

4.2 Prescrição e competência

Por se tratar de ação de natureza condenatória, o prazo prescricional é de 10 (dez) anos conforme estabelecido no artigo 205 do Código Civil. Neste sentido, é o entendimento do Superior Tribunal de Justiça:

> Direito civil. Prazo prescricional da pretensão de reembolso de despesas de caráter alimentar.
>
> Se a mãe, ante o inadimplemento do pai obrigado a prestar alimentos a seu filho, assume essas despesas, o prazo prescricional da pretensão de cobrança do reembolso é de 10 anos, e não de 2 anos. (REsp 1.453.838-SP, Rel. Min. Luis Felipe Salomão, julgado em 24/11/2015, DJe 7/12/2015).

---

9. CALMON, Rafael. *Manual de Direito Processual das Famílias*. 3. ed. São Paulo: SaraivaJur, 2023, p. 482.

No que tange à competência para o julgamento da ação de reembolso de alimentos, a doutrina majoritária defende que a competência é da Vara Cível, por se tratar de uma ação de cobrança e por se entender que ela se justifica pela inexistência de sub-rogação legal no caso, e pela possibilidade de também poder ser cobrada por terceiros que não fazem parte da relação familiar. Essa corrente argumenta que a pretensão do terceiro (pais, avós, tios, padrastos) ao reembolso de seu crédito tem natureza pessoal (por atuarem na condição de gestor de negócios do inadimplente), logo não ocorre uma relação do direito de família, por isso o entendimento sobre a competência ser da Vara Cível.

Assim, os créditos deverão ser cobrados pelas vias ordinárias e o juiz irá analisar o valor do débito que o outro genitor ou terceiro proveu sozinho diante da omissão do obrigado a prover.

Porém, há doutrinadores, como Rafael Calmon, que entendem que a competência para processamento e julgamento da demanda é das Varas de Família e seu rito é aquele previsto para as Ações de Famílias[10], já que o objetivo dessa ação é o ressarcimento do genitor/gestor que suportou a manutenção dos filhos diante da omissão do outro genitor nas relações jurídicas familiares. Cristino Chaves de Farias[11] também compartilha o entendimento de que a competência é da Vara de Família – já que as despesas surgiram no âmbito de uma relação familiar, que lhe serve como causa de pedir.[12]

4.3 Hipóteses de cabimento

Visando flexibilizar e até mesmo remodelar o princípio da irrepetibilidade dos alimentos, que nada mais é do que uma construção doutrinária e jurisprudencial, é preciso romper com os espectros de cabimento da ação de reembolso de alimentos. Sua aplicação pode ser muito mais comum do que se possa imaginar. Diante disso, imagine qual deva ser a saída para uma mãe que, exaurida por custear sozinha todas as despesas do filho de 10 anos – que também eram de responsabilidade do pai

---

10. CALMON, Rafael. *Manual de Direito Processual das Famílias*. 3. ed. São Paulo: SaraivaJur, 2023, p. 480.

11. FARIAS, Cristiano Chaves de. A inexistência de sub-rogação alimentícia na desistência ou abandono da ação pelo credor e a importância da ação de reembolso. Em: PORTANOVA, Rui; CALMON, Rafael; D'ALESSANDRO, Gustavo (Coords.). *Direito de família conforme interpretação do STJ*. v. 3. *Alimentos*: aspectos materiais. Indaiatuba: Foco, 2024.

12. A orientação da jurisprudência superior é no sentido de reconhecer a competência material da vara de família para processar e julgar eventual ação de reembolso de alimentos. Isso porque a competência, no caso, é fixada pela *causa de pedir* (relação familiar), e não pelo *pedido* (que teria uma conotação obrigacional). Assim, malgrado o *pedido de reembolso* tenha natureza cível, a *causa de pedir* é uma relação familiar entre os litigantes, firmando a competência da vara de família. Nesse sentido: "esta Corte Superior possui entendimento consolidado de que a competência em razão da matéria é delimitada pela natureza jurídica da lide, a saber, a causa de pedir (próxima e remota) e o pedido." (STJ, Ac. unân. 6ª T., AgRgREsp 883.581/DF, rel. Min. Néfi Cordeiro, j. 18.6.15, DJe 1.7.15).

(que nunca o fez) –, decide agora procurar um advogado para perseguir seu direito de cobrar e reaver essas despesas. Pois é! Neste contexto, o remédio jurídico mais adequado para essa genitora seria requerer o reembolso desses custos assumidos de maneira unilateral por ela, por meio da ação de reembolso de alimentos, obstando assim, que o pai, tão responsável quanto ela, seja beneficiado pela inércia no sustento do próprio filho, o que também se aplicaria aos encargos extraordinários, que mesmo não sendo objeto propriamente dito dos alimentos fixados judicialmente, são de responsabilidade de ambos os pais (como por exemplo, tratamentos de saúde atípicos, remédios, procedimentos cirúrgicos, terapias multidisciplinares, recursos educacionais e atividades extracurriculares direcionados, dentre outros). Outra hipótese de cabimento dessa ação ocorreria nos casos de reversão de guarda de filhos durante o trâmite da ação de execução de alimentos[13]. Não seria diferente, também, de um terceiro que, pensando na sobrevivência do alimentando ou mesmo pelo fato de ser obrigado por lei a promover seu sustento – como no caso de um parente próximo -, arque com os alimentos do filho alheio no lugar do genitor omisso, e que depois venha cobrar essas despesas do verdadeiro responsável por elas, evitando que o crédito não pago por este acarrete seu enriquecimento ilícito. Igualmente, entendemos ser perfeitamente cabível a ação de reembolso de alimentos promovida por uma mãe que, durante o período gestacional, arcou sozinha com as despesas inerentes a gravidez, em face do pai do recém-nascido.

Conforme brilhantemente elucidam Cristiano Chaves e Nelson Rosenvald:

> Se os alimentos retroagem os seus efeitos somente até a citação (Lei 5.478/68, art. 13), as despesas assumidas unilateralmente por um dos pais, ou por terceiros, precisam ser partilhadas, uma vez que se caracterizou uma gestão dos gastos com o filho, que é ato unilateral de vontade, impondo o reembolso.[14]

Importante também pontuar que se mostra cabível esta ação ainda que o filho desista do crédito, o que se justifica principalmente pela inexistência de sub-rogação legal na ação de execução de alimentos – devido ao caráter personalíssimo da obrigação alimentar –, exigindo apuração, em cognição exauriente, das despesas efetivamente revertidas em favor do alimentando[15].

Neste sentido:

> (...) 1. Segundo o art. 871 do CC, "quando alguém, na ausência do indivíduo obrigado a alimentos, por ele os prestar a quem se devem, poder-lhes-á reaver do devedor a importância, ainda que este não ratifique o ato".

---

13. Em sentido próximo: CALMON, Rafael. *Manual de Direito Processual das Famílias*. 3. ed. São Paulo. SaraivaJur, 2023, p. 480.

14. FARIAS, Cristiano Chaves de. ROSENVALD, Nelson. *Curso de direito civil: famílias*. 15. ed. São Paulo: JusPodvm, 2023. v. 6, p. 885.

15. STJ – REsp 1.658.165/SP, DJe 18.12.2017.

2. A razão de ser do instituto, notadamente por afastar eventual necessidade de concordância do devedor, é conferir a máxima proteção ao alimentário e, ao mesmo tempo, garantir àqueles que prestam socorro o direito de reembolso pelas despesas despendidas, evitando o enriquecimento sem causa do devedor de alimentos. Nessas situações, não há falar em sub-rogação, haja vista que o credor não pode ser considerado terceiro interessado, não podendo ser futuramente obrigado na quitação do débito.

3. Na hipótese, a recorrente ajuizou ação de cobrança pleiteando o reembolso dos valores despendidos para o custeio de despesas de primeira necessidade de seus filhos – plano de saúde, despesas dentárias, mensalidades e materiais escolares -, que eram de inteira responsabilidade do pai, conforme sentença revisional de alimentos. Reconhecida a incidência da gestão de negócios, deve-se ter, com relação ao reembolso de valores, o tratamento conferido ao terceiro não interessado, notadamente por não haver sub-rogação, nos termos do art. 305 do CC." (STJ, Ac. Unân. 4ªT., – REsp: 1453838 rel. Min Luis Felipe Salomão, j. 24.11.15, DJe 7.12,155)

"(...) 1. Considerando que com a maioridade civil cessa o poder familiar exercido pelos pais sobre os filhos, extingue-se também, neste momento, a legitimidade de representá-los em juízo. Sendo vedado, nos termos do art. 6.º, do CPC, pleitear direito alheio, em nome próprio.

2. Embora se mostre notório que o pai se esquivou ao longo dos anos do dever de prestar os alimentos constituídos por título judicial advindo de revisional de alimentos, onerando exclusivamente a genitora no sustento da prole, não é a execução de alimentos devidos unicamente à filha o meio apropriado para a mãe buscar o reembolso das despesas efetuadas, o que poderá ocorrer por meio de ação própria. Recurso especial não conhecido". (STJ – Resp 859.970 – SP (2006/0118809-6) Min. Nancy Andrighi – Terceira Turma. 3. Recurso conhecido e não provido. (TJPR, Ac. 11ª C.Cível – 0002971-42.2017.8.16.0033 – rel.: Desen. Fabio Haick Dalla Vecchia – j. 28.09.20).

À vista disso, a ação de reembolso de alimentos não deve ser limitada à recuperação das despesas custeadas por alguém em lugar do devedor que foi isento do pagamento, em razão de desistência ou abandono da ação pelo credor[16]. Acreditamos que possa, também, justificar outras situações que não essas, como, por exemplo, a fixação de uma compensação financeira (espécie de *pro-labore*) ao genitor guardião, a ser embutida no valor da pensão alimentícia que deveria ser paga ao filho menor, como se fosse um reembolso pelo "custo de uma oportunidade" – aquilo que ele tenha deixado de fazer para se dedicar à criação do menor (capital invisível) -, ou então, pensando-se ainda mais à frente, uma futura sucessão *causa mortis*, para que um filho que tenha efetuado o pagamento de pensão alimentícia ao pai, possa cobrar reembolso dessas despesas em face do espólio[17].

---

16. FARIAS, Cristiano Chaves de. A inexistência de sub-rogação alimentícia na desistência ou abandono da ação pelo credor e a importância da ação de reembolso. Em: PORTANOVA, Rui; CALMON, Rafael; D'ALESSANDRO, Gustavo (Coords.). *Direito de família conforme interpretação do STJ. v. 3. Alimentos*: aspectos materiais. Indaiatuba: Foco, 2024.

17. Em sentido próximo: OLIVEIRA, Carlos Eduardo Elias de. *Questões polemicas sobre a irrepetibilidade dos alimentos no Direito de Família*. Brasília: Núcleo de Estudos e Pesquisas/CONLEG/Senado, Ago-2020 (Texto para Discussão 283). Disponível em: <www.senado.leg.br/estudos>. Acesso em: 25 ago. 2023.

Por existirem inúmeras situações concluímos que a ação de reembolso de alimentos não tem um rol taxativo de hipóteses de cabimento, devendo ser analisada sua aplicabilidade caso a caso pelo operador do Direito e pelo julgador.

4.4 Provas, pedido e valor da causa da ação de reembolso de alimentos

Reconhecemos que o genitor que está no sustento integral da prole possa ter dificuldades em manter todas as notas com as despesas dos filhos ao longo dos anos. Contudo, ainda é possível se imaginar a elaboração de uma planilha retroativa, contendo as despesas atuais e a respectiva comprovação do custo mensal da criança ao longo de todos os anos. Do mesmo modo, é perfeitamente possível pedir ao juiz a aplicação da inversão ou da redistribuição dinâmica do ônus da prova no transcurso da ação de reembolso, para onerar quele que foi omisso na sua responsabilidade de pagamento e dever de sustento (art. 373, § 1º do CPC). Devido à dificuldade de se apurar todos os valores gastos com o filho, a parte autora poderá, também, juntar como meio de prova a sentença condenatória de alimentos (se existente), para que seja reembolsada no período que sustentou integralmente o alimentando antes da data da citação realizada na demanda de onde proveio tal decisão.

A seu turno, caberá ao alimentante fazer prova em contrário e demonstrar que despendeu valores em benefício da prole. A depender das circunstâncias, o juiz poderá calcular a extensão das despesas custeadas unilateralmente na proporção da responsabilidade de cada genitor.

Quanto ao pedido da ação de reembolso de alimentos, consiste na condenação do genitor-omisso ao ressarcimento de sua parte no sustento da prole, referentemente aos valores que foram despendidos pelo genitor-provedor de modo integral, acrescidos de juros e correção monetária. Como defende Cristiano Chaves Farias[18], na ação de reembolso de alimentos não se vislumbra espaço para formulação de pedido genérico[19]. O valor da causa na ação de reembolso corresponde ao valor pleiteado (líquido e certo), ou seja, ao montante que o autor

---

18. FARIAS, Cristiano Chaves de. A inexistência de sub-rogação alimentícia na desistência ou abandono da ação pelo credor e a importância da ação de reembolso. Em: PORTANOVA, Rui; CALMON, Rafael; D'ALESSANDRO, Gustavo (Coords.). *Direito de família conforme interpretação do STJ. v. 3. Alimentos*: aspectos materiais. Indaiatuba: Foco, 2024.

19. "O valor da causa deve ser fixado considerando-se a expressão econômica do pedido, porquanto representativo do benefício pretendido pela parte mediante prestação jurisdicional. Todavia, nos termos da jurisprudência do Superior Tribunal de Justiça, a formulação de pedido genérico é admitida na impossibilidade de imediata mensuração do *quantum debeatur*, como soem ser aqueles decorrentes de complexos cálculos contábeis, hipótese em que o valor da causa pode ser estimado pelo autor, em quantia simbólica e provisória, passível de posterior adequação ao valor apurado pela sentença ou no procedimento de liquidação." (STJ, Ac. 2ª T., AgInt no REsp. 1.969.490/AL, rel. Min. Herman Benjamin, j. 25.4.22, DJe 23.6.22).

deseja ser reembolsado, e que remete ao benefício econômico (art. 292, I do CPC), diferentemente da ação de alimentos, que tem como valor da causa a soma de doze prestações alimentícias (art. 292, III do CPC).

4.5 Aspectos econômico-financeiros da Ação de Reembolso de Alimentos

A economia sempre possuiu importância para a sociedade, despertando durante várias fases da humanidade respostas e soluções para o equilíbrio social. A análise econômica do Direito é essencialmente um movimento que traz para o sistema jurídico as influências da ciência social econômica, especialmente os elementos "valor", "utilidade" e "eficiência. A Economia auxilia o Direito a resolver questões que envolvem tomadas de decisão, pois provê informações e relevantes análises que oportunizam o operador do Direito a escolher pela decisão que gere mais eficiência no caso concreto.

De acordo com Eduardo Goulart Pimenta:

> Analisar o Direito conforme critérios e métodos econômicos nada mais é do que procurar elaborá-lo, interpretá-lo e aplicá-lo de modo a alcançar a eficiência econômica, entendida como a maximização na geração e distribuição dos recursos materiais disponíveis em uma dada comunidade[20].

Ao que tudo indica, Gary Becker[21] foi um dos primeiros economistas a aplicar a teoria econômica à vida doméstica, argumentando que as escolhas feitas pelos membros da família podem ser entendidas como decisões econômicas (gestão de negócios). Ele alegou que as pessoas agem de forma racional e buscam maximizar sua utilidade em todas as áreas de suas vidas, incluindo o casamento e o divórcio. Em virtude disto, os economistas passam a utilizar a análise econômica para explicar a família.

Segundo McKenzie e Tullock[22], o "enfoque econômico do casamento e do divórcio encara a família como uma unidade de produção, como uma empresa que utiliza determinados insumos que são comprados tanto dentro como fora dos mercados para satisfazer as necessidades dos seus membros". Ainda segundo eles,

---

20. PIMENTA, Eduardo Goulart. Direito, Economia e relações patrimoniais privadas. *Revista de Informação Legislativa*, Brasília, ano 43, n. 170, p. 159-173, abr./jun. 2006.
21. BECKER, Gary (1973). A Theory of Marriage: Part I. *Journal of Political Economy*, 81 (4), July-August, 813-46. Disponível em: <https://www.ufrgs.br/fce/os-50-anos-da-teoria-economica-da-economia--da-familia-e-as-contribuicoes-de-gary-becker/>. Acesso em: 15 jul. 2023.
22. MCKENZIE, R.B. e TULLOCK, Gordon.. *La Nueva Frontera de la Economia*. Madri, Espasa-Calpe. (1980). Disponível em: <chrome-extension://efaidnbmnnnibpcajpcglclefindmkaj/https://experteditora.com.br/wp-ontent/uploads/2020/09/Direito-Economia-e-a-crise-da-empresa.pdf>. Acesso em: 15 jul. 2023.

"o objetivo explícito desta abordagem é o de destacar a importância do contrato matrimonial, dos problemas do divórcio e das implicações econômicas do amor, bem como dos princípios organizativos da família." Nesse contexto, se inserem os filhos e o dever alimentar, cuja responsabilidade é dos genitores.

Os alimentos, assim, traduzem-se em prestações periódicas, fornecidas a alguém para suprir essas necessidades e assegurar sua subsistência. Eles incluem despesas ordinárias, constituídas pelos gastos com alimentação, habitação, assistência médica, vestuário, educação, cultura e lazer, e despesas extraordinárias, compostas pelos gastos em farmácia, vestuário escolar, provisão de livros educativos e outros.

Nessa toada, Nelson Rosenvald[23] considera que os alimentos ostentam as seguintes características básicas inegociáveis:

(1) Ser um *direito pessoal e intransferível*: sua titularidade não poder ser transferida e nem cedida a qualquer pessoa;

(2) *Irrenunciabilidade: o direito a ser alimentado jamais pode ser renunciado;*

(3) *Impossibilidade de restituição*: não há como repetir o pagamento dos alimentos;

(4) *Incompensabilidade*: não se compensa a eventual falta de pagamento dos alimentos com outra forma que não seja esta;

(5) *Impenhorabilidade*: os alimentos não podem ser penhorados;

(6) *Impossibilidade de transação*: da mesma forma que não se renuncia os alimentos, também não é permitida fazer a sua transação.

O direito à prestação de alimentos é concedido ao nascituro e, por ter proteção jurídica, a obrigação correspondente inicia-se mesmo antes do nascimento, ou seja, na fase da gestação, pois, se há gestação deve-se promover todo cuidado com o bebê para que ele nasça com vida e saudável. Da mesma forma, há a necessidade de a genitora receber todos os cuidados e orientações no que diz respeito à sua alimentação, ao acompanhamento médico com consultas e realização de exames, às despesas com enxoval do bebê, aos custos com a internação e cirurgia do parto e pós-parto etc. Assim, todas essas situações de origem material também devem ser providas em sua cota-parte pelo genitor. Vindo o nascituro a nascer com vida, os alimentos gravídicos são convertidos em alimentos definitivos (Lei 11.804/08, arts. 2º e 6º, parágrafo único).

O art. 871 do Código Civil determina que "quando alguém, na ausência do indivíduo obrigado a alimentos, por ele os prestar a quem se devem, poder-lhes-á reaver do devedor a importância, ainda que este não ratifique o ato". Acrescente-se que, o valor pago a título de alimentos é, em regra, irrepetível (art. 1.707 do CC),

---

23. FARIAS, Cristiano Chaves de. ROSENVALD, Nelson. *Direito das famílias*. 2ª ed. Rio de Janeiro: *Lumen Juris*. 2010, p. 668/669.

muito embora, sob a previsão do art. 884 do mesmo diploma, quem, sem justo motivo, se enriquecer gerando danos ou perdas a outra pessoa, será obrigado a restituir o que foi indevidamente obtido.

Portanto, a Ação de Reembolso de Alimentos é a via processual adequada, própria, fundada no direito comum, para cobrar as despesas em face daquele que se esquivou do dever de prestar alimentos por um período determinado. Ao orientar seu cliente (o credor) a respeito da propositura desta demanda, o advogado precisa apresentar premissas processuais e econômico-financeiras importantes para quem busca este tipo de tutela jurisdicional, dentre as quais, mencionamos:

1 – O cálculo do valor que será cobrado judicialmente do devedor é acrescido de atualização financeira permitida legalmente (Súmula 54 STJ; artigos 404 e 884 do Código Civil e artigos 322, § 1º e 524 do CPC), observado o título executivo judicial/extrajudicial ou a documentação comprobatória da dívida, e o período durante o qual somente o genitor foi responsável pelas despesas da prole;

2 – Saber se o devedor efetivamente terá capacidade de pagar o débito a ser reembolsado extra ou judicialmente, para, se for o caso, construir uma estratégia com o credor para receber o valor de forma parcelada ou com desconto;

3 – O valor dos honorários advocatícios iniciais do profissional contratado pelo credor, pela regra, deve ser cobrado antecipadamente, e, sendo uma ação de procedimento comum, deve seguir as diretrizes de valores mínimos da tabela de honorários da OAB de cada Estado;

4 – Antes da propositura da ação judicial, o envio de notificação extrajudicial do credor ao devedor, informando sobre o valor devido, pode facilitar a ocorrência do pagamento extrajudicialmente;

5 – O valor da causa também precisa ser considerado no início do "investimento" do credor para propor a ação de reembolso de alimentos. Como sabido, o valor da causa deve apresentar montante certo (art. 291, CPC), sendo requisito da petição inicial (art. 319, V, CPC) e, necessariamente, precisa representar o benefício econômico pretendido pelo autor da ação judicial, ou seja, deve demonstrar ser igual ao valor que o credor pede como reembolso de despesas, resultante do somatório do valor principal a ser reembolsado, acrescido de juros e correção monetária desde o evento danoso (art. 292, I, CPC).

Feito isto, a análise de custo-benefício da ação de reembolso de alimentos está pronta e o credor, seguro de sua decisão, deverá apenas aguardar o regular trâmite processual. Caso a sentença lhe seja favorável, poderá promover seu cumprimento definitivo após o trânsito em julgado, para que possa receber os valores que lhe são devidos.

4.6 Quadro Comparativo: Ação de Alimentos X Ação de Reembolso de Alimentos

QUADRO COMPARATIVO AÇÃO DE ALIMENTOS x AÇÃO DE REEMBOLSO DE ALIMENTOS		
	AÇÃO DE FIXAÇÃO DE ALIMENTOS	**AÇÃO DE REEMBOLSO DE ALIMENTOS**
Fundamento Legal	Lei 5.478/68 c/c art. 1.566, IV e 1.694 e ss. do Código Civil	Artigos 871 e 884 do Código Civil
Polo Ativo	Menor representado/assistido pelo representante legal	Credor (pessoa que suportou sozinha as despesas dos filhos)
Polo Passivo	Genitor com dever de alimentar	Devedor (genitor com dever alimentar que foi omisso)
Competência	Vara de Família	Vara Cível (posição majoritária) Vara de Família (posição minoritária)
Rito Processual	Procedimento Especial das Ações de Família	Procedimento Comum
Causa de Pedir	Alimentos para o menor diante de suas necessidades presumidas	Reembolso das despesas suportadas unilateralmente por um responsável
Valor da Causa	Art. 292, III (soma de doze prestações)	Art. 292, I, CPC (valor atualizado)
Prescrição	Não há prescrição enquanto durar o poder familiar nos termos do artigo 197, II do Código Civil. A pretensão executiva, contudo, prescreve em 2 anos, a partir da data em que se vencerem, nos termos do artigo 206, § 2º do Código Civil	10 anos, nos termos do artigo 205 do Código Civil

5. CONCLUSÃO

A ação de reembolso de alimentos é uma ação inovadora, que viabiliza a recuperação de recursos financeiros gastos no passado num período determinado, de quantias que o "gestor do negócio" entendia que jamais seria ressarcido e, como sua prescrição ocorre em dez (10) anos, há a possibilidade do valor do pedido do reembolso ser "extraordinário", portanto os operadores do Direito têm a seu dispor um instrumento processual poderosíssimo para buscar a 'retroatividade' dos alimentos que somente um dos genitores suportou financeiramente enquanto o outro manteve-se omisso.

Melhor seria que a legislação vigente fosse atualizada para a realidade social atual, e previsse a possibilidade de se cobrar alimentos de modo retroativo, ou seja, desde a concepção ou desde a ruptura de uma união/matrimônio, em que um dos genitores sai do lar, ficando a prole sob os cuidados e sustento exclusivo do outro, até que se decidam todas as questões envolvendo guarda, convivência e alimentos, por exemplo. Porém, enquanto estiver vigente a atual legislação, é necessário que os operadores do Direito, de um modo geral, tenham um olhar apurado e cada vez mais especializado na busca de soluções para resguardar e restabelecer os direitos do jurisdicionado, especialmente se menores de idade.

Assim, concluímos que a evolução do direito processual das famílias vem permitindo a aplicação dessa ação inovadora, que, acima de tudo, propicia a realização de justiça, pois nada mais legítimo do que *"dai a César o que é de César"*.

6. REFERÊNCIAS BIBLIOGRÁFICAS

BECKER, Gary. *A Theory of Marriage*: Part I. Journal of Political Economy, 81 (4), July-August. Disponível em: <https://www.ufrgs.br/fce/os-50-anos-da-teoria-economica-da-economia-da-familia-e-as-contribuicoes-de-gary-becker/>. Acesso em: 15 jul. 2023.

CAHALI, Yussef Said. *Dos alimentos*. 7. ed. rev. e atual. São Paulo: Ed. RT, 2012.

CALMON, Rafael. *Manual de Direito Processual das Famílias*. 3. ed. São Paulo: SaraivaJur, 2023.

DIAS, Maria Berenice. *Manual de direito das famílias*. 5. ed. rev., atual. e ampl. São Paulo: Ed. RT, 2009.

FARIAS, Cristiano Chaves de. A inexistência de sub-rogação alimentícia na desistência ou abandono da ação pelo credor e a importância da ação de reembolso. Em: PORTANOVA, Rui; CALMON, Rafael; D'ALESSANDRO, Gustavo (Coords.). *Direito de família conforme interpretação do STJ. v. 3. Alimentos*: aspectos materiais. Indaiatuba: Foco, 2024.

FARIAS, Cristiano Chaves de. ROSENVALD, Nelson. *Curso de direito civil*: famílias. 15. ed. rev. e atual. São Paulo: JusPodivm, 2023.

FARIAS, Cristiano Chaves de. ROSENVALD, Nelson. *Direito das famílias*. 2. ed. Rio de Janeiro: Lumen Juris. 2010.

OLIVEIRA, Carlos Eduardo Elias de. *Questões polemicas sobre a irrepetibilidade dos alimentos no Direito de Família*. Brasília: Núcleo de Estudos e Pesquisas/CONLEG/Senado, agosto 2020 (Texto para Discussão 283). Disponível em: <www.senado.leg.br/estudos>. Acesso em: 25 ago. 2023.

PIMENTA, Eduardo Goulart. Direito, Economia e relações patrimoniais privadas. *Revista de Informação Legislativa*, Brasília, ano 43, n. 170, abr./jun. 2006. Disponível em: <https://www.ufrgs.br/fce/os-50-anos-da-teoria-economica-da-economia-da-familia-e-as-contribuicoes-de-gary-becker/>. Acesso em: 15 jul. 2023.

A OITIVA DE CRIANÇAS E ADOLESCENTES NAS AÇÕES DE FAMÍLIA

Caio Aleksander Jacob Gomes de Oliveira

Pós-graduando em Direito Processual das Famílias e das Sucessões (Atame/DF). Advogado.

Camilla Amaral de Paula Caetano

Pós-graduanda em Direito Processual das Famílias e das Sucessões (Atame/DF). Advogada.

Larissa Brecht Reche Feitosa

Pós-graduanda em Direito Processual das Famílias e das Sucessões (Atame/DF). Assistente jurídico.

Nicean Ribeiro Paiva

Pós-graduanda em Direito Processual das Famílias e das Sucessões (Atame/DF). Advogada.

Sumário: 1. Introdução – 2. As formas de escuta das crianças e adolescentes no poder judiciário: breve relato histórico – 3. Da escuta especializada – 4. Do depoimento especial – 5. Dos riscos de revitimização de crianças e adolescentes na oitiva – 6. A necessidade da oitiva – 7. Considerações finais – 8. Referências..

1. INTRODUÇÃO

A necessidade de oitiva das crianças e adolescentes tem sua importância reconhecida, notadamente pela Convenção dos Direitos da Criança e do Adolescente. Todavia, tal necessidade parece ter se acentuado nas ações de família, especialmente após o advento da Lei 11.698/2008, que introduziu o instituto da guarda compartilhada.

Nesse sentido, o objetivo deste trabalho é realizar um estudo sobre a oitiva das crianças e adolescentes nas ações de família. Mostrando a importância de ouvir atentamente as crianças e adolescentes, com empatia e sem julgamentos, buscando perceber seus medos, angústias, sentimentos; respeitando, inclusive o silêncio deles, pois a linguagem não verbal, muito comunica ao ouvido preparado.

Não se discute que a oitiva dos infantes, quando necessária, é de fundamental importância nas ações judiciais para auxiliar os juízes de família a formarem sua convicção e a decidirem a melhor forma de fixar os regimes de guarda e convivência, em benefício do desenvolvimento das crianças e adolescentes. Porém, surgem os questionamentos do tipo: Qual é a forma de oitiva mais eficaz para os processos em trâmite no juízo de família? É realmente necessária a oitiva de criança e do adolescente em todas as ações de família?

Por isso, o presente trabalho busca justamente debater as modalidades de oitiva de crianças e adolescentes nas ações judiciais, bem como demonstrar sua importância e necessidade. Para tanto, serão abordadas as duas formas atualmente previstas na legislação processual nacional, quais sejam, 1- a oitiva pela equipe técnica (art. 156, CPC – perícia psicológica ou biopsicossocial – arts. 151 e 157, § 1º, do ECA, e art. 5º da Lei 12.318/2010), e; 2- a oitiva por meio de depoimento especial (Lei 13.431/2017, Dec. 9.603/2018, art. 699 do CPC e art. 8-A da Lei 12.318/2010). Além disso, serão apresentados os riscos de violência institucional e de revitimização de crianças e adolescentes, bem como a real necessidade de cada tipo de escuta, destacando-se o seu contexto jurídico.

2. AS FORMAS DE ESCUTA DAS CRIANÇAS E ADOLESCENTES NO PODER JUDICIÁRIO: BREVE RELATO HISTÓRICO

Como relata Morais[1], a Constituição Federal de 1988, em seu art. 227, trouxe o paradigma da proteção integral da criança e do adolescente como orientação expressa, a qual deve ser observada pela família, pela sociedade e pelo Estado. Ainda, no entendimento da ilustre professora, este princípio foi aperfeiçoado pela Lei 8.069/90 (Estatuto da Criança e do Adolescente), a qual garante a esses sujeitos todos os direitos fundamentais previstos na Constituição Federal de forma prioritária.

De acordo com Brito, Ayres e Amendola[2], no âmbito jurídico, a escuta de crianças é vista como um direito fundamental. A Convenção Internacional sobre os Direitos da Criança (Decreto 99.710), promulgada na data de 21 de novembro de 1990, trouxe expressamente o direito de a criança ser em ouvida em processos que lhe disser respeito, da seguinte forma:

---

1. MORAIS. Ana Radig Denne Lobão. *O direito da criança se manifestar como criança nos processos judiciais nos quais figuram como vítima ou testemunha de violência.* GT 12, VI ENADIR – Encontro Nacional de Antropologia do Direito. Disponível em: https://www.enadir2019.sinteseeventos.com.br/simposio/view?ID_SIMPOSIO=48. Acesso em 26 set. 2023.
2. Brito, L.; Ayres, L.; Amendola, M. "A escuta de crianças no sistema de Justiça". *Psicologia & Sociedade.* Porto Alegre, v. 18, n. 3, p. 68-73.

Artigo 12

1. Os Estados Partes assegurarão à criança que estiver capacitada a formular seus próprios juízos o direito de expressar suas opiniões livremente sobre todos os assuntos relacionados com a criança, levando-se devidamente em consideração essas opiniões, em função da idade e maturidade da criança.

2. Com tal propósito, se proporcionará à criança, em particular, a oportunidade de ser ouvida em todo processo judicial ou administrativo que afete a mesma, quer diretamente quer por intermédio de um representante ou órgão apropriado, em conformidade com as regras processuais da legislação nacional.

Dessa maneira, conforme relatório analítico do Conselho Nacional de Justiça baseado em pesquisas realizadas pela Universidade de Fortaleza – Unifor[3], devido ao aumento das demandas envolvendo a necessidade de ser realizada a oitiva de crianças e adolescentes, o Conselho Nacional de Justiça orientou os Tribunais a criarem serviços especializados para a coleta dos depoimentos, inicialmente, por meio da Recomendação 33/2010. Dito relatório ainda apontou que, em 04 de abril de 2017, foi sancionada a lei 13.431, estabelecendo o sistema de garantias e de direitos da criança e do adolescente vítima ou testemunha de violência doméstica, a qual, por sua vez, foi regulamentada pelo decreto 9.603, de 10 de dezembro de 2018. Já em 05 de novembro de 2019, foi publicada a Resolução 299 do Conselho Nacional de Justiça, que dispõe sobre o sistema de garantia de direitos da criança e do adolescente vítima ou testemunha de violência, de que trata a Lei 13.431/2017. Por último, mas não menos importante, em 13 de junho de 2019, foi assinado o Pacto Nacional pela Escuta Protegida, que buscou regulamentar a Lei 13.431/2017, com o objetivo de prevenir a revitimização das crianças e adolescentes vítimas ou testemunhas de violências, bem como estabelecer o Sistema de Garantias de Direitos da Criança e do Adolescente, apresentando instruções consolidadas para a implantação da escuta especializada e do depoimento especial.

Com isso, com base na Lei 13.431/2017, temos duas formas de oitiva das crianças e adolescentes, sendo elas a escuta especializada e o depoimento especial, as quais receberão análise mais detalhada a partir do próximo tópico.

3. DA ESCUTA ESPECIALIZADA

A Lei 13.431/2017, em seu art. 7º, define a escuta especializada como sendo "o procedimento de entrevista sobre situação de violência com criança ou adolescente perante órgão da rede de proteção, limitado o relato estritamente ao necessário para o cumprimento de sua finalidade".

---

3. UNIVERSIDADE DE FORTALEZA (Brasil). *A oitiva de crianças no Poder Judiciário brasileiro*: estudo com foco na implementação da Recomendação 33/2010 do CNJ e da Lei 13.431/2017. Brasília: CNJ, 2019. 153 p. (Justiça Pesquisa). Relatório analítico propositivo.

De acordo com o Conselho Nacional do Ministério Público[4], embora a escuta especializada não tenha a finalidade precípua de produção de provas (art. 19, § 4º, Dec. 9.603), havendo indícios de crimes, deverá ser comunicada a autoridade policial ou judicial, sem prejuízo de serem tomadas as providências cabíveis, em especial quando detectado a ocorrência de violência sexual. Ainda, o Dec. 9.603/2018, que regulamentou a Lei 13.431/2017, dispõe em seu art. 19, que a escuta especializada – que não tem o escopo de produzir prova para o processo de investigação e de responsabilização, e deverá ser limitada ao relato do estritamente necessário para o cumprimento de sua finalidade (art. 7º, Lei 13.431/2017) –, poderá ser realizado por qualquer um dos órgãos da rede de proteção, tais como os de assistência social, saúde, educação e organizações da sociedade civil, além de outros voltados à defesa dos direitos humanos de crianças e adolescentes. Ainda de acordo com tais normas, o procedimento deverá ser realizado por uma equipe especializada, em um ambiente apropriado e acolhedor, com infraestrutura e espaço físico que garantam a privacidade da criança ou do adolescente vítima ou testemunha de violência (art. 10, Lei 13.431/2017).

4. DO DEPOIMENTO ESPECIAL

O depoimento especial, previsto no art. 8º da Lei 13.431/2017 e no art. 22 do Dec. 9.603/2018, representa uma modalidade de oitiva de crianças e adolescentes vítima ou testemunha de violência, realizada pela autoridade policial ou judicial. Nas palavras de Brazil[5], o procedimento é presidido pela autoridade policial ou judicial, e realizado com o auxílio de um técnico capacitado no protocolo brasileiro de entrevista forense, em uma sala separada e reservada, ligada diretamente à sala de audiência por meio tecnológico de vídeo e áudio. Ainda conforme seu entendimento, após o relato feito pela criança são realizadas perguntas pelo juiz e demais pessoas presentes na sala de observação, através de ponto eletrônico utilizado pelo técnico capacitado, garantido o contraditório em tempo real.

Já de acordo com Batalha e Batalha[6], a finalidade do depoimento especial diverge da escuta especializada, uma vez que na primeira o objetivo é a produção

---

4. Brasil. Conselho Nacional do Ministério Público. *Guia prático para implementação da política de atendimento de crianças e adolescentes vítimas ou testemunhas de violência* / Conselho Nacional do Ministério Público. – Brasília: CNMP, 2019.
5. BRAZIL, Glicia Barbosa de Mattos. *Psicologia Jurídica*: a criança, o adolescente e o caminho do cuidado na Justiça. A trajetória nas avaliações psicológicas nas varas de família e criminal. 2. ed. Foco. Indaiatuba, 2023, p. 12.
6. BATALHA, Alexandre e BATALHA, Murilo Yago. *Apectos legais da escuta especializada e do depoimento especial*. Disponível em: https://jus.com.br/artigos/86665/aspectos-legais-da-escuta-especializada-e--do-depoimento-especial. Acesso em 01 out. 23.

de provas, enquanto na segunda o foco principal é a proteção da criança e do adolescente.

Por fim, como aponta o Conselho Nacional do Ministério Público, a Lei 13.431/2017 não exige que o depoimento seja realizado nas dependências do Fórum, podendo ser colhido em qualquer outro local, desde que respeitados os requisitos do art. 10 da Lei 13.431/2017 e do art. 23 do Dec. 9.603/2018, bem como seja transmitido em tempo real para sala de audiências (art. 12, III, da Lei 13.431/2017).

5. DOS RISCOS DE REVITIMIZAÇÃO DE CRIANÇAS E ADOLESCENTES NA OITIVA

Conforme entendimento da psicóloga forense Glicia Brazil[7], a revitimimização é um fenômeno em que a criança ou adolescente passa a reviver a experiência traumática, pela realização do procedimento irregular da sua escuta em Juízo.

Portanto, faz-se necessário pensar acerca da importância no cuidado e zelo ao se escutarem crianças e adolescentes em salas especiais, denominado como a prática do "depoimento sem dano", atualmente, "depoimento especial". Referida prática deve ser realizada em sala adequada, reservada, silenciosa, com decoração acolhedora e simples, para evitar distrações – art. 23, parágrafo único, Dec. 9.603/2018, onde estarão presentes somente a criança e o profissional especialista, capacitado no Protocolo Brasileiro de Entrevista Forense (art. 8º, Res. CNJ 299/2019; art. 11, Lei 13.431/2017).

Vale lembrar que tal prática adveio, inicialmente, das diretrizes elaboradas pelo Conselho Nacional de Justiça, através da Recomendação 33/2010, que visa garantir que a criança e o adolescente tenham uma oitiva diferente do adulto, realizada por meio mais acolhedor e protetivo.

Fernando Salzer[8] alerta que toda a oitiva judicial de crianças e adolescentes, por mais acolhedora, cautelosa e protetiva que seja, sempre terá um risco mínimo de revitimização, alertando, também, que nas ações de família, as crianças necessitam ser protegidas e não envolvidas. O professor mineiro ainda ensina que a correta oitiva de crianças e adolescentes, quando não efetuada por meio de perícia biopsicossocial, deverá seguir os moldes previstos na Recomendação CNJ 33/2010, na Lei 13.431/2017, no Decreto 9.603/2018 e na Resolução CNJ 299/2019, porque a garantia dos direitos das crianças e adolescentes nas oitivas judiciais – prevenindo-se a ocorrência de ameaça ou violação de tais direitos (art. 70, ECA) e buscando-se evitar a ocorrência de revitimização ou violência

---

7. *Op. cit.*, p. 5-16.
8. Lições transmitidas em aulas do curso de pós-graduação em direito processual das famílias e das sucessões (Faculdade Atame/DF, 2023).

institucional –, encontra amparo no art. 227 da Constituição Federal e no ECA. Também a partir de seus ensinamentos, pode-se concluir que, apesar de a prática do depoimento especial ser apontada por diversos doutrinadores e psicólogos forenses como forma de se prevenir a revitimização, alguns Tribunais, ainda hoje, consideram que a audiência prevista no art. 699 do CPC possui um rito diferente do depoimento especial, sugerindo que tal ato judicial poderia ser realizado em audiência no antigo formato tradicional.

Ao julgar o AgRg no AREsp 1.844.519/SP (DJe de 18.02.22), a 5ª Turma do Superior Tribunal de Justiça realçou a necessidade de o Estado em proteger as crianças e os adolescentes de tais tipos de violência, inclusive a institucional, da seguinte forma:

> (...) . "A inquirição especial de crianças e adolescentes vítimas ou testemunhas de violência a que alude a Recomendação n. 33, de 23/11/2010, do CNJ constitui medida de proteção que deve ser utilizada, exclusivamente, em benefício da vítima, não sendo razoável admitir – diferentemente daquilo que pretende aqui a Defesa – que a ausência de tal procedimento seja tomada em seu desfavor" (HC 422.635/SP, Rel. Ministro ANTONIO SALDANHA PALHEIRO, SEXTA TURMA, DJe 12/3/2019). 1.1. No caso dos autos, a fim de proteger a integridade biopsicossocial da criança, evitando revitimizá-la, foi acolhida a sugestão da equipe técnica, dispensando a vítima do depoimento especial, o que não contraria a jurisprudência desta Corte. 2. No que se refere à nulidade por desrespeito ao contraditório quando da produção da prova técnica – estudo psicossocial, o Tribunal de origem consignou não haver obrigatoriedade na participação da defesa, caso em que, poderia impugná-la, em momento oportuno, comprovando a impertinência de sua conclusão, o que não foi feito.

Referido julgado nos faz constatar que há casos em que o depoimento especial da criança ou adolescente deve ser evitado ou substituído por outro meio de prova, como a perícia biopsicossocial, sempre que houver perigo e puder trazer mais malefícios, do que benefícios a esses vulneráveis (art. 2º, V, Dec. 9.603/2018).

O Conselho Nacional de Justiça contratou, por meio de Edital de Convocação Pública e de Seleção, a produção da pesquisa acerca do tema "A Oitiva De Crianças No Poder Judiciário Brasileiro Com Foco Na Implementação Da Recomendação 33/2010 do CNJ e da Lei 13.431/2017"[9]. Referida pesquisa apontou a possibilidade de que o momento da conclusão da oitiva da criança ou adolescente chega a ser tão importante quanto o da sua recepção, considerando-se que, na medida em que se deva fechar o ciclo, deverá ser evitado o fenômeno da revitimização da pessoa, tendo em vista que o depoimento especial terá a preservação da privacidade da criança e do adolescente, diminuindo a possibilidade de violência institucional ou exposição do depoente.

---

9. Brasil. Conselho Nacional do Ministério Público. *Guia prático para implementação da política de atendimento de crianças e adolescentes vítimas ou testemunhas de violência / Conselho Nacional do Ministério Público. – Brasília: CNMP, 2019.

6. A NECESSIDADE DA OITIVA

A criança tem voz, mas ela é ouvida? As crianças e os adolescentes são sujeitos de direitos e suas condições especiais – de pessoas em desenvolvimento, de cidadãos vulneráveis – devem ser observadas e compreendidas pelo Judiciário, principalmente quando na condução da produção das provas judiciais. O art. 227 da Constituição Federal consagra a Doutrina da Proteção Integral e Especial como orientação expressa, a qual deve a ser observada pela família, pela sociedade e pelo Estado, incluindo o Poder Judiciário.[10]

A "escuta da criança" nos processos judiciais é a oportunidade em que o Estado e as famílias têm de ouvir, conhecer e entender a opinião, os desejos, os sentimentos e aflições de uma criança ou adolescente envolvido em um litígio versando sobre questões de guarda, convivência, adoção, abuso, alienação parental ou qualquer outra situação que afete seu bem-estar.

O ponto importante a ser considerado é a perspectiva da criança em decisões que afetarão sua vida e de suas famílias, desde que isso seja feito de maneira sensível e apropriada à sua idade, maturidade e grau de desenvolvimento.

A oitiva da criança tem evoluído ao longo dos anos para garantir que a sua voz seja ouvida de forma respeitosa e adequada ao seu desenvolvimento emocional e cognitivo. A respeito, Madaleno e Madaleno se posicionaram sobre o assunto da seguinte forma:

> O art. 12 da Convenção sobre os Direitos da Criança, promulgado em território nacional pelo decreto 99.710/90, afirma que os Estados-Partes assegurarão à criança que estiver capacitada a formular seus próprios juízos o direito de expressar suas opiniões livremente sobre todos os assuntos relacionados a ela, levando-se devidamente em consideração essas opiniões, em função da idade e maturidade da criança. Sem dúvida a consulta à vontade dos filhos é uma fonte relevante para os julgadores decidirem as questões que envolvem a disputa de guarda.[11]

Para garantir a adequação da prova judicial à escuta da criança, devem-se observar alguns critérios que trarão maior segurança ao Juízo na formação de uma decisão justa e equânime. Levy[12], por exemplo, entende que o magistrado, sempre que necessário, deverá escutar a criança disputada, pois crianças na atualidade são sujeitos de direitos conscientes e participam das relações sociais de maneira ativa. Assim, diante do fácil acesso à informação, as crianças e os adolescentes

---

10. MACIEL, Katia Regina Ferreira Lobo Andrade. Em Defesa do Superior Interesse Da Criança como Princípio Constitucional e sua Interpretação pelas Cortes Superiores No Brasil Nas demandas de Relações Parento-Filiais. *Revista do Ministério Público*. Rio de Janeiro: MPRJ, n. 47, jan./mar. 2013, p.107.

11. MADALENO, Rafael e MADALENO, Rolf. *Guarda compartilhada: física e jurídica*. São Paulo: Ed. RT, 2016, p. 331.

12. LEVY, Fernanda Rocha Lourenço. *Guarda de filhos*: os conflitos no exercício do poder familiar. São Paulo: Atlas, 2008, p. 107.

são informados, atuantes e participam ativamente da vida dos adultos, sendo seus desejos, opiniões e suas impressões essenciais para casos de difícil solução.

Por isso, a oitiva da criança e do adolescente nos processos judiciais requer um equilíbrio cuidadoso entre o ato de se dar voz à criança e a tomada de decisões que garantam sua segurança e bem-estar, sem lhe causar traumas, culpas ou revimitizações. Por essa razão, cabe às Varas de Família assegurarem os direitos do infante, garantindo a dignidade da pessoa humana, a intervenção proporcional e mínima, a inviolabilidade e o respeito à sua integridade física e psicológica nos processos em que seja necessária a sua escuta, em atenção ao princípio do melhor interesse da criança que deve ser considerado de maneira imperativa[13].

Na mesma linha, Brazil[14] defende que a escuta deve ser percebida de maneira ampla, alertando que, para compor a prova judicial, é necessário se observar os fatos reais e os fatos psíquicos, a forma que cada sujeito percebe a realidade e relata a sua verdade, destacando a importância da especialização e qualificação de profissionais habilitados nos quadros dos Tribunais de Justiça, aptos a contribuir na interpretação e análise dos relatos e depoimentos das crianças nos processos judiciais.

A Lei 13.431/2017 prevê que os Tribunais devem investir na estruturação e adaptação das salas para que os depoimentos e as escutas especializadas ocorram (art. 10). Porém, estudo realizado pelo Conselho Nacional de Justiça no ano de 2019 demonstra que a reestruturação de tais varas vem ocorrendo de forma tímida, já que poucos estados investiram nas adequações legais, conforme se vê da tabela abaixo:

ESTADO	CAPITAL	COMARCA DE 1ª OU 2ª ENTRÂNCIA			
Pará	Belém	Ananindeua			
Ceará	Fortaleza	-			
Distrito Federal	Brasília	Ceilândia		Taguatinga	
Goiás	Goiânia	-			
São Paulo	São Paulo	São Caetano do Sul			
Rio Grande do Sul	Porto Alegre	Novo Hamburgo	Canoas	Cachoeirinha	Viamão

Tabela 1: Localidades que possuem estrutura física para realização do procedimento de Depoimento Especial. Fonte: CNJ,2019.

Como forma de viabilizar a proteção dos interesses de crianças e adolescentes, o art. 5º, XI, da lei acima mencionada prevê o direito da vítima ou testemunha

---

13. MEIRELLES, Rose Melo Vencelau. O princípio do melhor interesse da criança. In: MORAES, Maria Celina Bodin. (Coord.) *Princípios do direito civil contemporâneo*. Rio de Janeiro: Renovar, 2006, p. 480.
14. *Op. cit.*, p. 33.

infanto-juvenil de ser assistida por profissional capacitado. Além disso, o parágrafo único do dispositivo citado dispõe que a forma como a criança ou adolescente participará do procedimento de DE (Depoimento Especial) deve ser planejada com ela, buscando-se resguardá-la de novos sofrimentos, valendo a advertência de que tal planejamento deve ser realizado também por profissional especializado[15].

Na referida pesquisa realizada pelo Conselho Nacional de Justiça, também foram identificados os profissionais que realizam o procedimento de D.E. Em geral, são psicólogos, assistentes sociais e pedagogos. É importante que esses profissionais colaborem estreitamente, compartilhando informações relevantes e garantindo uma abordagem técnica, de acordo com sua formação acadêmica, para que se possa entender as necessidades da criança. Ademais, a escuta da criança deve ser realizada em um ambiente seguro e não intimidador, onde ela se sinta à vontade para expressar seus pensamentos e sentimentos. Além disso, a formação das equipes responsáveis pela oitiva deve ser guiada por padrões rigorosos para que se possa garantir a confidencialidade e a proteção dos direitos da criança durante todo o processo.

A tabela abaixo apresenta os dados referentes aos profissionais que executam a oitiva infanto-juvenil, os quais foram levantados a partir das entrevistas realizadas em cada um dos tribunais de justiça:

	COMPOSIÇÃO DA EQUIPE	PROFISSIONAL QUE CONDUZ O DE	AVALIAÇÃO DA CAPACITAÇÃO
TJ-PA (Icoaraci)	Não há equipe	Não Realiza DE	O Tribunal não ofertou capacitação
TJ – CE (Fortaleza)	Psicóloga e assistente social[12]	Não Realiza DE	O Tribunal não ofertou capacitação
TJ-DFT (Brasília)	Cinco psicólogas e uma assistente social	Psicóloga ou assistência social	Boa
TJ – GO (Goiânia)	Duas psicólogas, uma pedagoga e uma assistente social	Psicóloga	Muito boa
TJ – SP (São Caetano do Sul)	Psicóloga e assistente social	Psicóloga	Positiva, mas com ressalvas
TJ – RS (Porto Alegre)	Três assistentes sociais	Assistente Social	Qualificada

Tabela 2: Informações sobre a equipe que realizava a oitiva. Fonte: CNJ, 2019.

---

15. PEREIRA JÚNIOR, A. J., REBOUÇAS, M. B. C., PEREIRA, MARYNNA L. Q. Protocolos de oitiva especial de criança segundo a Recomendação 33 do Conselho Nacional de Justiça e a Lei 13.431. *Revista dos Tribunais: RT*, São Paulo, v. 107. 2018. Disponível em: https://bdjur.stj.jus.br/jspui/handle/2011/123158.

A pesquisa demonstra que, apesar de a maioria dos Tribunais investigados apresentar uma equipe multidisciplinar, ainda se percebe a necessidade de capacitação e de implementação de melhorias.

Tendo em vista o panorama apresentado, mesmo com uma legislação pensada em resguardar as crianças e os adolescentes em todos os seus anseios, tudo leva a crer que ainda nos deparemos com a realidade da falta de especialização, estruturação e investimento do Poder Judiciário brasileiro em melhorar a tramitação dos processos judiciais que envolvem as crianças.

A oitiva da criança e do adolescente em processos judiciais é uma abordagem centrada não só nesses seres em especial estágio de desenvolvimento, mas, também, em suas famílias. Por isso, deve-se buscar o equilíbrio de seus direitos, interesses e bem-estar com outros fatores legais e contextuais. Valorizar a voz da criança nesses processos, respeitando-se seu grau de maturidade e desenvolvimento, parece ser um passo crucial para se garantir que suas necessidades sejam atendidas de maneira protetiva, acolhedora, abrangente e sensível.

7. CONSIDERAÇÕES FINAIS

A partir do exposto, nota-se que as duas técnicas de oitiva são fundamentais para o sistema de justiça. No entanto, a utilidade da perícia psicológica ou biopsicossocial nas ações de família é mais ampla e de extrema importância para o deslinde da maioria dos processos, pois, através do exame realizado, pode-se observar o infante e o seu respectivo núcleo familiar de maneira ampla: quando narra um fato, conta uma história, omite alguma situação vivenciada, mente acerca de determinado assunto, e sobretudo, quando fica em silêncio, pois transmite mais percepções para o perito, mediante a linguagem corporal. Pode-se analisar, também, o aspecto da convivência entre a criança e os genitores, para se comprovar o real vínculo afetivo.

Verifica-se que, nas situações de conflito familiar, não havendo alternativa, é necessário que a criança e o adolescente sejam escutados, uma vez que os seus direitos e interesses devem ser garantidos e protegidos com prioridade absoluta, consoante o art. 227 da Constituição Federal. Com isso, as crianças e adolescentes devem ser respeitados na condição de pessoa em desenvolvimento, sem possuir compromisso com a verdade judicial. Deverá ficar claro para o infante que quem decidirá o processo é o juiz da causa. É essencial que o perito do juízo, proceda uma escuta ativa, atenta, acolhedora e com empatia, para tornar a ida ao tribunal leve, transmitindo-se, assim, segurança para o infante.

Porém, o Judiciário parece precisar cada vez mais de pessoas qualificadas e capacitadas para auxiliarem o Juízo a tomar a decisão mais propícia a tornar funcional a dinâmica das famílias em litígio, de forma mais assertiva, examinando qual modalidade de guarda e regime de convivência serão mais benéficos e saudáveis para as crianças e adolescentes, parecendo havendo necessidade, também, de melhoria das estruturas e adaptações das salas de depoimentos e escutas especializadas.

8. REFERÊNCIAS.

BATALHA, Alexandre e BATALHA, Murilo Yago. *Aspectos legais da escuta especializada e do depoimento especial*. Disponível em: https://jus.com.br/artigos/86665/aspectos-legais-da-escuta-especializada-e-do-depoimento-especial.

BRAZIL, Glicia Barbosa de Mattos. *Psicologia Jurídica*: a criança, o adolescente e o caminho do cuidado na Justiça. A trajetória nas avaliações psicológicas nas varas de família e criminal. 2. ed. Indaiatuba: Foco, 2023.

BRITO, L.; AYRES, L.; AMENDOLA, M. *A escuta de crianças no sistema de Justiça. Convenção dos Direitos da Criança*. Disponível em: https://www.scielo.br/j/psoc/a/9Jnc36pgYFKW8kkPzrb VgBQ/?format=pdf&lang=pt.

CHAVES, Antônio. Comentários ao Estatuto da Criança e do Adolescente. 2. ed. São Paulo: LTr, 1997.

LEVY, Fernanda Rocha Lourenço. *Guarda de filhos*: os conflitos no exercício do poder familiar. São Paulo: Atlas, 2008.

MACIEL, Katia Regina Ferreira Lobo Andrade. Em defesa do superior interesse da criança como princípio constitucional e sua interpretação pelas cortes superiores no Brasil nas demandas de relações parento-filiais. *Revista do Ministério Público*, Rio de Janeiro: MPRJ, n. 47, jan./mar. 2013.

MADALENO, Rafael; MADALENO, Rolf. *Guarda compartilhada*: física e jurídica. 331 p. 2. Ed. Rev. atual e ampl. São Paulo: Ed. RT, 2016.

MEIRELLES, Rose Melo Vencelau. O princípio do melhor interesse da criança. In: MORAES, Maria Celina Bodin. (Coord.). *Princípios do direito civil contemporâneo*. Rio de Janeiro: Renovar, 2006.

MORAIS, Ana Radig Denne Lobão. *O direito da criança se manifestar como criança nos processos judiciais nos quais figuram como vítima ou testemunha de violência*. GT 12, VI ENADIR – Encontro Nacional de Antropologia do Direito. Disponível em: https://www.enadir2019. sinteseeventos.com.br/simposio/view?ID_SIMPOSIO=48. Acesso em: 26 set. 2023.

PEREIRA JÚNIOR, A. J., REBOUÇAS, M. B. C., PEREIRA, MARYNNA L. Q. Protocolos de oitiva especial de criança segundo a Recomendação 33 do Conselho Nacional de Justiça e a Lei 13.431. *Revista dos Tribunais: RT*, São Paulo, v. 107. 2018. Disponível em: https://bdjur.stj.jus.br/jspui/handle/2011/123158.

SAAD-DINIZ, Eduardo (Org.). *O lugar da vítima nas ciências criminais*. São Paulo: Liber Ars, 2017.

VILELA, Laurez Ferreira (Coord.). *Enfrentando a violência na rede de saúde pública do Distrito Federal*. Brasília: Secretaria de Estado de Saúde do Distrito Federal, 2005.

CONEXÕES VIRTUAIS, DESAFIOS REAIS: AUTENTICIDADE DAS PROVAS DIGITAIS NAS AÇÕES DE FAMÍLIA

Ana Elisa Coelho Miranda Menezes

Advogada desde 2004. Pós-graduada em Direito Público pelo Centro Universitário Newton de Paiva 2004. Pós-graduanda em Direito Processual das Famílias e Sucessões pela Faculdade Atame. Pós-graduanda em Constelação Sistêmica Integrada pelo Centro de Mediadores Instituto de Ensino. Associada ao IBDFAM.

Alina Bueno Pessoa Toledo

Graduada em Direito pelo Centro Universitário Unihorizontes/MG. Especialização em Direito de Família e Sucessões pela EBRADI. Membro da Comissão Direito na escola OAB/MG. Associada ao IBDFAM. Pós-graduanda em Direito Processual das Famílias e Sucessões pela Faculdade Atame/DF.

Aline Trigueiro do Rosario

Advogada desde 2007. Pós-graduada em Dto Civil e Processo Civil pela Universidade Cândido Mendes. Especialização em Dto das Famílias pela PUC RIO, pelo IBDFAM e pela EMERJ. Mediadora Judicial. Associada ao IBDFAM. Mentora pela OABRJ; Pós-graduanda em Dto Processual das Famílias e Sucessões pela Faculdade Atame/DF.

Cláudia Brandão Carneiro da Cunha

Advogada com especialização em Direito de Família e Sucessões. Advogada do Núcleo de Prática Jurídica da Universidade Candido Mendes. Membro do IBDFAM; Pós-graduanda em Dto Processual das Famílias e Sucessões pela Faculdade Atame/DF.

Mônica Engelmann

Assessora de magistrado no Tribunal de Justiça do Paraná. Bacharel em Direito e Licenciada em Letras Português/Inglês, ambas pela Universidade Estadual do Oeste do Paraná. Pós-graduada em Direito Processual Civil pela Uninter e pós-graduanda em Direito Processual das Famílias e Sucessões pela Faculdade Atame/DF.

Sumário: 1. Introdução – 2. Provas no processo civil, provas eletrônicas e provas digitais – 3. Provas obtidas em redes sociais e as ações de família – 4. Autenticidade e integridade das provas digitais – 5. Legislação aplicável – 6. A fé pública do advogado em relação às provas digitais – 7. Formas de verificação da integridade e autenticidade das provas digitais; 7.1 Ata notarial; 7.2 Sites de verificação; 7.3 Cadeia de custódia – 8. A presunção de veracidade das provas digitais e o ônus de impugnação – 9. Conclusão – 10. Referências..

1. INTRODUÇÃO

A revolução digital transformou fundamentalmente a paisagem jurídica, apresentando novos desafios e oportunidades para o sistema de justiça civil brasileiro. No contexto das provas no processo civil, a ascensão das redes sociais trouxe à tona uma série de questões complexas relacionadas à autenticidade e ao valor probatório das evidências digitais. Especialmente nas ações de família, onde as relações interpessoais são o cerne das disputas legais, as provas extraídas das redes sociais, que são uma espécie de prova digital, têm emergido como um elemento crucial, muitas vezes influenciando de maneira substancial os desdobramentos judiciais.

As redes sociais, como plataformas que refletem o cotidiano e as interações pessoais, frequentemente abrigam informações que podem ser consideradas relevantes em casos de Direito das Famílias. Mensagens, fotos, vídeos e outros tipos de conteúdo compartilhados *online* podem lançar luz sobre relacionamentos, comportamentos e situações que são pertinentes aos litígios familiares, mas que antes eram apenas de conhecimento do núcleo familiar. No entanto, a autenticidade dessas provas digitais surge como um tópico central de preocupação. A facilidade de manipulação e a possibilidade de criação de conteúdos falsos levantam questionamentos sobre a confiabilidade dessas evidências, exigindo mecanismos sólidos de verificação e validação.

A distinção entre as formas de prova, a questão específica das redes sociais, a forma de se garantir procedimentos que atestem a integridade e origem das evidências digitais, tais como a ata notarial e os sites de verificação online, bem como o momento de impugnação à autenticidade destes documentos são os temas abordados neste artigo, o qual é permeado de citações doutrinárias, indicação à legislação de referência e, ainda, de jurisprudências do STJ e Tribunais Estaduais.

Este artigo, portanto, apresenta a dinâmica entre a esfera digital e as ações de família, de modo a não apenas enriquecer a compreensão das relações humanas contemporâneas, mas também contribuir para o aprimoramento da administração da justiça em nossa sociedade, especialmente com vista ao resguardo dos interesses mais nobres das partes envolvidas nas sempre delicadas questões familiares apresentadas ao Poder Judiciário.

2. PROVAS NO PROCESSO CIVIL, PROVAS ELETRÔNICAS E PROVAS DIGITAIS

Segundo o ilustre Alexandre Freitas Câmara, *"prova é todo elemento trazido ao processo para contribuir com a formação do convencimento do juiz a respeito da veracidade das alegações concernentes aos fatos da causa"*[1].

---

1. CÂMARA, 2022, p. 381.

No contexto do Direito das Famílias, as provas podem ser utilizadas para atestar, por exemplo, a relação de parentesco, a existência de violência doméstica, a convivência familiar ou o cumprimento dos deveres alimentares. E, com o crescimento da utilização de tecnologias pela sociedade, inclusive com alcance no âmbito privado das relações interpessoais (redes sociais), as provas destas situações familiares ocorre, muitas vezes, mediante a apresentação de documentos provenientes de celulares, notebooks, computadores, entre outros. Tais provas são nominadas como provas digitais.

No campo das evidências digitais, existe uma distinção fundamental entre as categorias de prova digital e prova eletrônica. A prova digital abrange um espectro amplo, englobando todas as evidências que encontram expressão por meios eletrônicos, independentemente de sua origem ou formato. Isso inclui tanto as evidências nativamente eletrônicas, como e-mails, mensagens de texto, arquivos de áudio e vídeo, quanto as que têm sua raiz em documentos físicos convertidos para o formato digital, como contratos digitalizados e fotografias. Por outro lado, a prova eletrônica, um subconjunto da prova digital, refere-se exclusivamente às evidências que existem em formato eletrônico, desprovidas de forma física. É importante ressaltar que todas as provas eletrônicas são, de fato, provas digitais, mas o contrário não se aplica, pois as provas digitais podem originar-se tanto do mundo eletrônico quanto do físico convertido.[2] Ao leitor, fica esclarecido que, neste artigo, será utilizado o termo "provas digitais" com o fim de abranger a forma mais ampla das provas.

É importante ressaltar que as provas digitais devem ser avaliadas e tratadas de acordo com as normas legais e requisitos processuais aplicáveis. Os juízes têm a responsabilidade de analisar a pertinência, a confiabilidade e o valor probatório desta espécie de prova no contexto de cada episódio específico.

No caso do Direito das Famílias, as provas desta espécie vêm a auxiliar na comprovação de fatos íntimos, notadamente:

> *Efetivamente, há de se perceber que muitos aspectos que, outrora, estavam situados no âmbito íntimo, privado, são expostos, atualmente, em redes sociais, como forma de elevação comunitária. Ostentações de bens e demonstrações de felicidade são, atualmente, mecanismos de inclusão social, como se a falta de compartilhamento social impedisse alcançar a felicidade.[3]*

Verifica-se, porém, que, por vezes, em ações que envolvem o Direito das Famílias, os juízes têm, até mesmo, deferido a utilização das provas obtidas por meio ilícitos, porquanto *"antes de mais nada cuidam, de fato, de buscar a necessária verdade, valendo-se, enfim, da compreensível relativização da proibição constitu-*

---

2. FURLAN, 2020. Paginação irregular.
3. FARIAS, 2021. p. 30

cional de uso da prova dita ilícita, especialmente no juízo familiarista, sempre que se mostrarem relevantes para a justa solução da demanda."[4]

Pontua-se, por fim, que as provas digitais colaboram com a veracidade e credibilidade (reforçam e corroboram outras espécies de provas); com a preservação de evidências (pois são facilmente armazenadas e recuperadas quando delas se necessita) e; com a eficiência e acesso à justiça (na medida em que estas provas permitem à maioria das pessoas a apresentação de elementos que podem interferir no convencimento do juiz).

3. PROVAS OBTIDAS EM REDES SOCIAIS E AS AÇÕES DE FAMÍLIA

As mídias sociais abrangem uma variedade de plataformas, como Facebook, Twitter, Instagram, WhatsApp e LinkedIn, onde os indivíduos compartilham informações pessoais, opiniões, fotos e interações sociais. Esses registros podem oferecer *insights* valiosos sobre comportamentos, relacionamentos e atividades relevantes em litígios, tornando-se uma fonte potencialmente rica de provas[5].

A utilização de redes sociais como prova envolve diversas abordagens. Mensagens, conversas, publicações e compartilhamentos podem ser capturados como evidências de comunicação, acordos, comportamento e opiniões. Além disso, fotos e vídeos compartilhados servem para comprovar relacionamentos, eventos e localizações. Informações pessoais nos perfis também podem corroborar alegações. Até mesmo publicações excluídas podem ser obtidas via capturas de tela. Adicionalmente, a geolocalização, obtida por meio de recursos como GPS, Wi-Fi e torres de celular, é uma prova útil para estabelecer presença em momentos específicos, demandando técnicas de segurança digital para garantir a integridade.

De maneira especial, as redes sociais ganham importância nas ações de família por mostrar a vida íntima das partes, a qual não estaria acessível pela parte adversa se não fosse publicada abertamente (sendo, portanto, sujeita a "prints", gravações de tela de *smartphones*, ferramenta de cópia de conversas, entre outros).

Explica a doutrina: *"Mero print de tela de uma postagem de rede social ou de uma conversa em aplicativo de mensagem pode servir validamente para comprovar o que se pretende, em especial quando tal prova é complementada por outras que levam naturalmente à conclusão do que se está pretendendo demonstrar"*[6].

Para dar mais exemplos da vastidão da interação entre as redes sociais e as ações de família, podemos citar as trocas de mensagens de texto entre cônjuges ou genitores (para demonstrar discussões, acordos ou desacordos, para mostrar

---

4. MADALENO, Rolf. Sem data especificada. Paginação irregular.
5. LUDGERO, 2023. p. 36.
6. MARTINS e GUARIENTO, 2020. Paginação irregular.

a qualidade da relação entre pais e filhos, bem como o nível de envolvimento e cuidado de cada um dos pais); transações financeiras eletrônicas, como PIX ou transferências bancárias (para comprovar o pagamento ou não pagamento da pensão alimentícia); fotografias, vídeos e posts em redes sociais (para demonstrar o estilo de vida das partes envolvidas). Ainda, em casos de violência doméstica, podem ser utilizadas mensagens, vídeos ou fotos (para estabelecer padrões de comportamento abusivo do ofensor).

Neste ponto, necessário mencionar o que Cristiano Chaves de Farias diz a respeito, especificamente quanto às ações de alimentos:

> [...] o que se impõe é adaptar o sistema probatório para admitir como meio de prova as postagens e publicações em redes sociais, uma vez que evidenciam um modo de viver e hábitos de consumo indicativos da capacidade contributiva do devedor. Até mesmo porque o próprio Código de Processo Civil de 2015, expressamente, nos arts. 439 a 441, admite a utilização de prova eletrônica, abrindo espaço para a juridicidade dos documentos oriundos de prints de redes sociais.[7]

Portanto, as redes sociais podem ser particularmente úteis em situações em que há conflitos sobre aspectos relevantes para o Direito das Famílias. No entanto, é crucial que os tribunais avaliem a admissibilidade das provas digitais, considerando os princípios de relevância, pertinência e licitude, já que também é importante respeitar a privacidade das partes e evitar a obtenção de provas por meios ilícitos, como invasão de contas privadas.

As jurisprudências já existentes a respeito deste tema são especialmente encontradas na área cível (sobretudo em indenizatórias e ações bancárias), penal e trabalhista, sendo que a primeira tem maior analogia e aplicabilidade às regras processuais civis nas ações de família.

A seguir, alguns exemplares de jurisprudência de tribunais estaduais a respeito da utilização de provas digitais:

> Agravo de instrumento. Do secundum eventum litis. Ação de obrigação de fazer de reparação de danos em razão de delito c/c retratação pública. Publicação em redes sociais. Requisitos ensejadores do deferimento da tutela. Não preenchidos. [...] 3. Na hipótese em apresso, conforme acervo probatório colacionado aos autos, pôde-se identificar que as publicações feitas em nome do agravante foram através da ferramente utilizada na rede social "Instagram" que permite que o usuário efetue publicações com duração de 24 horas de disponibilidade. Não restou comprovado que as publicações ainda estavam disponíveis. Além disso, prints de tela não são suficientes para cunho probatório de que as publicações ainda possuem efeito danoso ao agravante, haja vista que não há certidão de constatação emitida em cartório para comprovar a veracidade e que as publicações seguem disponíveis causando dano ao agravante. Agravo de instrumento conhecido e desprovido. Decisão mantida. (TJ-GO – AI: 00707080320198090000, Relator: Delintro Belo

---

7. FARIAS, 2021. P. 42.

De Almeida Filho, Data de Julgamento: 28/06/2019, 4ª Câmara Cível, Data de Publicação: DJ de 28/06/2019)

Agravo de instrumento. Descumprimento de acordo homologado. Réu que deve se abster de veicular o nome da autora em sua página eletrônica. Telas impressas da internet que não foram reconhecidas como prova pelo juízo de origem. Documentos aptos à comprovação do alegado. Art. 422, §§ 1º e 3º, CPC/15. Autenticidade não atacada por arguição de falsidade no prazo legal. Art. 430 do CPC/15. Ata notarial que não configura o único meio de comprovação de conteúdo de sítio eletrônico. Art. 384 do CPC/15. Dado Provimento Ao Recurso. (TJ-RJ – AI: 0065119102017819 0000 Rio De Janeiro Capital 20 Vara Civel, Relator: Cesar Felipe Cury, Data de Julgamento: 06/06/2018, Décima Primeira Câmara Cível, Data de Publicação: 08/06/2018)

O STJ já se manifestou sobre o uso de mensagens trocadas na rede social "Whastapp", mas no âmbito penal. Em que pese tal especificidade, alguns tribunais estaduais vêm reproduzindo este entendimento na área cível, motivo pelo qual se julga importante mencionar a decisão a seguir neste artigo:

Agravo regimental no recurso em habeas corpus. Corrupção ativa e passiva. [...] 3. Esta Sexta Turma entende que é invalida a prova obtida pelo WhatsApp Web, pois "é possível, com total liberdade, o envio de novas mensagens e a exclusão de mensagens antigas (registradas antes do empare-lhamento) ou recentes (registradas após), tenham elas sido enviadas pelo usuário, tenham elas sido recebidas de algum contato. Eventual exclusão de mensagem enviada (na opção "Apagar somente para Mim") ou de mensagem recebida (em qualquer caso) não deixa absolutamente nenhum vestígio, seja no aplicativo, seja no computador emparelhado, e, por conseguinte, não pode jamais ser recuperada para efeitos de prova em processo penal, tendo em vista que a própria empresa disponibilizadora do serviço, em razão da tecnologia de encriptação ponta a ponta, não armazena em nenhum servidor o conteúdo das conversas dos usuários" (RHC 99.735/SC, Rel. Ministra Laurita Vaz, Sexta Turma, julgado em 27/11/2018, DJe 12/12/2018). 4. Agravo regimental parcialmente provido, para declarar nulas as mensagens obtidas por meio do print screen da tela da ferramenta WhatsApp Web, [...] (STJ – AgRg no RHC: 133430 PE 2020/0217582-8, Relator: Ministro Nefi Cordeiro, Data de Julgamento: 23/02/2021, T6 – Sexta Turma, Data de Publicação: DJe 26/02/2021)[8]

Diante deste acórdão de 2021, no entanto, necessário mencionar que já há algumas formas de recuperar mensagens apagadas, desde que não sobrescritas, exigindo-se, para tanto, consulta a especialistas/peritos[9].

---

8. "A 6ª Turma do Superior Tribunal de Justiça, em fevereiro de 2021, seguindo julgamentos anteriores, considerou o print da tela do WhatsApp Web como prova inválida. Tratava-se de um processo penal, em que a prova apresentada não demonstrava a cadeia de custódia, que é o rastreamento do vestígio desde a sua origem (art. 158-B do CPP) – o que não foi possível rastrear através do print estático da tela do computador." (SANCHES *apud* PORTANOVA; CALMON; D'ALESSANDRO. 2024. Paginação inespecífica).

9. Para verticalização do tema, sugere-se a matéria apresentada pela Folha De São Paulo. FOLHA DE SÃO PAULO São Paulo: Grupo Folha, 2023. Diário. Disponível em: https://www1.folha.uol.com.br/poder/2023/05/policia-consegue-recuperar-mensagens-apagadas-do-whatsapp-mas-ha-entraves.shtml. Acesso em: 17 ago. 2023.

Contudo, há divergências no âmbito penal entre as Turmas do STJ quanto ao entendimento acima exposto, sendo possível citar o contido no HC 752.444, conforme o voto do relator Ministro Ribeiro Dantas:

> O acusado, embora tenha alegado possuir contraprova, quando instado a apresentá-la, furtou-se de entregar o seu aparelho celular ou de exibir os prints que alegava terem sido adulterados, o que só reforça a legitimidade da prova.

4. AUTENTICIDADE E INTEGRIDADE DAS PROVAS DIGITAIS

A autenticidade refere-se à comprovação de que uma prova é verdadeira, ou seja, que não foi adulterada ou falsificada. Nas palavras de Patrícia Corrêa Sanches, *"a força probante é o resultado da credibilidade que se dá a determinado elemento de prova. No entanto, essa força pode ser cessada através de uma declaração judicial de falsidade"*[10].

No caso das provas digitais, a autenticidade pode ser estabelecida por meio da utilização de certificados digitais, que atestam a identidade do emissor e garantem a integridade do documento eletrônico.

A integridade, por sua vez, diz respeito à preservação das características originais da prova, sem qualquer modificação ou alteração. No contexto das provas digitais, mecanismos como a assinatura digital e o uso de algoritmos de criptografia são empregados para assegurar a integridade dos documentos eletrônicos ao longo do seu armazenamento e transmissão.

É importante ressaltar que cabe aos juízes avaliarem a pertinência, a confiabilidade e o valor probatório dessas provas no contexto de cada caso específico e, ainda segundo Patrícia Corrêa Sanches, *"para superar esses desafios, é importante envolver especialistas forenses digitais, com conhecimento específico para cada tipo de prova digital produzida."*[11]

Diversas são as formas de autenticar ou verificar a autenticidade de uma prova digital. Elas incluem o uso de certificado digital, que emite selos atestando a autenticidade e integridade; assinatura digital, que utiliza criptografia para garantir autenticidade e integridade; carimbo do tempo, que registra a criação ou modificação de um documento, fornecendo prova de existência em um momento específico mediante a utilização de tokens; hash criptográfico, que cria uma sequência única de caracteres a partir do conteúdo de um documento para verificar alterações; metadados e trilhas de auditoria, as quais fornecem informações adicionais sobre um arquivo eletrônico e; perícia digital, que utiliza

---

10. SANCHES *apud* PORTANOVA; CALMON; D'ALESSANDRO. 2023. Paginação inespecífica.
11. Ibid. Paginação inespecífica.

técnicas especializadas, aplicadas pelos peritos, para verificar autenticidade em casos mais complexos.

A autenticidade de documento eletrônico está regulada nos incisos II e III, do art. 411, do CPC, que estabelecem o seguinte:

> II – a autoria estiver identificada por qualquer outro meio legal de certificação, inclusive eletrônico, nos termos da lei;
>
> III – não houver impugnação da parte contra quem foi produzido o documento.

Ainda, sobre a autenticidade de documentos eletrônicos o art. 425, do CPC em seu inciso VI estabelece que fazem a mesma prova que os originais:

> VI – as reproduções digitalizadas de qualquer documento público ou particular, quando juntadas aos autos pelos órgãos da justiça e seus auxiliares, pelo Ministério Público e seus auxiliares, pela Defensoria Pública e seus auxiliares, pelas procuradorias, pelas repartições públicas em geral e por advogados, ressalvada a alegação motivada e fundamentada de adulteração.

A verificação da autenticidade do documento eletrônico não foi regulada no Código de Processo Civil de 2015, mas há leis esparsas, doutrina e jurisprudências, as quais, se analisadas em conjunto, permitem esclarecer as situações que envolvem tal prova e permitem a deliberação a respeito de sua validade dentro do processo.

5. LEGISLAÇÃO APLICÁVEL

O direito probatório é constituído de princípios e peculiaridades que o caracterizam como um verdadeiro sistema na atmosfera jurídica. A esse respeito segue entendimento de Humberto Theodoro Júnior[12] (2011, p. 22):

> "Perante a garantia fundamental do acesso à justiça por meio da via judicial, ou seja, um processo justo, comprometido com os princípios do direito probatório, como contraditório ampla defesa, ônus da prova, produção da prova constituída de pertinência e licitude, é um direito da parte litigante e um dever do juiz à análise."

Para Thamay e Tamer[13] (2022, p. 46) três princípios ganham especial relevância no âmbito do direito digital: (i) o princípio da vedação da prova ilícita, (ii) o princípio da liberdade probatória; (iii) o princípio da persuasão racional ou do livre convencimento motivado, que são determinações que trabalham em verdadeira simbiose normativa e orientam toda a formação da prova, sua validade e utilidade e a avaliação do seu conteúdo.

No que toca à legislação, não há como deixar de mencionar que a Constituição Federal, em seu art. 5º, inciso LV, se manifesta com relação à produção de

---

12. THEODORO JÚNIOR, 2015. p. 882.
13. THAMAY; TAMER, 2002. p. 46.

provas impondo a observância do direito do contraditório e ampla defesa. No inciso LVI, se admite apenas provas obtidas por meios lícitos. Já no inciso LIV do mesmo dispositivo, há o princípio do devido processo legal, o qual também rege as condutas processuais relacionadas às provas digitais.

O Código de Processo Civil, no artigo 369, permite que as partes usem meios legais e moralmente legítimos para comprovar fatos, mesmo não especificados na lei. Há ainda previsão da utilização da ata notarial (art. 384, CPC), a qual, como veremos posteriormente, é um meio usado para atestar fatos testemunhados pelo tabelião.

A legislação ordinária para regulação das questões afetas às provas digitais compõe-se, em especial, pela Lei 12.965/2014 (Marco Civil da Internet); Lei Geral de Proteção de Dados (Lei 13.709/2018); emenda à constituição 32, de 2001 (que instituiu a Infraestrutura de Chaves Públicas Brasileira – ICP-Brasil); Lei 11.419, de 2006 (que disciplinou a informatização do processo digital) e; por fim, as diretrizes estabelecidas pela ABNT NBR ISO/IEC 27037:2013 (visa a redução dos riscos de contaminação ou adulteração das evidências digitais, além de aumentar a confiança nas informações apresentadas em casos que envolvem tecnologias digitais).

Neste ponto, ganha destaque a Lei Geral de Proteção de Dados (LGPD), na medida em que ela delineia princípios e diretrizes para o tratamento adequado de informações individuais em ambientes digitais. No contexto das provas digitais, a LGPD estabelece regras específicas para a coleta, armazenamento e compartilhamento de dados. A lei visa assegurar que a obtenção e admissibilidade de provas digitais sejam realizadas em consonância com os princípios de finalidade, adequação, necessidade, consentimento e transparência, a fim de evitar violações de privacidade e garantir a integridade e legitimidade das evidências apresentadas em âmbito judicial.

6. A FÉ PÚBLICA DO ADVOGADO EM RELAÇÃO ÀS PROVAS DIGITAIS

De acordo com o inciso IV do art. 425 do Código de Processo Civil, "as cópias reprográficas de peças do próprio processo judicial declaradas autênticas pelo advogado, sob sua responsabilidade pessoal, se não lhes for impugnada a autenticidade". Tal disposição concede ao advogado a "fé pública" consistente na confiança que o sistema jurídico deposita nos profissionais do direito, mediante presunção de que as informações e os documentos apresentados por eles são verdadeiros e confiáveis, a menos que haja evidências em contrário. Esse voto de confiança é fundamentado nas premissas do Código de Ética e Disciplina da advocacia, que atribui aos advogados a responsabilidade de agir com probidade, zelando pela integridade das provas e pela aderência estrita aos princípios éticos. A responsabilidade do advogado na seleção, coleta e apresentação de provas digitais também engloba a devida diligência em verificar a autenticidade e a integridade dessas evidências. É imprescindível que o advogado esteja ciente das técnicas de manipulação digital e tenha a capacidade de discernir entre informações genuínas e falsificadas.

Assim, no âmbito das provas digitais, a fé pública do advogado está relacionada à presunção de que os documentos e informações digitais por ele apresentados são autênticos e idôneos. Entretanto, essa confiança é relativa e pode ser contestada se houver indícios ou evidências que sugiram manipulação, falsificação ou adulteração das provas digitais apresentadas.

Neste instante, importante registrar que, se o advogado apresentar provas digitais falsas, forjadas ou obtidas ilicitamente por ele próprio, também poderá responder pelas consequências legais e éticas (art. 6º do Código de Ética da OAB; art. 298, CP).

Ainda, é necessário dizer que a "fé pública do advogado" não substitui a ata notarial nem os sites de verificação de prova digital. Cada um desses elementos tem um propósito distinto no contexto legal.

Em suma, embora a fé pública do advogado seja um princípio importante, a verificação adequada das provas digitais é essencial para garantir sua autenticidade e integridade no contexto processual, afastando, assim, a citada fé pública. Já a ata notarial e os sites de verificação de prova digital são ferramentas que podem ser utilizadas para complementar essa verificação e oferecer maior segurança jurídica em relação às provas apresentadas nas demandas.

7. FORMAS DE VERIFICAÇÃO DA INTEGRIDADE E AUTENTICIDADE DAS PROVAS DIGITAIS

7.1 Ata notarial

Ao analisar os processos de família, observa-se que muitas das provas e evidências apresentadas consistem em diálogos particulares, capturas de tela de conversas do WhatsApp e publicações em redes sociais. No entanto, a validade dessas provas tem sido questionada devido à percepção de fragilidade e possibilidade de manipulação associadas a elas. Nesse contexto, a ata notarial ganhou grande relevância, pois é considerada um dos meios mais seguros para autenticar a veracidade das provas digitais.

Uma ata notarial é um documento público elaborado por um tabelião de notas, também chamado de notário, que certifica a ocorrência de fatos, situações ou documentos, estando prevista nos artigos 384[14] e seguintes do CPC. Essa certificação é imparcial e oficial, conferindo validade legal aos eventos descritos na ata. A ata notarial é utilizada para registrar, de maneira precisa e detalhada, eventos relevantes em contextos legais, contratuais, administrativos ou judiciais. A elaboração deste documento requer a presença de um tabelião de notas, um oficial do cartório autorizado pelo Estado a conduzir esse tipo de procedimento. O tabelião, em sua função imparcial, testemunha e verifica a autenticidade dos fatos apresentados.

O processo envolve os seguintes passos: 1) requerimento e agendamento: a pessoa interessada em lavrar uma ata notarial agenda um horário com o tabelião e informa o assunto que será correspondente; 2) identificação das partes: no momento da lavratura, as partes envolvidas no evento são identificadas e documentadas; 3) descrição detalhada: o tabelião registra detalhadamente os eventos ou fatos em questão (isso pode incluir a captura de imagens, vídeos, áudios ou qualquer outra evidência relevante); 4) verificação de autenticidade: o tabelião assegura que todas as informações contidas na ata são verdadeiras e refletem com precisão o que foi testemunhado; 5) redação da ata: com base nas informações coletadas, o tabelião redige a ata de forma clara e objetiva, evitando a interpretação ambígua; 6) assinaturas e selos: as partes envolvidas na lavratura da ata, bem como o tabelião, assinam o documento. O documento também recebe o selo e carimbo do cartório.

As atas notariais têm diversas aplicações em vários contextos. Elas são usadas para comprovar conteúdo de sites e plataformas online, sendo crucial na era digital para verificar a existência e conteúdo de sites. Em disputas contratuais, uma ata notarial pode ser usada como prova documental, por exemplo, para demonstrar a originalidade de conteúdo online em litígios. No Direito das Famílias, a ata notarial registra fatos imparcialmente, sendo fundamental em casos de divórcio para documentar informações relevantes como partilha e finanças do casal. Além disso, protege os interesses das partes envolvidas, evitando disputas futuras e estimulando acordos. Também desempenha um papel na preservação de evidências, sendo útil em processos de guarda de filhos e convivência destes com os genitores ou nas ações de alimentos, ao fornecer provas da "necessidade/possibilidade", entre outras.

7.2   Sites de verificação

Os sites de verificação, também conhecidos como serviços de arquivamento ou *timestamping*, desempenham um papel fundamental na validação da autenti-

---

14. Art. 384, CPC. A existência e o modo de existir de algum fato podem ser atestados ou documentados, a requerimento do interessado, mediante ata lavrada por tabelião. Parágrafo único. Dados representados por imagem ou som gravados em arquivos eletrônicos poderão constar da ata notarial.

cação de documentos e conteúdos digitais. Esses sites permitem que os usuários carreguem seus documentos ou URLs e recebam um carimbo de dados e hora, garantindo a existência desse conteúdo em um determinado momento. Isso se alinha perfeitamente com o propósito das atas notariais, pois ambas as abordagens buscam fornecer provas tangíveis da certificação e temporalidade dos eventos ou conteúdos registrados.

No entanto, enquanto as atas notariais representam um procedimento formal conduzido por um tabelião, os serviços de verificação online proporcionam uma abordagem mais automatizada e acessível para obter resultados análogos.

A autenticação digital de documentos por meio de sites especializados oferece vantagens como: facilidade de uso com interfaces intuitivas; acessibilidade global através de serviços online; custos reduzidos em comparação com atas notariais; registro de momentos específicos usando *timestamps* online; maior segurança em transações online; simplificação de processos de compartilhamento de documentos; maior sustentabilidade ao reduzir o uso de papel. Essa abordagem é estratégica para empresas e indivíduos devido à economia de custos, segurança aprimorada e eficiência no tratamento de informações sensíveis.

Destes sites, o mais utilizado e aceito pelos tribunais é o "Verifact". A ferramenta do Verifact garante a integridade e confiabilidade das informações capturadas, seguindo princípios de coleta e preservação da cadeia de custódia. Cada registro gera três documentos digitais: um relatório de captura em "pdf"; um arquivo compactado "capture", com capturas de tela e vídeos e; um arquivo compactado "metadata" com dados para certificação de integridade e autenticidade[15]. Segundo o próprio site da ferramenta, "diferentemente da ata notarial, que depende dos sentidos humanos, a Verifact emprega técnicas forenses e tecnológicas para capturar e preservar o conteúdo da internet, garantindo a integridade e a validade jurídica dessas provas. [...] Do ponto de vista técnico, a Verifact foi elaborada com base em recomendações forenses em conformidade com normas internacionais como a ABNT NBR ISO/IEC 27037:2013, referentes aos métodos necessários para a confiança na coleta e preservação de provas digitais, verificadas para a situação de coleta de conteúdos remotos sem acesso direto ao dispositivo."[16]

---

15. TRE-RS – REC: 06034824420226210000 PORTO ALEGRE – RS, Relator: Des. ROGERIO FAVRETO, Data de Julgamento: 24/10/2022, Data de Publicação: PSESS – Publicado em Sessão, Data 25/10/2022.
16. VERIFACT, 2023.

7.3   Cadeia de custódia

Neste ponto, merece menção a existência da "cadeia de custódia", a qual é mais amplamente discutida no processo penal[17], mas que tem impactos importantes quando se trata de provas digitais.

> *A cadeia de custódia é um elemento-chave na coleta e preservação adequadas das provas digitais. Envolve a documentação detalhada de todas as etapas pelas quais a evidência passa, desde a sua coleta inicial até a sua apresentação em tribunal. A cadeia de custódia deve incluir informações sobre a identificação dos responsáveis pela coleta, datas e horários, além de indicar qualquer modificação ou manipulação das provas ao longo do processo[18].*

Este regramento visa o cumprimento dos princípios que regem o processo penal, no qual as provas se sujeitam fortemente ao princípio da presunção de inocência, devendo serem produzidas nos estritos termos legais ou são consideradas nulas. Por este motivo, a cadeia de custódia não tem tanta relevância dentro do processo civil e ações de família, em especial quando envolve proteção a interesses de incapazes, já que nestes processos vigora o princípio da presunção de veracidade da prova, desde que ela não seja impugnada, como veremos a seguir.

8.   A PRESUNÇÃO DE VERACIDADE DAS PROVAS DIGITAIS E O ÔNUS DE IMPUGNAÇÃO

Conforme expressa previsão legal, qualquer reprodução eletrônica tem aptidão para fazer prova dos fatos ou das coisas representadas, se a sua conformidade com o documento original não for impugnada por aquele contra quem foi produzida, conforme dispõem os artigos 411, inciso III, e 422 do CPC[19], corroborado pelo art. 11 da lei 11.419/06[20].

O § 1º do artigo 422 do CPC, estabelece que as fotografias digitais e as extraídas da rede mundial de computadores fazem prova das imagens que reproduzem, devendo, se impugnadas, ser apresentada a respectiva autenticação eletrônica

---

17.   Art. 158-B do Código de Processo Penal ("Pacote Anticrime")
18.   LUDGERO, 2023. P. 97
19.   *Art. 411. Considera-se autêntico o documento quando: [...] III – não houver impugnação da parte contra quem foi produzido o documento. [...] Art, 422. Qualquer reprodução mecânica, como a fotográfica, a cinematográfica, a fonográfica ou de outra espécie, tem aptidão para fazer prova dos fatos ou das coisas representadas, se a sua conformidade com o documento original não for impugnada por aquele contra quem foi produzida.*
20.   A Lei 11.419/06 estabelece procedimentos específicos para a digitalização de documentos físicos, a utilização de assinaturas eletrônicas e a tramitação dos processos de maneira virtual. No art. 11, § 2º da citada lei, menciona-se a possibilidade de se arguir falsidade de documento eletrônico. Neste ponto, necessário frisar, no entanto, que a ausência de autenticação do documento somente tem relevância se a parte contraria o impugnar. Ainda, as provas digitais juntadas aos processos eletrônicos serão consideradas originais para todos os efeitos legais, se for possível a verificação de sua fonte, como menciona o § 3º do art. 11 da lei mencionada.

ou, não sendo possível, realizada perícia. Se se tratar de fotografia publicada em jornal ou revista, será exigido um exemplar original do periódico (como já dito, caso impugnada a veracidade pela outra parte – § 2º) e aplicar-se-á o disposto no *caput* do artigo sobredito à "forma impressa de mensagem eletrônica" (§ 3º)[21].

Também, sobre a questão validade do documento digital, o art. 225, do Código Civil, estabelece que: *"As reproduções fotográficas, cinematográficas, os registros fonográficos e, em geral, quaisquer outras reproduções mecânicas ou eletrônicas de fatos ou de coisas fazem prova plena destes, se a parte, contra quem forem exibidos, não lhes impugnar a exatidão."*

O CPC estabelece, deste modo, uma presunção de autenticidade dos documentos juntados aos autos. Como prediz o artigo 411, inciso II, se não houver a impugnação da parte contra quem foram produzidos os documentos, estes serão considerados autênticos. Ou seja, o conteúdo deste documento poderá interferir no julgamento do processo. O art. 430 do CPC, ainda, delineia que a arguição de falsidade pode ser suscitada na contestação, na réplica ou a partir da intimação da juntada do documento aos autos, pela parte que produziu o documento (art. 429. II, CPC[22]). Relevante ressaltar que este protesto contra a autenticidade da prova deve ser pontual e específico com relação a cada uma delas, diante do princípio da cooperação entre as partes e do contido no art. 436, parágrafo único, CPC.

Assim, se a parte contra quem a prova foi produzida impugnar a autenticidade, surge para a parte que a juntou nos autos a necessidade de, pelos meios admitidos pela lei e jurisprudência, demonstrar que se trata, sim, de uma verdade. Estes meios são a já mencionada ata notarial ou a utilização de sites de verificação. Assim, com a impugnação à prova digital, a parte cuja prova foi impugnada deverá sujeitá-la à ferramenta de verificação de autenticidade e integridade e, então, apresentá-la nos autos.

A partir disso, há quem possa questionar se estes novos documentos de autenticação não se configurariam como documentos novos no processo e, portanto, sujeitos aos requisitos do art. 435, CPC[23] (referentes a fatos ocorridos depois

---

21. "Mais perigoso, porém, é o segundo caso, no qual o equívoco consiste em tomar como prova a materialização do documento digital, que, como já se advertiu no início deste texto, é mera cópia, que não se deve preferir ao original, pela possibilidade de adulteração ou perda acidental das suas características. A própria lei contribui para a aplicação errônea da técnica, ao dispor que a utilização do documento depende da sua conversão à forma impressa e determinar a verificação da sua autenticidade." (PASTORE, 2020, p. 10)

22. Art. 429, CPC. Incumbe o ônus da prova quando: [...] II – se tratar de impugnação da autenticidade, à parte que produziu o documento.

23. Art. 435, CPC. É lícito às partes, em qualquer tempo, juntar aos autos documentos novos, quando destinados a fazer prova de fatos ocorridos depois dos articulados ou para contrapô-los aos que foram produzidos nos autos. Parágrafo único. Admite-se também a juntada posterior de documentos formados após a petição inicial ou a contestação, bem como dos que se tornaram conhecidos, acessíveis

dos articulados ou para contrapô-los aos que foram produzidos nos autos ou se se tornaram conhecidos, acessíveis ou disponíveis após esses atos). Porém, a ata notarial ou o documento de verificação juntados aos autos são uma resposta à impugnação e, logo, são documentos apresentados em resposta a uma arguição da parte contrária. Assim, estariam conforme o regramento processual e seriam admissíveis para resolução da impugnação à prova digital.

Atente-se, ainda, que a jurisprudência do STJ afirma que a arguição de falsidade está sujeita à preclusão, contudo, a falsidade do documento não, mormente tratar-se de matéria de ordem pública, podendo o magistrado decidir de ofício:

> *Recurso especial. Incidente de falsidade documental legitimidade do ministério público. Falsidade ideológica. Cabimento. Intempestividade. Possibilidade de se averiguar a falsidade de ofício e no curso do processo principal. Ainda que com a prerrogativa de custos legis, está o Ministério Público sujeito aos princípios processuais constantes do sistema jurídico brasileiro e, portanto, caso permaneça inerte, pode ser atingido pela preclusão. Deve reconhecer-se, contudo, que o incidente de falsidade foi requerido intempestivamente. Não poderá, portanto, ser processado como tal e, a final, gerar os efeitos de uma decisão em incidente de falsidade, bem como fazer coisa julgada. Ao juiz, ocioso lembrar, compete, mesmo de ofício, ordenar diligências para apurar a verdade real e, consequentemente, a validade do documento questionado. Recurso especial provido. Decisão por unanimidade. (STJ – REsp: 257263 PR 2000/0041904-4, Relator: Ministro FRANCIULLI NETTO, Data de Julgamento: 17/05/2001, T2 – SEGUNDA TURMA, Data de Publicação: --> DJ 01/10/2001 p. 186 RSTJ vol. 167 p. 274)*

Por fim, merece atenção o seguinte julgado:

> *"A preclusão não transforma o documento não impugnado em documento verdadeiro ou autêntico – a preclusão é apenas da oportunidade do oferecimento da arguição de falsidade. Vale dizer: o juiz, verificando por meio de outras provas que um documento não é verdadeiro ou autêntico, pode lhe negar eficácia probatória, ainda que não tenha sido apresentada tempestivamente a arguição de falsidade (STJ, 2.ª Turma, REsp 257.263/PR, rel. Min. Franciulli Netto, j. 17.05.2001, DJ 01.10.2001, p. 186)."*[24]

9. CONCLUSÃO

A partir dos elementos contidos neste artigo, pôde-se concluir que a sociedade jurídica tem um futuro já demarcado quanto às provas digitais no processo civil e nas ações de família: tendência à sua utilização de modo cada vez mais abrangente.

---

ou disponíveis após esses atos, cabendo à parte que os produzir comprovar o motivo que a impediu de juntá-los anteriormente e incumbindo ao juiz, em qualquer caso, avaliar a conduta da parte de acordo com o art. 5º.

24. MITIDIERO, Daniel. ARENHART Sérgio Cruz. MARINONI, Luiz Guilherme. *Novo Código de Processo Civil Comentado*. Ed. RT, 2017, Comentários ao art. 470. Versão e-book.

Os temas aqui discutidos, desde a distinção entre as diferentes formas de prova até a questão das redes sociais e a importância de mecanismos de garantia de integridade e origem das evidências digitais, ressaltaram a complexidade e a relevância dessa evolução tecnológica no contexto jurídico.

Ao analisar a conjuntura que se delineia, ficou evidente que a convergência entre o ambiente digital e as temáticas familiares não somente amplia o entendimento das relações interpessoais atuais, mas colabora com a decisão final sobre questões jurídicas familiares. A abordagem deste artigo, ancorada em citações doutrinárias, referências legislativas e jurisprudências dos mais altos tribunais do país, confirmou a seriedade com que esses assuntos estão sendo tratados.

Por mais, a delicadeza das questões familiares apresentadas ao Poder Judiciário demanda uma abordagem sensível, embasada e crítica das evidências digitais. Neste cenário, evidenciou-se a necessidade da formação adequada dos agentes do processo judicial. Dado o escopo diversificado das regras e princípios aplicáveis, torna-se essencial o pleno entendimento dos procedimentos relacionados às provas digitais.

Assim, conclui-se que é inegável que o futuro aponta para um cenário no qual a confiança nas provas digitais será conquistada por meio de procedimentos rigorosos e aprofundados, preservando a integridade do sistema judiciário em sua busca incessante por equidade e imparcialidade e os sujeitos envolvidos no processo devem estar preparados para esta nova era processual.

10. REFERÊNCIAS

CÂMARA, Alexandre Freitas. *Manual de Direito Processual Civil*. Barueri: Atlas, 2022.

FARIAS, Cristiano Chaves de. A utilização das redes sociais como prova da capacidade contributiva do devedor e da necessidade do credor nas ações de alimentos: vencendo uma prova infernal. In: *Revista Prática da Advocacia Catarinense [recurso eletrônico]* / Escola Superior de Advocacia da OAB/SC, v. 1 (set. 2021). Florianópolis: ESA-OAB/SC, 2021.

FURLAN, Lucas Gabriel. *Uso de documentos eletrônicos em âmbito processual civil*. 2020. Disponível em: https://emporiododireito.com.br/leitura/uso-de-documentos-eletronicos-em-ambito-processual-civil. Acesso em: 18 ago. 2023.

LUDGERO, Paulo Ricardo. *Provas digitais*: uma abordagem completa para a era digital. 2023. Edição do Kindle.

MADALENO, Rolf. *A prova ilícita no Direito de Famílias e o conflito de valores*. Sem data especificada. Disponível em: https://www.rolfmadaleno.com.br/web/artigo/a-prova-ilicita-no-direito-de-familia-e-o-conflito-de-valores. Acesso em 17 ago. 2023.

MARTINS, Ricardo Maffeis. GUARIENTO, Daniel Bittencourt. *O uso do blockchain na preservação das provas eletrônicas*. 2020. Disponível em: https://www.migalhas.com.br/coluna/impressoesdigitais/ 327501/o-uso-do-blockchain-napreservacao-das-provaseletronicas. Acesso em: 17 ago. 2023.

MITIDIERO, Daniel. ARENHART Sérgio Cruz. MARINONI, Luiz Guilherme. *Novo Código de Processo Civil Comentado*. São Paulo: Ed. RT, 2017, Versão e-book.

PASTORE, Guilherme de Siqueira. *Considerações sobre a autenticidade e a integridade da prova digital*. 2020. Disponível em: https://www.tjsp.jus.br/download/EPM/Publicacoes/

CadernosJuridicos/i_5_considera%C3%A7%C3%B5es_autenticidade.df?d=637250343071305756. Acesso em: 16 ago. 2023.

SANCHES, Patrícia. Em, PORTANOVA, Rui; CALMON, Rafael; D'Alessandro, Gustavo (Coords.). *Direito de Família conforme interpretação do STJ*: alimentos: aspectos processuais. Indaiatuba: Foco, 2024.

THAMAY, Rennan; TAMER, Maurício. *Provas no direito digital, procedimentos e provas digitais em espécie*. 2. ed. São Paulo: Thomson Reuters Brasil, 2002.

THEODORO JÚNIOR, Humberto. *Curso de Direito Processual Civil. Teoria geral do direito processual civil, processo de conhecimento e procedimento comum*. Ed. rev., atual. e ampl. Rio de Janeiro: Forense, 2015. v. I.

VERIFACT. *Ata Notarial vs. Verifact*: A Evolução da Documentação de Provas na Era Digital. Disponível em: https://www.verifact.com.br/ata-notarial-vs-verifact-a-evolucao-da-documentacao-de-provas-na-era-digital/. Acesso em: 15 ago. 2023.

A FIXAÇÃO DA GUARDA COMPARTILHADA EM LARES EM LITÍGIO: A (IN)SUFICIÊNCIA DO ESTUDO PSICOSSOCIAL

Flávia Gomes do Nascimento

Pós-graduada em Direito Previdenciário pela Universidade Cândido Mendes (UCAM). Pós-graduanda em Direito Processual das Famílias e das Sucessões pela Faculdade Atame/DF. Advogada.

Ieda Coelho

Mediadora e Conciliadora pela Escola Superior da Advocacia e CNJ. Pós-graduanda em Direito Processual das Famílias e das Sucessões pela Faculdade Atame/DF.

Judith Fernanda Oliveira de Cerqueira

Pós-graduanda em Direito Processual das Famílias e das Sucessões pela Faculdade Atame/DF. Advogada.

Charles Lucas Dias

Pós-graduando em Direito Processual das Famílias e das Sucessões pela Faculdade Atame/DF. Advogado.

Priscila Silva Ferreira Barbosa

Pós-Graduada em Direito Civil e Processual Civil pela Faculdade Juris. Especialista em Direito de Família, Sucessões e Violência Obstétrica. Pós-Graduanda em Direito Processual das Famílias e das Sucessões pela Faculdade Atame/DF. Advogada.

> **Sumário:** 1. Introdução – 2. Breve panorama da evolução da família e da guarda no Brasil – 3. A diferença entre guarda compartilhada e guarda alternada – 4. O superior tribunal de justiça e a fixação da guarda compartilhada em lares em litígio – 5. O estudo psicossocial como meio de prova nas ações de guarda – 6. Considerações finais – 7. Referências.

1. INTRODUÇÃO

A estrutura da família brasileira, como é conhecida hodiernamente, precisou sujeitar-se a inúmeros processos histórico-sociais para que pudesse, então, ser forjada pela afetividade, solidariedade e pela equiparação dos deveres de ambos os genitores em relação aos seus filhos. Durante a vigência do Código Civil de

1916, em caso de desquite, as filhas ficariam com a mulher enquanto fossem menores de idade, enquanto os filhos somente ficariam sob sua guarda até os seis anos de idade. Consequentemente, sequer era possível conceber a guarda compartilhada, posto que imperava a separação dos papéis da mãe e do pai, não havendo uma criação conjunta em prol do desenvolvimento de seus filhos, com exceção da realização do desquite amigável, onde os cônjuges poderiam acordar sobre a guarda dos filhos.

Com o advento da Lei 11.698/08, a guarda compartilhada foi instituída no ordenamento jurídico brasileiro, passando a ser a regra em virtude do divórcio entre os genitores, sendo aplicada, inclusive, mesmo quando não há consenso entre estes últimos no que diz respeito à guarda do filho. De igual forma, também foi a partir do referido diploma normativo que se reforçou a exigência de orientação técnico-profissional ou até mesmo de uma equipe interdisciplinar com o intuito de que o juiz pudesse determinar as atribuições de cada genitor, bem como os períodos de convivência em conformidade com a guarda compartilhada.

Uma das alternativas oriundas dessa cooperação interdisciplinar é o Estudo Psicossocial, meio de prova que possui como finalidade central analisar e avaliar o núcleo familiar no qual a família se insere, a fim de verificar se trata-se de ambiente favorável ao desenvolvimento da criança, assim como analisar se os seus pais estão aptos para trabalhar em conjunto em prol da concretização da guarda compartilhada.

Ainda que seja inegável a relevância do estudo psicossocial como meio de prova nas ações de guarda, o presente trabalho preocupou-se em verificar até que ponto, de fato, seria suficiente tal instrumento para concluir pela existência de condições favoráveis para a instauração da guarda compartilhada. Isto porque, no campo pragmático, o comportamento daqueles envolvidos no estudo a ser realizado é possível de ser ajustado para aquela ocasião específica, revelando-se de maneira distinta daquela apresentada no cotidiano, ou seja, há a probabilidade de o estudo psicossocial não absorver as nuances daquela estrutura familiar em que haverá o compartilhamento da guarda.

Neste sentido, o objetivo principal desta pesquisa consiste em verificar uma possível insuficiência do estudo psicossocial como meio de prova para determinar a guarda compartilhada mesmo em lares em litígio, tendo em vista a sua potencial incapacidade de apreender a integralidade da complexidade das relações familiares.

No primeiro capítulo deste trabalho houve uma preocupação em fornecer um breve panorama acerca da evolução do instituto da família e da guarda no Brasil, enquanto no segundo capítulo foi feita a distinção entre guarda compartilhada e guarda alternada, que tem gerado certa falta de clareza no plano prático do exercício do mencionado instituto. Em seguida, no terceiro capítulo, foi feita a análise do posicionamento do Superior Tribunal de Justiça a respeito, cabendo, por fim, ao quarto capítulo, a definição da relevância do estudo psicossocial e por quais razões ele possivelmente seria meio de prova insuficiente para determinação da guarda compartilhada mesmo em lares de alta beligerância.

2. BREVE PANORAMA DA EVOLUÇÃO DA FAMÍLIA E DA GUARDA NO BRASIL

Não é tarefa fácil apresentar um conceito preciso de "família", porquanto é fenômeno social que está sujeito às transformações sócio-históricas. Como bem nos esclarece Maria Berenice Dias (2021, p. 42), ainda que a união entre casais seja um fato natural, de forma que os sujeitos se unem através de uma química biológica, constitui a família um agrupamento informal, sendo, pois, uma formação espontânea no âmbito social que se estrutura através do Direito.

Este último, inclusive, tem sofrido positivas alterações no campo do Direito das Famílias ao longo dos anos, bastando ser feito seu cotejo com o Código Civil brasileiro de 1916, onde predominava a constituição da família única e exclusivamente através do casamento, sendo o homem o chefe da família em razão do patriarcalismo que imperava na época. Especificamente no que diz respeito ao instituto da guarda, este passou a ser regulada pelo sistema jurídico brasileiro a partir do Código Civil de 1916, o qual dispunha em seu art. 325 que a guarda seguiria o que fosse acordado entre os cônjuges no caso de desquite amigável. O art. 326 do mesmo diploma, por sua vez, dispunha que caso se tratasse de desquite judicial, a guarda caberia ao cônjuge inocente, mas se ambos fossem culpados, a mãe teria direito de conservar em sua companhia as filhas, enquanto menores, e os filhos até a idade de seis anos, pois os que completassem tal idade deveriam ser entregues à guarda do pai.

Com a edição da Lei 6.515 em 1977, os artigos 315 a 328 do Código Civil de 1916 foram revogados, muito embora o instituto da guarda previsto nos arts. 9º a 16 da supracitada lei continuasse regulamentando-a de maneira similar, mantendo a ideia de que o cônjuge inocente teria direito à guarda. Mas, foi incluída uma novidade: a depender do caso concreto, poderia o juiz decidir de maneira a observar o que fosse mais vantajoso para a criança.

Com a entrada em vigor do Código Civil de 2002, a redação original do art. 1.584 dispunha tão somente a respeito da guarda unilateral, ou seja, daquela que é atribuída apenas a um dos genitores. Contudo, através da Lei 11.698, de 2008, houve a alteração dos arts. 1.583 e 1.584 do referido diploma normativo para se instituir a possibilidade de guarda compartilhada (DA ROSA, 2023, p. 602). Ainda conforme a mencionada lei, o parágrafo segundo do art.1.584 afirmava que quando não houvesse acordo entre os genitores no que tange à guarda de seus filhos, a guarda compartilhada seria aplicada sempre que possível.

Esse modelo inserido na legislação brasileira, além de evidenciar a possibilidade de exercício conjunto do poder familiar, também trata da responsabilização mútua dos genitores que não vivam sob o mesmo teto em relação aos filhos comuns, o que sequer era visto no Código Civil de 1916. Mesmo assim, a guarda compartilhada ainda não era a regra no ordenamento jurídico brasileiro.

Ao longo do desenvolvimento do instituto sob estudo, o art. 1.584, § 2º, do Código Civil foi equivocadamente interpretado, visto que, supostamente, para que fosse estabelecido o compartilhamento da guarda de seus filhos, necessariamente um acordo entre os pais deveria ser firmado. Foi apenas com o advento da Lei 13.058, de 2014, que a guarda compartilhada passou a ser regra, passando o parágrafo segundo do art. 1.584 a dispor, então, que ainda que não houvesse acordo entre os pais, ou seja, mesmo diante da hipótese de conflito, e estando ambos os genitores aptos a exercer o poder familiar, seria a guarda compartilhada aplicada, salvo se um deles declarasse não ter interesse na guarda da criança.

Cumpre aqui esclarecer que, como guarda unilateral, se entende aquele regime em que apenas um dos genitores tomará todas as decisões relativas à vida da prole, enquanto o outro genitor tão somente irá dispor de um direito convivencial, arcando, também com o pagamento de pensão alimentícia (DA ROSA, 2023, p. 607). A propósito, em virtude da confusão existente entre guarda e convivência, deve-se aqui atentar para o fato de que, enquanto o primeiro estabelece o modo de gestão de vida da prole, o segundo dispõe sobre o tempo que cada genitor terá com seus filhos, havendo a necessidade de ser fixada não importa qual seja a modalidade de guarda (DA ROSA, 2023, p. 605).

Ainda que no campo prático continuem sendo encontradas diversas dificuldades para a concretização eficiente e saudável da guarda compartilhada, é indiscutível o benefício que o avanço deste instituto trouxe não apenas ao núcleo familiar como um todo, mas principalmente aos filhos, que constituem a preocupação central nas famílias em razão de serem seres humanos em desenvolvimento.

3. A DIFERENÇA ENTRE GUARDA COMPARTILHADA E GUARDA ALTERNADA

Quando se trata de relações familiares, o ordenamento jurídico brasileiro estabelece normas fundamentais que devem ser seguidas em cada âmbito de sua extensão. Com relação à guarda e cuidado para com as crianças, desde a promulgação da Lei 11.698, de 2008, a utilização da modalidade compartilhada deixou de ser aplicada eventualmente para se tornar a regra dessa ramificação, podendo ser conhecida também como guarda legal.

Com a alteração dos artigos 1.583 e 1.584 do Código Civil, conforme discutido no capítulo anterior, o legislador pretendeu criar um novo modelo de guarda, que mantivesse incólume os interesses do infante envolvido na separação de seus genitores. A seu respeito, Fabíola Lathrop Gómez (2008) esclarece que o exercício da guarda sempre foi realizado na modalidade compartilhada, diferenciando-se apenas na imposição do poder familiar quando da custódia dos filhos, tanto em situações de normalidade matrimonial como nos casos de ruptura.

Cumpre aqui destacar que consiste a guarda numa expressão do poder familiar, sendo que no ordenamento jurídico brasileiro ela determina o modo de gestão da vida dos filhos, especialmente em momento posterior à dissolução do matrimônio de seus genitores (ROSA, 2023, p. 601).

Nos termos da legislação civil brasileira, a guarda será compartilhada, reconhecida como "a responsabilização conjunta e o exercício de direitos e deveres do pai e da mãe que não vivam sob o mesmo teto, concernentes ao poder familiar dos filhos comuns" (art. 1.583, §1º, CC). É esta a modalidade de guarda que visa garantir a corresponsabilidade parental, para além de oferecer uma vinculação mais estrita e ampla participação de ambos os genitores na formação e educação dos filhos, levando tal participação à pluralização das responsabilidades, fixando uma "verdadeira democratização de sentimentos" (DIAS, 2021, p. 384).

Sendo assim, percebe-se que a principal finalidade da guarda compartilhada é possibilitar aos genitores a manutenção do vínculo afetivo mesmo após a ruptura da relação conjugal, dando continuidade aos laços que uniam pais e filhos anteriormente ao desenlace matrimonial. Para isto, os pais da criança devem estar completamente desarmados, exigindo-se, também, que mágoas e frustrações tenham sido postas para trás, e caso persistam, não sejam razão para alterar a modalidade de guarda que melhor atenda ao interesse de sua prole (DIAS, 2021, p. 385).

Nesse instituto, não deve existir disputa entre os genitores, já que deverão, de forma equilibrada e igualitária, exercer e fornecer o melhor aos seus filhos, uma vez que, necessariamente, para sua formação, a criança necessita de uma rotina moderada, pautada nos princípios que melhor regem seus interesses.

No campo prático, a convivência compartilhada é comumente confundida com a guarda alternada, modalidade esta que sequer é admitida no ordenamento jurídico brasileiro em virtude da alternância do poder de decisão, implicando uma sequência de guardas unilaterais, não se mostrando, pois, como a alternativa ideal para se resguardar os direitos das crianças e adolescentes (ROSA, 2023, p. 626).

A frequente troca de casas que estaria a criança submetida lhe traria prejuízos em relação ao seu equilíbrio, constituindo empecilho para que se alcançasse a estabilidade indispensável ao seu completo desenvolvimento (CARBONERA, 2000). Durante o período em que os filhos possuem pouca idade, tal situação pode gerar dificuldade de adaptação, e, posteriormente, quando atingirem idade em que venham a obter uma maior capacidade de discernimento, os filhos jovens podem aproveitar a constante troca de lares para fugir de certos conflitos com um dos genitores, ou até mesmo para obter aquilo que desejam (CARBONERA, 2000).

Em sentido contrário, há quem entenda que a guarda alternada pode ser benéfica para os filhos. De acordo com Evandro Luiz Silva[1], com a aplicação da guarda alternada "não haveria perda do referencial de lar, mas sim a criação de vínculos com dois lares, coisa perfeitamente possível", destacando, ainda, a relevância da manutenção da conexão existente com os genitores, não significando que seja necessário conservar vínculos com a residência, argumentando para tal que as crianças possuem maior capacidade de adaptação. Já segundo Waldyr Grisard Filho[2], a residência única mantém o referencial de lar existente antes da ruptura dos pais, e é isso que se procura manter na guarda compartilhada, já que o que se busca é o menor número possível de mudanças na rotina da prole. O que ocorre é que o filho deve passar um período com cada um dos genitores, sem que isso seja previamente fixado e, mesmo assim, a residência de referência continua sendo uma só.

No momento da atribuição da guarda dos filhos a um dos genitores ou a ambos, sempre é imprescindível a apreciação dos elementos do caso concreto em razão da singularidade existente nas relações familiares. Desse modo, somente por meio do exame da situação que se apresenta é que o juiz poderá considerar qual dos moldes de guarda será o mais adequado às exigências da família e corresponderá aos interesses das crianças ou adolescentes envolvidos.

Conforme comumente discutido no ordenamento jurídico, a guarda, modalidade que se amoldará ao convívio familiar, deverá ser fixada e pautada em diversos requisitos, atendendo-se principalmente ao melhor interesse da criança.

Abaixo demonstraremos o posicionamento do Superior Tribunal de Justiça quando existentes litígios familiares e o quanto tal questão impacta na decisão a ser tomada por aquele que resguarda o interesse do infante.

---

1. SILVA, Evandro Luiz Silva. Guarda de filhos: aspectos psicológicos. In: Associação de Pais e Mães Separados (Org.). Editora Equilíbrio. *Guarda Compartilhada*: aspectos jurídicos e psicológicos. Porto Alegre, 2005.
2. GRISARD FILHO, Waldyr. *Guarda compartilhada*: um novo modelo de responsabilidade parental. 4 ed. Revista, atualizada e ampliada. São Paulo: Ed. RT, 2009.

4. O SUPERIOR TRIBUNAL DE JUSTIÇA E A FIXAÇÃO DA GUARDA COMPARTILHADA EM LARES EM LITÍGIO

Quando a ruptura da vida em comum de um casal se dá em meio a ressentimentos sobrepostos, a guarda dos filhos surge como questão central, sendo comum o conflito de interesses, muitas vezes, em detrimento do melhor interesse da criança e adolescente, tornando-se um ponto de tensão potencializado. O litígio existente não é o responsável por impedir a guarda compartilhada, mas sim o empenho dos envolvidos em litigar, conduta que impossibilita, de maneira gradual, o diálogo, situação essa que deve ser impedida, pois na presença do litígio, não será conveniente ou adequada nenhuma modalidade de guarda existente (GRISARD FILHO, 2009).

Desde que a Lei 13.058/14 entrou em vigor, a guarda compartilhada tornou-se primazia, sendo, por muitos juristas, considerada a que melhor atende aos interesses das crianças e adolescentes na promoção da convivência familiar, assim como a participação ativa e efetiva de ambos os genitores, permitindo a adoção de uma postura de maior responsabilidade e comprometimento diante das necessidades a eles inerentes.

Dispõe a legislação o seguinte:

Art. 1.583, Código Civil:

"A guarda será unilateral ou compartilhada.

§ 1º. Compreende-se por guarda unilateral a atribuída a um só dos genitores ou a alguém que o substitua (art. 1.584, § 5o) e, por guarda compartilhada a responsabilização conjunta e o exercício de direitos e deveres do pai e da mãe que não vivam sob o mesmo teto, concernentes ao poder familiar dos filhos comuns..."

Art. 1.584, Código Civil:

"A guarda, unilateral ou compartilhada, poderá ser:

[...]

§ 2º. Quando não houver acordo entre a mãe e o pai quanto à guarda do filho, será aplicada, sempre que possível, a guarda compartilhada."

Ao se debruçar sobre esses textos normativos, o STJ concluiu que o termo "será", contido no supratranscrito § 2º do art. 1.584 do CC, não deixa margem a debates periféricos, fixando a presunção relativa de que o instituto da guarda compartilhada é a regra, e apenas duas condições podem impedir sua aplicação obrigatória, a saber: a) a inexistência de interesse de um dos cônjuges; e b) a incapacidade de um dos genitores de exercer o poder familiar em situações que evidenciam a absoluta inaptidão para o exercício da guarda e, para isso, o estudo psicossocial norteia a decretação judicial[3].

---

3. REsp 1.877.358 - SP, DJe de 06.05.21.

Ao que parece, há muito tempo deixou o julgador de obedecer apenas ao "regramento", para se afeiçoar ao disposto no processo quanto à fixação da guarda da criança. Isto porque é clara a legislação ao dispor que mesmo não havendo consenso, "sempre que possível" a guarda será a compartilhada.

Observa-se do dito acima que, sendo o juiz um dos destinatários das provas produzidas nos autos, será dele a percepção do melhor interesse da criança, ainda que haja litígio, e é nesse sentido que o STJ consolidou seu entendimento. Vejamos a seguinte ementa do Recurso Especial 1.707.499/DF:

> Recurso especial. Civil e processual civil. Família. Guarda compartilhada. Consenso. Desnecessidade. Melhor interesse do menor. Implementação. Impossibilidade. Súmula 7/STJ. 1. A implementação da guarda compartilhada não se sujeita à transigência dos genitores. 2. As peculiaridades do caso concreto inviabilizam a implementação da guarda compartilhada diante do princípio do melhor interesse do menor. 3. A verificação da procedência dos argumentos expendidos no recurso especial exigiria, por parte desta Corte, o reexame de matéria fática, procedimento vedado pela Súmula 7/STJ. 4. Recurso especial não provido.

Como bem reiterado nos entendimentos prolatados no âmbito do Superior Tribunal de Justiça, a inviabilidade da guarda compartilhada, por ausência de consenso, faria prevalecer o exercício de uma potestade inexistente por um dos pais. E se diz inexistente, porque contrária ao escopo do Poder Familiar que existe para a proteção da prole.

É preciso que se enfatize que o desentendimento entre os ascendentes não justifica a alteração da guarda legalmente estipulada, uma vez que a única hipótese em que o compartilhamento é peremptoriamente afastado é aquele em que um dos pais não deseje exercer ele próprio a guarda do menor, nos termos do § 2º do art. 1.584 do CC/2002.

Embora o posicionamento do STJ reverbere que não há briga entre os genitores que impeça o exercício do compartilhamento da guarda, existe um grande dissenso jurisprudencial quando da efetiva fixação nas famílias em litígio, prevalecendo a modalidade unilateral quando não há diálogo. É firmado neste dissenso que o cerne principal deste artigo se amolda, pois entendemos, respeitosamente, que o magistrado não poderá considerar apenas o estudo psicossocial para exarar seu posicionamento final já que sua utilização, sem maiores provas, não se torna suficiente.

5. O ESTUDO PSICOSSOCIAL COMO MEIO DE PROVA NAS AÇÕES DE GUARDA

O estudo psicossocial é um documento confeccionado por técnicos que fazem parte de um Setor Psicossocial, setor este que tem como objetivo auxiliar magistrados na solução de demandas judiciais, como por exemplo, em casos de ações que tenham como objeto a fixação de guarda. Na elaboração desse estudo, é necessário que os profissionais responsáveis o executem baseados em suas atribuições, com obediência ao Código de Ética Profissional e às especialidades de suas áreas de conhecimento, a fim de obter uma elaboração satisfatória do documento. Tal documento irá funcionar para os magistrados, através de relatório detalhado acerca das situações em que crianças e adolescentes estão envolvidos, como um norte para as decisões judiciais, disponibilizando uma perspectiva que pode reduzir danos e sofrimento na lide, contribuindo os técnicos de forma positiva junto às ações de guarda, pois os magistrados podem ter suas convicções acrescidas, certificando-se que o adolescente e a criança terão suas necessidades, na medida do possível, atendidas. Ademais, tais relatórios são capazes de trazer ao processo judicial a realidade do âmbito familiar, oferecendo subsídios e relevantes informações a fim de garantir a efetividade do princípio da proteção integral às crianças e aos adolescentes.

Vale destacar que, na área do Direito, notadamente em relação às provas a serem produzidas em uma demanda judicial, são admitidos tanto a prova oral quanto a prova documental e pericial, das quais fazem parte laudos técnicos, perícias, testemunhas, atas notariais, inspeção judicial, documentos diversos, depoimentos pessoais etc. Nesse sentido, o estudo psicossocial é entendido como uma prova pericial, tendo em vista que, de acordo com o artigo 464, do CPC, a prova pericial consiste em exame, vistoria ou avaliação por meio de profissional capacitado na área em que se deseja o esclarecimento técnico.

A natureza probatória do estudo psicossocial parece não encontrar questionamentos doutrinários, sendo que o entendimento dos Tribunais pátrios dá mostras de o considerar uma prova pericial ou um estudo que auxilia o magistrado a decidir a demanda judicial de forma mais honesta. O Superior Tribunal de Justiça, por exemplo, quando do julgamento do REsp 1.674.207/PR (DJe de 24.04.18), afirmou que o estudo psicossocial é uma perícia indispensável à solução de algumas controvérsias, como por exemplo em processos de guarda, bem como afirmou que, em casos essenciais, a sua não realização estabelece uma afronta ao princípio do contraditório e da ampla defesa. Ao que parece, a Corte tem entendido que, quando se trata do interesse de menores, a responsabilidade do julgador é redobrada: é a vida da criança que está para ser decidida e para uma criança, muitas vezes, um simples gesto implica causar-lhe um trauma tão profundo, que se refletirá por toda a sua vida adulta[4].

Pelo princípio da proteção integral das crianças e dos adolescentes, pode-se compreender, além dos direitos que são conferidos aos adultos, que estes indivíduos irão dispor de uma maximização de suas prerrogativas, o que encontra a sua

---

4. STJ, AgRg no AI 1.121.907/SP. Relator: Min. Sidnei Beneti. Rel. p/ Acórdão: Ministra Nancy Andrighi, 3ª T., DJe de 03.06.09.

expressão através da completa e indisponível proteção estatal para que lhe seja garantida, ao menos em sua fase de desenvolvimento, uma vida digna e próspera (NUCCI, 2017, p. 6).

Para a fixação da guarda o legislador não só deixou ditames preestabelecidos, como também estabeleceu o rito a ser atendido pelo magistrado quando da impossibilidade de ser a decisão imediatamente proferida, ou seja, quando a instrução probatória é quem vai "fechar" o pensamento anteriormente iniciado. É o que se depreende do mesmo art. 1.584, § 3º do CC:

> § 3º Para estabelecer as atribuições do pai e da mãe e os períodos de convivência sob guarda compartilhada, o juiz, de ofício ou a requerimento do Ministério Público, poderá basear-se em orientação técnico-profissional ou de equipe interdisciplinar, que deverá visar à divisão equilibrada do tempo com o pai e com a mãe.

Embora o laudo psicossocial tenha grande peso no momento da decisão do julgador, questiona-se neste trabalho até que ponto tal prova deverá ser utilizada, e se poderá ser considerada unicamente como meio eficaz para definição do modelo de guarda a ser exercido em núcleos familiares que estão em conflito. Isto porque, frequentemente, nas ações de famílias nos deparamos com sentimentos maiores do que os que inicialmente deveriam prevalecer, ou seja, ao revés de observarmos amor à prole e necessidade de proteção dos filhos, vemos rancor, ódio e desejo de vingança, sendo neste momento que a criança se tem por "abandonada e/ou utilizada contra o outro". Com isso, o princípio do melhor interesse da criança poderia restar sacrificado pela intensidade de litígio entre os genitores. Afinal, será que o genitor guardião, munido do maior espaço de tempo na companhia da criança, sabedor da perícia designada e ávido pela "vingança", não poderia se utilizar do tempo predefinido para manipular a prova designada? Seria a fase de elaboração do laudo psicossocial o momento ideal para produção de uma prova "montada" apenas com intuito de satisfação pessoal do guardião que insiste na mágoa?

A par de tais sugestões e questionamentos, parece claro que o Magistrado, ao ponderar a realização das provas e sopesar a sua distribuição, deverá se ater a todo conjunto produzido nos autos, inclusive promovendo a escuta atenta e detalhada da criança, não se restringindo tão somente ao litígio evidenciado no processo e ao laudo psicossocial.

Em que pese o Superior Tribunal de Justiça ter fixado o entendimento de que a guarda compartilhada deve ser aplicada mesmo quando estivermos diante de um lar onde impera o conflito, a presente pesquisa, com todo o respeito, não adere a este entendimento. Isto porque, mesmo que se tenha o cuidado de se atribuir a uma equipe multidisciplinar a realização do estudo psicossocial, corre-se o risco de a criança passar despercebida por seus genitores, pelo Judiciário e até mesmo pelos profissionais responsáveis pelo seu acompanhamento em virtude da beligerância presente entre os genitores na seara judicial (JOHNSTON et al., 2009).

Noutro norte, a própria judicialização, por ser baseada em pontos de vista antagônicos entre si, contribui para a exteriorização do litígio, inclusive intensificando-o em dados momentos da lide, por ocupar-se de questões sensíveis aos genitores como guarda, visita dos filhos e questões financeiras (SANTOS, 2015, p. 71).

Conforme expressa Rolf Madaleno (2021), é fundamental para a guarda compartilhada que os pais demonstrem a sua capacidade de cooperar com sensatez e de forma significativa com os assuntos pertinentes à criação do filho, mostrando concretamente a habilidade de se comunicarem de forma eficaz e um sincero compromisso para pronta solução dos desarranjos familiares que sempre surgem entre pais e filhos, pois estes são fatores essenciais para o sucesso da guarda compartilhada.

Como possíveis soluções a serem aplicadas para o problema ora investigado, a presente pesquisa sugere que sejam oferecidos cursos para os magistrados acerca do processo da escuta da criança e do adolescente, para que os julgadores possam, para além de ouvir a criança, ler as suas expressões e comportamentos, que podem - e muito - transparecer para além do que constou no estudo psicossocial. Outra medida plausível consiste no oferecimento de cursos de capacitação para as Equipe Multidisciplinares, como o aprofundamento dos conhecimentos, possibilitando que estes profissionais entreguem laudos cada vez mais condizentes com a verdadeira realidade dos sujeitos envolvidos nas esferas da vida das crianças.

6. CONSIDERAÇÕES FINAIS

O estudo psicossocial, prova pericial utilizada nas ações de família, contribui de forma positiva para o conjunto probatório por estar além do campo do Direito, o qual é incapaz de apreender os contornos sociais e psicológicos dos núcleos familiares.

Buscou-se verificar, por outro lado, se este meio de prova seria suficiente para captar a profundidade dos sentimentos e o histórico muitas vezes complexo das famílias sujeitas aos processos de guarda, que nada mais é que a forma que os genitores passarão a gerir a vida de seus filhos após o divórcio. Foi exposto, ainda, o entendimento do Superior Tribunal de Justiça acerca da fixação da guarda compartilhada mesmo quando há a presença da beligerância entre os genitores, entendimento este que, conforme esclarecido, vai de encontro à tese oferecida por esta pesquisa.

Ainda que muitos doutrinadores, como Conrado Paulino da Rosa (2023, p. 617), por exemplo, acreditem que o ambiente de conflito seria um campo propício para a gerência de conflitos e que o litígio não seria obstáculo para a fixação da guarda compartilhada, a longo prazo, para as crianças envolvidas, acreditamos que os impactos possam ser incontáveis. Isto porque, quando estamos falando de um relacionamento entre os genitores que seja destrutivo e conflituoso, os filhos podem vir a serem colocados na posição de intermediadores do conflito, gerando uma sobrecarga emocional que pode acarretar prejuízos para o seu desenvolvimento de forma saudável (SANTOS, 2015, p. 81). Para além disso, os filhos podem vir a se comportar de diversas maneiras quando do divórcio de seus genitores, sendo que, em não raras vezes, são colocados como cuidadores e confidentes de seus pais ou daquele genitor que se encontra mais abalado emocionalmente, o que inevitavelmente lhes confere responsabilidades que estão acima de suas capacidades e compreensão (SANTOS, 2015, p. 82).

O estudo psicossocial pode ser insuficiente para apreender os reais contornos familiares da vida da criança, seja pelo papel de intermediador ou cuidador dos genitores, colocando a criança em uma posição durante a avaliação em que venha a se portar de maneira distinta, ou até mesmo pela realização do estudo psicossocial, levando apenas em consideração uma das esferas da vida da criança. Aliado a tais questões, temos, ainda, a atuação do próprio técnico que irá realizar a avaliação, tendo em vista que o parecer a ser elaborado dificilmente irá se desvincular por completo da opinião pessoal do profissional, embora seja salvaguardado pelo conhecimento adquirido, o que pode acarretar um parecer com níveis de parcialidade, oferecendo tão somente uma verdade aparente.

O profissional encarregado de elaborar o estudo a ser utilizado como meio de prova deve valorizar a criança, mas sem desconsiderar a família e o meio no qual está inserida, permitindo que ela participe de todo o processo utilizando sua argumentação e refletindo e decidindo em conjunto, a fim de que deixe de ser invisível nas ações (COSTA E MIRAGEM, 2012).

Portanto, ainda que o estudo psicossocial seja prova relevante e essencial nas ações de guarda, parece não ser suficiente para compreender, não pelo menos com o cuidado que se deveria imperar, a complexidade que permeia as relações familiares, as quais, inclusive, tendem a se tornar mais conflituosas quando inseridas no âmbito judicial, conduzindo os sujeitos envolvidos a se portarem de maneira distinta da qual se portam no "mundo real".

Não pretendeu o presente trabalho esgotar a questão ora investigada, sugerindo-se aqui, portanto, que eventuais pesquisas relativas ao comportamento das crianças frente ao processo de divórcio de seus pais seriam essenciais para se ter uma visão mais precisa do papel do estudo psicossocial como meio de prova nas ações de família. Noutro giro, sugere-se, de igual forma, pesquisa acerca da relevância do posicionamento do advogado em relação à beligerância existente entre os genitores, com o intuito de não estimular os conflitos existentes.

7. REFERÊNCIAS

CARBONERA, Silvana Maria. *Guarda de filhos na família constitucionalizada*. Porto Alegre: Sergio Antonio Fabris Editor, 2000.

COSTA, A. P. M., & Miragem, F. B. (2012). A escuta e a participação de crianças e adolescentes em tomadas de decisão e o princípio do melhor interesse. In: M. M. M. Costa, M. C. H. Leal, R. G. Leal, & J. R. dos Reis (Eds.). *As políticas públicas no constitucionalismo contemporâneo*. Santa Cruz do Sul/RS: EDUNISC. (pp. 682-692) (tomo 4). Recuperado de http://redenep.unisc.br/portal/upload/com_editora_livro/1364238825.pdf#page=22.

DIAS, Maria Berenice. *Manual de Direito das Famílias*. Salvador: Editora JusPodivm, 2021.

GOMÉZ, Fabiola Lathrop. *Custodia compartida de los hijos*. Madrid: La Ley, 2008.

GRISARD FILHO, Waldyr. *Guarda Compartilhada*: um novo modelo de responsabilidade parental. 4 ed. Revista, atualizada e ampliada. São Paulo: Ed. RT, 2009.

JOHNSTON, J. R.; ROSEBY, V., & KUEHNLE, K. (2009). *In the name of the child*: A developmental approach to understanding and helping children of conflicted and violent divorce. (2nd ed.). New York: Springer Publishing Company.

MADALENO, Rolf. *Manual de Direito de Família*. Grupo GEN, 2021. E-book. ISBN 9786559642489. Disponível em: https://app.minhabiblioteca.com.br/#/books/9786559642489/. Acesso em: 21 ago. 2023.

NUCCI, Guilherme de Souza. *Estatuto da Criança e do Adolescente comentado*: em busca da Constituição Federal das crianças e dos adolescentes. 3. ed. rev., atual. e ampl. Rio de Janeiro: Forense, 2017.

ROSA, Conrado Paulino da. *Direito de família contemporâneo*. 10. ed. rev., atul. e ampl. São Paulo: JusPodivm, 2023.

SILVA, Evandro Luiz Silva. Guarda de filhos: aspectos psicológicos. In: Associação de Pais e Mães Separados (Org.). *Guarda compartilhada*: aspectos jurídicos e psicológicos. Editora Equilíbrio. Porto Alegre, 2005.

VIOLÊNCIA PROCESSUAL NO DIREITO DAS FAMÍLIAS

Anelise Arnold

Especialista no Direito das Famílias e Sucessões. Membro do Instituto Brasileiro de Direito de Família – IBDFAM. Pós-graduada pela Pontifícia Universidade Católica de São Paulo em Direito das Famílias e Sucessões. Curso de Aperfeiçoamento de Contratos pela Universidade de Coimbra – Portugal. Conciliadora, Mediadora e Arbitra pelo Instituto dos Advogados de São Paulo. Pós-graduanda em Direito Processual das Famílias e das Sucessões pela Faculdade Atame/DF. Advogada.

Betina Kasper Glasser

Mestre em Direito Civil pela Universidade Federal do Rio Grande do Sul (UFRGS). Membro da Comissão de Direito de Família e Sucessões da OAB/RS. Pós-graduanda em Direito Processual das Famílias e Sucessões pela Faculdade Atame/DF. Advogada.

Sumário: 1. Introdução – 2. Origem do tema e sua diferenciação de outras violências existentes – 3. Descrição da prática de violência processual – como geralmente se manifesta nos processos – 4. Como combater a violência processual – o que fazer, como evitar (instrumentos e debates) – 5. Conclusão – 6. Referências.

1. INTRODUÇÃO

O Código de Processo Civil traz em seu art. 5º, como norma fundamental, a boa-fé como norteadora das relações mantidas por todos aqueles que, de qualquer forma, participem do processo. Na prática, no entanto, nem sempre é isso que acontece, sendo recorrente verificar condutas que vão de encontro à boa-fé e a seus deveres anexos.

Ainda que relativamente recente e pouco abordado pela doutrina e jurisprudência pátrias, o tema da violência processual parece ter aportado aos tribunais, em um primeiro momento, como a violência processual de gênero, voltada ao ataque da dignidade processual da mulher, somando-se ao cenário das já conhecidas e disseminadas violências suportadas pelas mulheres. Não tardou para que essa "nova" modalidade de violência fosse reconhecida em julgamentos proferidos pelo Supremo Tribunal Federal e pelo Superior Tribunal de Justiça em casos em que advogados e partes proferiram ofensas à dignidade das mulheres, eventualmente levando o Supremo Tribunal Federal à declaração de inconstitucionalidade de sustentação da tese da "legítima defesa da honra" em crimes de feminicídio ou de agressão contra mulheres[1].

No entanto, o objetivo deste artigo é ir além desta violência de gênero e trazer luz para a própria violência processual no Direito das Famílias, sendo ela praticada por e/ou contra homens e/ou mulheres. Nesse contexto, um dos propósitos deste artigo é questionar, justamente, se a violência processual se enquadra somente numa perspectiva de gênero ou se pode ser analisada diante de todo o contexto beligerante processual.

A relevância e atualidade do tema se justificam porque nas Ações de Família costuma existir muita beligerância entre as partes: um matrimônio que se dissolve, uma relação afetiva que deixa de existir, um patrimônio a ser partilhado e, ainda, aquela que talvez seja a mais complexa das questões: a criação e convivência com os filhos e administração e pagamento de alimentos.

É provável que o ponto crucial nos processos que envolvam direitos de famílias seja entender que ali se discutem questões que vão além do exercício de poder de uma parte sobre a outra em uma relação que se esgotou e se encerrou, já que também se debatem questões intimamente ligadas aos egos dos litigantes. Em razão disso, as ações de família muitas vezes se tornam extremamente beligerantes, fazendo com que medidas sejam adotadas não só com o intuito de se ganhar a ação, mas de se afetar a outra parte ou pessoas a ela relacionadas, seja prolongando-se o processo, seja proferindo-se palavras de ódio ou que ferem a sua dignidade. E, aqui, se encontra o cerne deste artigo: entender, afinal, o que é a violência processual e qual o seu alcance.

Para tanto, pretende-se apresentar ao leitor, inicialmente, a origem da ideia de violência processual, a sua conceituação e distinção da violência processual de gênero, da violência institucional e do *lawfare*, para, na sequência, ser apresentada a forma como geralmente ocorre a violência processual na prática forense e os meios existentes para o seu combate.

2. ORIGEM DO TEMA E SUA DIFERENCIAÇÃO DE OUTRAS VIOLÊNCIAS EXISTENTES

A origem do tema, segundo Thimotie Aragon Heeman[2], remete ao julgamento proferido pelo Superior Tribunal de Justiça no Recurso Especial

---

1. ADPF 779/DF, j. em 1º.08.23.
2. HEEMAN, Thimotie Aragon. *Violência processual contra a mulher*: conceito e formas de combate: Uma construção teórica a partir de sinais exteriorizados pelos Tribunais Superiores. Disponível em: <https://www.jota.info/opiniao-e-analise/colunas/direito-dos-grupos-vulneraveis/violencia-processual-contra-a-mulher-conceito-e-formas-de-combate-26062023>. Acesso em: 17 de ago. 2023.

1.761.369/SP[3], de relatoria do Ministro Moura Ribeiro, e de relatoria para acórdão da Ministra Nancy Andrighi. O caso tratava de uma ação de reparação de danos ofertada pelo filho e autor de ação de investigação de paternidade contra suposto pai, na qual, ao apresentar defesa, o advogado deste proferiu ofensas à mãe (já falecida) daquele, chamando-a de prostituta e afirmando que ela havia mantido relações sexuais com inúmeras pessoas. A ação foi julgada improcedente em primeiro grau e, em sede de recurso de apelação, o Tribunal de Justiça de São Paulo entendeu que o advogado agiu dentro dos limites legais do exercício da defesa e que a inviolabilidade de seus atos e manifestações estava abarcada pelos limites do Estatuto da Advocacia e a Ordem dos Advogados do Brasil, em especial, pelo art. 7º, § 2º[4]. No julgamento do Recurso Especial, por maioria de votos, foi dado provimento ao recurso, sob a seguinte ementa, abaixo parcialmente transcrita:

> Civil. Processual civil. Ação de reparação de danos morais. Ofensas desferidas pelo advogado contra a mãe do autor em ação investigatória de paternidade preteritamente julgada procedente. Afirmação de que a mãe seria prostituta e teria mantido relações sexuais com inúmeras pessoas. Argumentação jurídica irrelevante e dissociada da defesa técnica. Ações de família que versam sobre vínculos biológicos que se desenvolvem, há mais de três décadas, com ênfase na prova técnica consubstanciada no exame de DNA. Absoluta irrelevância de elementos morais ou de conduta das partes. Dever do advogado de filtrar as informações recebidas de seu cliente, sob pena de responsabilização civil. Imunidade profissional que não é absoluta e não contempla ofensas desferidas em juízo contra a parte adversária, sobretudo quando irrelevantes à controvérsia e não comprovadas. Ausência de condenação criminal dos réus. Irrelevância. Independência entre as justiças cível e penal. Fato danoso que é incontroverso. Ofensas apenas desferidas em peças escritas em processo sob segredo de justiça. Irrelevância para a configuração do dano. Objetivo de desqualificação da mãe do autor atingido. Circulação dos autos restrita, mas existente. Relevância somente para a quantificação do dano. Responsabilização exclusiva do advogado. Regra geral excepcionada pela existência de culpa in eligendo ou assentimento às manifestações escritas pelos demais réus. (STJ – REsp: 1.761.369/SP, 3ª Turma, DJe de 22/06/2022).

Segundo o referido professor Thimotie Aragon Heeman[5], o Supremo Tribunal Federal seguiu a mesma linha do Superior Tribunal de Justiça, no julgamento da referida Arguição de Descumprimento de Preceito Fundamental n. 779[6], firmando o entendimento de que a tese da legítima defesa da honra é inconstitucional

---

3. STJ, REsp 1.761.369/SP, Rel. Min. Moura Ribeiro, Rel. para acórdão Min. Nancy Andrighi, Terceira Turma, j. em 07/06/2022.
4. Lei 8.906/94, art. 7º: "São direitos do advogado: § 2º O advogado tem imunidade profissional, não constituindo injúria, difamação ou desacato puníveis qualquer manifestação de sua parte, no exercício de sua atividade, em juízo ou fora dele, sem prejuízo das sanções disciplinares perante a OAB, pelos excessos que cometer." É necessário esclarecer que referido parágrafo foi revogado pela Lei 14.365/22.
5. Op. cit.
6. ADPF 779 MC-Ref. Rel. Min. Dias Toffoli, Tribunal Pleno, julgado em 15/03/2021.

e contraria os princípios constitucionais da dignidade da pessoa humana (art. 1º, III, da CF), da proteção à vida e da igualdade de gênero (art. 5º, *caput*, da CF).

De ambos os casos que deram origem ao debate da violência processual de gênero, extrai-se que os limites impostos pelo judiciário foram aplicados no sentido de zelar pela dignidade das mulheres, sendo que, em um deles, a conduta foi praticada justamente em caso envolvendo questões familiares.

No âmbito penal e processual penal, a questão da violência processual foi introduzida quando a Lei 14.245/2021, denominada Lei Mariana Ferrer, alterou os Códigos Penal e de Processo Penal, e a Lei 9.099/1995, promovendo, por exemplo, a inserção do parágrafo único ao art. 344[7] do primeiro e os arts. 400-A[8] e 474-A[9] ao segundo, buscando zelar pela dignidade e integridade física e psicológica da vítima.[10]

De sua parte, a Lei 11.340/2006, nacionalmente conhecida como a Lei Maria da Penha, elenca no art. 7º[11], as formas de violência doméstica e familiar contra

---

7. "Art. 344 – Usar de violência ou grave ameaça, com o fim de favorecer interesse próprio ou alheio, contra autoridade, parte, ou qualquer outra pessoa que funciona ou é chamada a intervir em processo judicial, policial ou administrativo, ou em juízo arbitral: Pena – reclusão, de um a quatro anos, e multa, além da pena correspondente à violência. Parágrafo único. A pena aumenta-se de 1/3 (um terço) até a metade se o processo envolver crime contra a dignidade sexual."

8. "Art. 400-A. Na audiência de instrução e julgamento, e, em especial, nas que apurem crimes contra a dignidade sexual, todas as partes e demais sujeitos processuais presentes no ato deverão zelar pela integridade física e psicológica da vítima, sob pena de responsabilização civil, penal e administrativa, cabendo ao juiz garantir o cumprimento do disposto neste artigo, vedadas: I – a manifestação sobre circunstâncias ou elementos alheios aos fatos objeto de apuração nos autos; II – a utilização de linguagem, de informações ou de material que ofendam a dignidade da vítima ou de testemunhas."

9. Art. 474-A. Durante a instrução em plenário, todas as partes e demais sujeitos processuais presentes no ato deverão respeitar a dignidade da vítima, sob pena de responsabilização civil, penal e administrativa, cabendo ao juiz presidente garantir o cumprimento do disposto neste artigo, vedadas:
   I – a manifestação sobre circunstâncias ou elementos alheios aos fatos objeto de apuração nos autos;
   II – a utilização de linguagem, de informações ou de material que ofendam a dignidade da vítima ou de testemunhas.

10. ALBECHE, Thiago Solon Gonçalves. *Violência processual e a Lei 14.245/2021*. Disponível em: <https://meusitejuridico.editorajuspodivm.com.br/2021/11/24/violencia-processual-e-lei-14-2452021/>. Acesso em: 19 ago. 2023.

11. Lei 11.340/06: "Art. 7º São formas de violência doméstica e familiar contra a mulher, entre outras: I – a violência física, entendida como qualquer conduta que ofenda sua integridade ou saúde corporal; II – a violência psicológica, entendida como qualquer conduta que lhe cause dano emocional e diminuição da autoestima ou que lhe prejudique e perturbe o pleno desenvolvimento ou que vise degradar ou controlar suas ações, comportamentos, crenças e decisões, mediante ameaça, constrangimento, humilhação, manipulação, isolamento, vigilância constante, perseguição contumaz, insulto, chantagem, violação de sua intimidade, ridicularização, exploração e limitação do direito de ir e vir ou qualquer outro meio que lhe cause prejuízo à saúde psicológica e à autodeterminação; III – a violência sexual, entendida como qualquer conduta que a constranja a presenciar, a manter ou a participar de relação sexual não desejada, mediante intimidação, ameaça, coação ou uso da força; que a induza a comercializar ou a utilizar, de qualquer modo, a sua sexualidade, que a impeça de usar qualquer método contraceptivo ou que a force ao matrimônio, à gravidez, ao aborto ou à prostituição, mediante coação, chantagem, suborno ou manipulação; ou que limite ou anule o exercício de seus direitos sexuais e reprodutivos;

a mulher, sendo elas, a violência física (inciso I), a violência psicológica (inciso II), a violência sexual (inciso III), a violência patrimonial (inciso IV), e a violência moral (inciso V), sendo esta última, entendida como qualquer conduta que configure calúnia, difamação ou injúria.

A ausência de previsão da violência processual pelo art. 7º da referida Lei demonstra, por si só, que o rol por ele previsto não é exaustivo, incrementando-se o debate em torno deste "novo" conceito.[12]

Segundo o há pouco mencionado professor Thimotie Aragon Heemann, o conceito de violência processual de gênero consubstancia-se em

> "todo e qualquer ato praticado no bojo de um processo judicial e em decorrência do exercício do direito constitucional de ação, que resulte em discriminação de gênero em razão da condição de mulher, excepcionados àqueles caracterizadores de violência institucional".[13]

Já as autoras Julia Torres Kerr Pinheiro e Natasha Feighelstein Velasco[14], referindo-se especificamente à violência de gênero, mencionam que não são raras as vezes em que a prática do Direito deixa de observar a erudição, a legalidade, o formalismo e a hermenêutica jurídica, para dar lugar a uma "baixaria" dos processos de família perpetrada contra a mulher.

Como se nota, a violência processual de gênero à qual se referem os autores citados se consubstancia por meio de práticas processuais que resultem em discriminação de gênero. As práticas de violência processual podem ser, no entanto, não apenas discriminatórias em relação ao gênero, mas podem ser também praticadas contra a parte adversa ou pessoas a ela relacionadas, pelo simples fato de ela ser a "parte adversa". Tais práticas podem, muitas vezes, além de intimidar, visar não apenas atingir à dignidade da pessoa que se encontra do outro lado do processo, mas também desestabilizá-la emocionalmente.

IV – a violência patrimonial, entendida como qualquer conduta que configure retenção, subtração, destruição parcial ou total de seus objetos, instrumentos de trabalho, documentos pessoais, bens, valores e direitos ou recursos econômicos, incluindo os destinados a satisfazer suas necessidades; V – a violência moral, entendida como qualquer conduta que configure calúnia, difamação ou injúria."

12. Como menciona Thimotie Aragon Heeman, ao se referir à existência de outros tipos de violência contra a mulher, tais como a violência obstétrica, vilência política e violência institucional (Violência processual contra a mulher: conceito e formas de combate: Uma construção teórica a partir de sinais exteriorizados pelos Tribunais Superiores. Disponível em: <https://meusitejuridico.editorajuspodivm.com.br/2021/11/24/violencia-processual-e-lei-14-2452021/>. Acesso em: 19 ago. 2023).

13. HEEMAN, Thimotie Aragon. *Violência processual contra a mulher*: conceito e formas de combate: uma construção teórica a partir de sinais exteriorizados pelos Tribunais Superiores. Disponível em: <https://meusitejuridico.editorajuspodivm.com.br/2021/11/24/violencia-processual-e-lei-14-2452021/>. Acesso em: 19 ago. 2023.

14. PINHEIRO, Julia Torres Kerr. VELASCO, Natasha Feighelstein. Violência processual contra a mulher. In: MARQUES, Luciana. CRUZ, Cristiana. MARQUES, Raphaella (Coord.). *Seleção de artigos jurídicos ABA-RJ*. 4. ed. Rio de Janeiro: Processo, 2023. p. 353.

Como o tema é relativamente recente e os poucos estudos que tratam do assunto – ao menos os que fizeram parte da literatura consultada – dão ênfase à violência de gênero, torna-se difícil a tarefa de se conceituar a violência processual. Da pesquisa realizada, entretanto, talvez possa ser afirmado que a violência processual caracteriza-se, pelo menos, pelas práticas decorrentes de uma exposição da vida privada da outra parte, do protocolo de diversas petições com o nítido objetivo de delongar o trâmite processual ou que possam gerar tumulto processual, da interposição de diversos recursos protelatórios, do atraso reiterado e proposital no pagamento de alimentos e do descumprimento de decisões judiciais, em especial, daquelas versando sobre o estabelecimento da guarda e manutenção da convivência com os filhos.[15]

De nossa parte, preferimos conceituar a violência processual como os atos processuais praticados com intuito protelatório, predatório, intimidatório e voltados a acarretar danos à integridade e dignidade da parte adversa ou de qualquer pessoa que participe do processo, a qual, além de poder sofrer abalos emocionais, também pode sofrer prejuízos financeiros, em razão da necessidade de contratação de advogados e do pagamento de custas processuais, de honorários de peritos etc.[16]

Bem analisadas as coisas, nota-se que a violência processual se estende a todas as partes envolvidas no processo. Assim, todas as partes que compõem a relação jurídico-processual são partes legítimas a cometerem e serem vítimas de violência processual.

Um ponto que precisa ficar claro, logo de início, é que a violência processual não se confunde com a violência institucional. Enquanto a primeira se caracteriza pelos atos produzidos dentro do processo, a segunda foi introduzida no sistema legal brasileiro[17] por meio da Lei 14.321/22, que não só a tipificou como crime, mas também alterou a Lei 13.869/19 – que trata do Abuso de Autoridade –, acrescentando o art. 15-A[18] para criminalizar a submissão de vítimas de infração penal

---

15. CARDOZO, Mayara. *Oito características de violência processual contra a mulher*. Disponível em: <https://www.conjur.com.br/2022-nov-24/mayra-cardozo-caracteristicas-violencia-processual-mulher>. Acesso em: 19 ago. 2023.
16. PINHEIRO, Julia Torres Kerr. VELASCO, Natasha Feighelstein. Violência processual contra a mulher. In: MARQUES, Luciana. CRUZ, Cristiana. MARQUES, Raphaella (Coord.). *Seleção de artigos jurídicos ABA-RJ*. 4. ed. Rio de Janeiro: Processo, 2023. p. 363.
17. A violência institucional contra a criança e adolescente vítima ou testemunhas de violência já havia sido regulamentada pela Lei 13.431/2017, que estabeleceu o sistema de garantia de direitos da criança e do adolescente vítima ou testemunha de violência e alterou a Lei 8.069/1990.
18. Lei 13.869/19. "Violência Institucional. Art. 15-A. Submeter a vítima de infração penal ou a testemunha de crimes violentos a procedimentos desnecessários, repetitivos ou invasivos, que a leve a reviver, sem estrita necessidade: I – a situação de violência; ou II – outras situações potencialmente geradoras de sofrimento ou estigmatização: Pena – detenção, de 3 (três) meses a 1 (um) ano, e multa. § 1º Se o agente público permitir que terceiro intimide a vítima de crimes violentos, gerando indevida revitimização, aplica-se a pena aumentada de 2/3 (dois terços). § 2º Se o agente público intimidar a vítima de crimes violentos, gerando indevida revitimização, aplica-se a pena em dobro".

ou testemunhas de crimes violentos por agentes públicos a procedimento desnecessários, repetitivos ou invasivos, que as façam reviver a situação ou o ato lesivo.

Ou seja, a violência institucional distingue-se da violência processual, basicamente em três aspectos. Enquanto aquela é cometida por um agente público, esta é cometida pela parte ou por seu advogado. Além disso, enquanto na violência institucional o sujeito passivo sempre será uma pessoa vítima de infração penal ou testemunha de crimes violentos, na violência processual, qualquer parte participante do processo poderá figurar como sujeito passivo. E, por fim, a violência institucional pode ser cometida em instituição, já a violência processual, tal como o nome diz, só pode acontecer dentro do processo.

A violência processual também não se confunde com o *lawfare*. O lawfare, segundo Cristiano Zanin Martins, Valeska Teixeira Zanin Martins e Rafael Valim, "é o uso estratégico do Direito para fins de deslegitimar, prejudicar ou aniquilar um inimigo".[19] Segundo os autores, o *lawfare* é utilizado como estratégia jurídica para enfraquecer politicamente um adversário, o que se faz, além de outros meios, utilizando-se da mídia, imprensa e redes sociais. Isto é, o *lawfare* é estratégia para enfraquecimento político de adversário, ao passo que violência processual é algo muito mais ligado ao uso predatório do processo e ao descumprimento da boa-fé e deveres anexos.

3. DESCRIÇÃO DA PRÁTICA DE VIOLÊNCIA PROCESSUAL – COMO GERALMENTE SE MANIFESTA NOS PROCESSOS

A violência processual nos tribunais brasileiros é mais comum, complexo e multifacetado do que possa parecer, envolvendo, além das partes do processo (judicial e até mesmo extrajudicial), advogados e membros do Ministério Público e do Poder Judiciário.

A realidade do dia a dia nos escritórios especializados no Direito das Famílias nos mostra que existe um abuso muito grande de gênero, em especial quando se trata da aplicação da Lei 11.340/06, conhecida popularmente como Lei Maria da Penha. Mas, também se sabe que nos encontramos em um país machista e muitas vezes abusador, que precisa evoluir muito no tratamento de mulheres.

A violência processual é conceito surgido das construções da doutrina e jurisprudência como o ato imbuído do claro objetivo de prejudicar a parte contrária no processo judicial ou pessoas a ela relacionadas. O que se pode observar nas condutas de violência processual é algo que extravasa o âmbito individual e, em regra, tem por objetivo impor os desejos, necessidades e até mesmo crenças

---

19. ZANIN MARTINS, Cristiano; ZANIN MARTINS, Valeska Teixeira; VALIM, Rafael. *Lawfare*: uma introdução. São Paulo: Editora Contracorrente, 2019. p. 26.

do agente, extrapolando os contornos da boa-fé, dos bons costumes e da função social do direito, conceitos estes bem apontados e elucidados pelo Mestre Cristiano Chaves de Farias em seu artigo aplicação do abuso do direito nas relações de família: o *venire contra factum proprium* e a *supressio/surrectio*.[20]

Uma clara característica do agente é a ausência de boa-fé, o que se manifesta de diversas formas, como pela adoção de postura agressiva e não respeitosa em suas manifestações, pelo emprego de táticas de retaliação e até de intimidação, pela propositura de novas demandas judiciais e pela interposição de múltiplos recursos, em sua maioria de forma protelatória.

Algo característico da violência processual, podendo até mesmo caracterizar ato ilícito, é a conduta de ajuizamento de ações temerárias, sem fundamentação idônea, inverídicas e intentadas com o único propósito de prejudicar a parte adversa para se obter ganhos variados. De modo ardil, o agente camufla suas reais intenções e objetivos, acessando a justiça com o discurso de defesa dos seus direitos desrespeitados por terceiros, em franca violação ao art. 187 do Código Civil[21], o qual remete ao exercício manifestamente excessivo dos limites impostos pelo fim econômico ou social de direitos, pela boa-fé ou pelos costumes. Por isso, não é coincidência o fato de tais ações configurarem abuso de direito de ação ou de defesa, podendo inclusive acarretar danos de natureza patrimonial ou até mesmo extrapatrimonial, em razão de desgastar emocionalmente a parte contrária, especialmente se souber que está sendo injustamente atacada. Além disso, podem sobrecarregar os tribunais, consumindo tempo e dinheiro do sistema e de todos os envolvidos.

Em alguns casos as suas consequências podem ser devastadoras, deixando a parte adversa doente e até mesmo sem recursos financeiros para demais defesas, pois todos seus recursos monetários são utilizados para tentar provar o real intento do agente.

Sob o pretexto de estarem amparadas pela garantia do contraditório, as condutas do agente podem representar atitude predatória da jurisdição, em prejuízo direto à vítima e à sua família, muitas vezes afetando os filhos em comum e até mesmo as pessoas da família extensa. No ponto, necessário se fazer uma dura crítica aos homens que, por deterem maior poder financeiro, usam deste "benefício" para fazer ameaças e ingressar com diversas ações contra as genitoras de seus filhos, causando-lhes tormento e medo para que elas, sem os

---

20. FARIAS, Cristiano Chaves de. *A aplicação do abuso do direito nas relações de família*: o venire contra factum proprium e a supressio/surrectio. Disponível em: <https://www.linselins.com.br/wp-content/uploads/2015/11/artvenireBAIANA.pdf >. Acesso em: 21 ago. 2023.

21. CC, art. 187. "Também comete ato ilícito o titular de um direito que, ao exercê-lo, excede manifestamente os limites impostos pelo seu fim econômico ou social, pela boa-fé ou pelos bons costumes."

mesmos recursos financeiros, cedam às suas ameaças. Dessas condutas, a mais clássica talvez seja a ameaça de que "irão reverter a guarda das crianças", devido à incapacidade materna de cuidar dos filhos com a mesma excelência que eles acreditam possuir. Em contrapartida, muitas mulheres também merecem duras críticas, pois, com a Lei Maria da Penha, abusam do direito de defesa, promovendo denúncias inverídicas, caluniosas e injuriosas, a fim de afastar o genitor e sua família de seus filhos, para que assim detenham "poderes exclusivos" sobre a sua criação. A propósito, o tão falado "abuso emocional" agora parece ter virado bordão na boca dessas mulheres, as quais o utilizam como ferramenta de vingança contra os genitores de seus filhos em razão do fim do relacionamento, sem pensar nas inúmeras consequências emocionais e psicológicas que serão projetadas na formação destes últimos.

4. COMO COMBATER A VIOLÊNCIA PROCESSUAL – O QUE FAZER, COMO EVITAR (INSTRUMENTOS E DEBATES)

Combater e evitar a violência processual é fundamental para que se possa garantir a integralidade, a justiça e a eficácia do sistema jurídico. Um sistema colaborativo deve envolver todos que atuam no judiciário, os quais devem ser vistos como os principais agentes para educar e formar profissionais capazes de identificar precocemente e auxiliar no combate à violência processual e ao uso predatório dos direitos na esfera judicial. Nesse aspecto, talvez o primeiro passo seja observar e zelar pela aplicação do princípio da boa-fé objetiva. Segundo Rafael Calmon[22], valendo-se do entendimento da doutrina civilista, a boa-fé exerce três importantes funções. A primeira delas é garantir a melhor compreensão dos fatos, tal como menciona o art. 113 do Código Civil[23], segundo qual os negócios jurídicos devem ser interpretados de acordo com a boa-fé e os costumes do lugar. A segunda função é atuar como um balizador de condutas, ou seja, evitar abusos, tal como menciona o art. 187 do mesmo diploma. E a terceira e última é a função integrativa, que cria às partes os deveres anexos da boa-fé, de lealdade, transparência e colaboração, segundo o art. 422 desse Código[24].

Imprescindível também que os Códigos de Ética Profissionais estipulem sanções mais severas quando desrespeitados os limites de busca de direitos e constatada a prática do abuso e da violência processual a seus possíveis clientes. Afinal, os causídicos são os primeiros "filtros" dos processos, devendo ter maior

---

22. CALMON, Rafael. *Manual de Direito Processual das Famílias*. 3. ed. São Paulo: SaraivaJur, 2023, p. 21.
23. CC, art. 113. Os negócios jurídicos devem ser interpretados conforme a boa-fé e os usos do lugar de sua celebração.
24. CC, art. 422. Os contratantes são obrigados a guardar, assim na conclusão do contrato, como em sua execução, os princípios de probidade e boa-fé.

cuidado na análise do caso em concreto, para entender o real interesse ao ouvir os seus relatos e intenções, sempre colocando, acima de tudo, a ética profissional e o cumprimento das leis, em especial a Constituição da República Federativa do Brasil.

A capacitação contínua e a preparação de todos os profissionais do meio jurídico, em especial os advogados, parecem ser absolutamente necessárias para inibir este tipo de violência e abuso processual. Particularmente, entendemos até que uma sanção efetiva e rígida para os profissionais do meio jurídico que não respeitarem os limites da boa-fé e do direito de acesso ao Judiciário sirva de forma inibitória contra este tipo de comportamento litigante e prejudicial a todos os envolvidos.

Mas, a coisa vai além. A violência processual prejudica a confiança e boa imagem do sistema Judiciário que deveria ser visto como seu meio seguro de proteção da vida, da família e dos direitos civis e morais de seus cidadãos. Por isso, respeitosamente entendemos que os membros do Poder Judiciário e do Ministério Público devem estar atentos aos indícios e sinais de violência processual intervindo de forma vigorosa e firme para o combate destas ações predatórias, tão logo elas sejam identificadas, aplicando multas e até informando aos órgãos de classe dos profissionais envolvidos, além, é claro, ao próprio agente no caso concreto.

Possivelmente, uma alternativa que possa ser mais explorada na resolução dos conflitos de famílias é a mediação, pois as partes conseguiriam, de forma pacífica e colaborativa, ir em busca de soluções respeitando o ponto de vista e necessidade de cada um dos envolvidos, não necessitando provocar o juízo com questões que podem ser resolvidos sem intervenção de terceiros para determinar o rumo de suas vidas.

Outra peça-chave para se evitar os conflitos e em especial o litígio processual incessante e que claramente não satisfaz plenamente nenhuma das partes envolvidas parece ser uma comunicação clara e aberta entre os litigantes.

Sabe-se que o Código de Processo Civil de 2015 já se encarregou de incorporar um viés conciliatório. Contudo, parece que alguns profissionais se negam a trabalhar desta forma, chegando mesmo a incentivar os conflitos e litígios, o que convida à reflexão sobre a possível necessidade de capacitação permanente – talvez até por intermédio de cursos obrigatórios para combate de litígios e boa convivência – como critério obrigatório para o ingresso de ações de família. É provável que este tipo de conduta pré-processual sirva para demonstrar como uma comunicação direta e respeitosa entre todos poderia tornar desnecessária a intervenção de terceiros, e em especial, do Judiciário em uma grande quantidade de conflitos.

Outra ótima forma de combate à violência processual e aos abusos jurídicos, poderia ser o acompanhamento das partes por profissionais da área da saúde emocional – dentre eles terapeutas, psicoterapeutas e, sendo necessário, até mesmo psiquiatras – para que se pudessem tratar os reais motivos que levam uma pessoa a litigar excessiva e abusivamente, muitas vezes em franco prejuízo a outras.

Entendemos, assim, que a adoção de medidas preventivas e colaborativas, além da realização de treinamento aos profissionais envolvidos e até mesmo a criação de requisitos pré-processuais obrigatórios possam ser meios eficazes para o combate do abuso de direito e da violência processual.

5. CONCLUSÃO

Tudo parece indicar que o conceito de violência processual tenha surgido das construções doutrinárias e jurisprudenciais, em especial nas ações de gênero, encontrando significativo amparo em julgamentos proferidos pelo Supremo Tribunal Federal e pelo Superior Tribunal de Justiça em casos em que advogados e partes proferiram ofensas à dignidade das mulheres, oportunamente levando o primeiro a reconhecer a impossibilidade de sustentação da tese da "legítima defesa da honra".

Algo característico da violência processual, podendo até mesmo caracterizar ato ilícito, é a conduta de ajuizamento de ações temerárias sem fundamentação idônea, inverídicas e intentadas com manifesta intenção de gerar prejuízos à parte contrária ou a pessoas a ela relacionadas. Tal prática configura nítido abuso de direito de ação ou de defesa, passível de acarretar abalos de natureza moral ou até mesmo patrimonial à pessoa ofendida.

Apesar de os escassos estudos que tratam do assunto costumarem dar ênfase à violência de gênero, tornando difícil a tarefa de se conceituar a violência processual, acreditamos que esta possa ser conceituada como os atos processuais praticados com intuito protelatório, predatório, intimidador e que acarretem danos à integridade e dignidade da parte adversa ou de pessoas a ela relacionadas.

Talvez, um bom treinamento, a capacitação contínua e a preparação de todos os profissionais do meio jurídico – em especial os advogados – sejam necessários para inibir este tipo de violência e abuso processual.

6. REFERÊNCIAS

ALBECHE, Thiago Solon Gonçalves. *Violência processual e a Lei 14.245/2021*. Disponível em: <https://meusitejuridico.editorajuspodivm.com.br/2021/11/24/violencia-processual-e-lei-14-2452021/>. Acesso em: 19 ago. 2023.

CALMON, Rafael. *Manual de Direito Processual das Famílias*. 3. ed. São Paulo: SaraivaJur, 2023.

CALMON, Rafael. *Manual partilha de bens, na separação, no divórcio e na dissolução de união estável*. 4. ed. São Paulo: SaraivaJur, 2023.

CARDOZO, Mayara. *Oito características de violência processual contra a mulher*. Disponível em: <https://www.conjur.com.br/2022-nov-24/mayra-cardozo-caracteristicas-violencia-processual-mulher>. Acesso em: 19 ago. 2023

FARIAS, Cristiano Chaves de. *A aplicação do abuso do direito nas relações de família*: o *venire contra factum proprium* e a *supressio/surrectio*. Disponível em: https://www.linselins.com.br/wp-content/uploads/2015/11/artvenireBAIANA.pdf. Acesso em: 21 ago. 2023

HEEMAN, Thimotie Aragon. *Violência processual contra a mulher*: conceito e formas de combate: uma construção teórica a partir de sinais exteriorizados pelos Tribunais Superiores. Disponível em: <https://www.jota.info/opiniao-e-analise/colunas/direito-dos-grupos-vulneraveis/violencia-processual-contra-a-mulher-conceito-e-formas-de-combate-26062023>. Acesso em: 17 ago. 2023.

PINHEIRO, Julia Torres Kerr. VELASCO, Natasha Feighelstein. Violência processual contra a mulher. In: MARQUES, Luciana. CRUZ, Cristiana. MARQUES, Raphaella (Coord.). *Seleção de artigos jurídicos ABA-RJ*. 4. ed. Rio de Janeiro: Processo, 2023.

ZANIN MARTINS, Cristiano; ZANIN MARTINS, Valeska Teixeira; VALIM, Rafael. *Lawfare*: uma introdução. São Paulo: Editora Contracorrente, 2019.

A INFIDELIDADE VIRTUAL E SUA PROVA NO PROCESSO CIVIL BRASILEIRO

Helio Sischini de Carli

Pós-graduado em Direito de Família e Sucessões. Membro da Comissão de Família e Tecnologia do IBDFAM. Pós-graduando em Direito Processual das Famílias e das Sucessões – Atame/DF. Professor universitário. Advogado.

Silvana Lima de Oliveira

Pós-graduada em Direito Civil e Processual Civil. Pós-graduada em Execução Cível. Membra da Comissão de Família e Tecnologia do IBDFAM. Pós-graduanda em Direito Processual das Famílias e das Sucessões – Atame/DF. Advogada.

Monique Caroline Silva Rodrigues

Membro da Comissão de Família e Tecnologia do IBDFAM. Sócia Proprietária do Limeira e Rodrigues. Pós-graduanda em Direito Processual das Famílias e das Sucessões – Atame/DF. Advogada.

Nilson Portela Ferreira

Membro da Comissão de Família e Tecnologia do IBDFAM. Pós-graduando em Direito Processual das Famílias e das Sucessões – Atame/DF. Advogado.

Sumário: 1. Introdução – 2. A conceituação de infidelidade virtual – 3. Infidelidade virtual e suas consequências jurídicas – 4. Produção de provas no processo civil brasileiro – 5. Os desafios na produção de provas da infidelidade virtual – 6. Conclusão – 7. Referências.

1. INTRODUÇÃO

O presente artigo tem como tema a infidelidade virtual e sua prova no Processo Civil Brasileiro, objetiva-se discorrer sobre a produção de provas válidas e admissíveis aptas a comprovar a infidelidade virtual.

Cumpre destacar que nos últimos anos houve um notório aumento da utilização da internet pela população mundial, seguido da popularização dos smartphones e aumento da utilização das redes sociais e aplicativos de mensagens instantâneas, como *Instagram*, *Facebook*, *Whatsapp*, *Messenger*, *e-mail*, dentre outros. Com efeito, essa nova forma de interação entre as pessoas ocasionou mudanças na sociedade, e, consequentemente no modo como as pessoas passaram a se relacionar.

Nesse contexto, a infidelidade a qual está presente no contexto familiar há milénios, encontrou na crescente utilização das redes sociais e aplicativos de mensagens instantâneas, uma nova forma, vindo a surgir o que a doutrina denominou de "infidelidade virtual", a qual é praticada sob o manto da proteção à privacidade dos dispositivos eletrônicos.

Com base nessas reflexões, surgem algumas indagações, dentre elas, qual o meio de prova mais adequando a ser utilizado judicialmente: *print screens*, ata notarial, ferramentas como o *Verifact*, especializadas na coleta e preservação de evidências na internet? O que os tribunais vêm entendendo sobre o tema? São essas e outras inquietações que motivaram e permeiam esta pesquisa jurídica. Sendo necessário refletir consequências jurídicas e, principalmente, os desafios na produção da prova da sua existência.

2. A CONCEITUAÇÃO DE INFIDELIDADE VIRTUAL

Entende-se como infidelidade virtual o relacionamento erótico-afetivo mantido por meio da internet, realizado por intermédio de suas inúmeras redes sociais. Desse modo, o indivíduo casado ou unido estavelmente e que, ao mesmo tempo, mantenha um relacionamento erótico-afetivo virtual está praticando infidelidade virtual.

No que concerne ao delineamento da infidelidade virtual, importante identificar os elementos que a caracterizam e a diferenciam de outros relacionamentos de natureza física. Nesse contexto, faz-se necessário trazer alguns exemplos de infidelidade virtual. Posto isso, podemos citar trocas de mensagens de cunho erótico-sexual em ambientes digitais como e-mails, aplicativos de mensagens instantâneas (*WhatsApp, Telegram, Facebook Messenger* etc.), redes sociais como o Instagram, entre outros.

Para melhor compreensão do tema, cumpre chamar atenção para "[...] a linha divisória entre infidelidade material e moral, sendo que nessa última se encontra a infidelidade virtual, é que os laços eróticos afetivos são mantidos diante da tela de um telefone celular, de um *tablete* ou de um computador [...]"[1] (grifo do autor).

Nesse tipo de relação inicia-se um relacionamento imaginário, realizado à distância, ocorrendo um quase adultério, porém, caracteriza-se como uma infidelidade moral. O entrelaçamento, a troca de intimidade, a paixão estabelecida no campo virtual em muitas ocasiões leva ao envolvimento carnal, consumando a infidelidade material ou adultério.

---

1. MADALENO, Rolf. *Direito de família*. 7 ed., rev., atual. e ampl. Rio de Janeiro: Forense, 2017, p. 177.

No que concerne à definição de dever de fidelidade conjugal, nota-se a necessidade de uma mudança de conceito que atenda a sociedade atualmente, ultrapassando a mera concepção de adultério, fazendo-se necessário uma concepção mais ampla, abrangendo a noção de respeito e consideração recíproca (inciso V do artigo 1.566 do CC/02), aspectos próprios ao casamento.

Como bem lecionam Pablo Stolze Gagliano e Rodolfo Pamplona Filho[2], "negar que o relacionamento virtual não afronta o dever de fidelidade é considerar a infidelidade como sinônimo de adultério e inexistindo conjunção carnal não há nenhum dever violado [...]".

Entende-se, pois, que o cônjuge que inicia diálogo por meio do mundo virtual, mantendo entrelaçamento virtual com terceiro estranho a relação, viola o dever de fidelidade (artigo 1.566, I, do CC/02). Por derradeiro, sob o prisma processual, apesar de restar superada a discussão da culpa na dissolução do casamento, a fidelidade continua a ser dever dos cônjuges. Desse modo, a configuração da infidelidade independe a conjunção carnal, eis que seu conceito é mais amplo do que o de adultério.

Com efeito, Ingrid Pinto Cardoso Araújo entende que o Direito deve seguir o fluxo do desenvolvimento da comunidade, objetivando "[...] à proteção das relações interpessoais e sociais. Estudar a infidelidade virtual, diante do seu revés contemporâneo, é de extrema importância para se compreender a dinâmica das relações e sua evolução de acordo com seu tempo [...]"[3]. Nota-se que a internet facilitou a infidelidade, a qual sempre existiu, porém, com o mundo virtual ganhou novos formatos.

Conforme lição de Laura de Toledo Ponzoni[4] "[...] não é somente a relação sexual com terceiro que se enquadra como violação do dever de fidelidade, mas também qualquer forma de envolvimento afetivo [...]".

A importância de estudar a infidelidade virtual e definir o seu conceito decorre da atualidade do tema, devido à presença desta situação que se encontra intrínseca nas relações familiares em decorrência do contexto dos avanços tecnológicos.

Desse modo, para compreensão da infidelidade virtual deve-se analisar o dever de fidelidade conjugal previsto no inciso I do artigo 1.566 do Código Civil

---

2. GAGLIANO, Pablo Stolze; PAMPLONA FILHO, Rodolfo *Apud* ARAÚJO, Ingrid Pinto Cardoso. *Infidelidade virtual*. 2014. Disponível em: <https://ibdfam.org.br/artigos/974/Infidelidade+virtual>. Acesso em: 14 ago. 2023.

3. ARAÚJO, Ingrid Pinto Cardoso. *Infidelidade virtual*. 2014. Disponível em: <https://ibdfam.org.br/artigos/974/Infidelidade+virtual>. Acesso em: 14 ago. 2023.

4. PONZONI, Laura de Toledo *Apud* ARAÚJO, Ingrid Pinto Cardoso. *Infidelidade virtual*. 2014. Disponível em: <https://ibdfam.org.br/artigos/974/Infidelidade+virtual>. Acesso em: 14 ago. 2023.

de 2002, sob uma perspectiva contemporânea, definindo os meios pelos quais se configura o descumprimento do dever de fidelidade conjugal no campo virtual, considerando conceitos antropológicos e as mudanças geradas na sociedade com o advento das novas tecnologias.

Em virtude de todo exposto, entende-se que a infidelidade virtual acaba sendo uma forma de *infidelidade moral*, que apesar de não existir o contato físico, o companheiro acaba criando um elo erótico-afetivo com pessoa estranha a relação, podendo levar repercussões gravosas lesivas ao equilíbrio psíquico e emocional da pessoa, como também gerar reflexos sociais à imagem do cônjuge traído. Logo, a infidelidade virtual pode gerar consequências jurídicas conforme será abordado no decorrer do trabalho.

3. INFIDELIDADE VIRTUAL E SUAS CONSEQUÊNCIAS JURÍDICAS

Enveredando em aspecto marcante da história jurídica brasileira, observa-se que a prática do adultério já foi tipificada como crime no Direito Penal brasileiro[5] e perdurou até o advento da Lei nº. 11.106/05, publicada no Diário Oficial da União em 29/03/2005. Vale mencionar que raros eram os processos criminais requerendo a aplicação da pena. O adultério sempre foi tido como uma gravíssima violação dos deveres matrimoniais, o que, naquela época, supostamente justificaria a intervenção do Estado para "proteger a família, a moral e os bons costumes". Dentro do Código Penal vigente, o crime de adultério estava disposto no Título VII da Parte Especial, epigrafado "Dos Crimes Contra a Família", ainda, no artigo 240 estava no capítulo I, que tinha como título: "Dos Crimes Contra o Casamento". Com a entrada em vigor da Lei nº. 11.106/05, foi revogado o art. 240 do Código Penal de 1940, sendo que a doutrina da época, já considerava obsoleta há tempos a incriminação do Adultério.

Após relembrar esse contexto histórico, é necessário trazer lição dos professores Cristiano Chaves de Farias e Conrado Paulino da Rosa[6], os quais expõem que com o casamento, são estabelecidos deveres recíprocos entre os cônjuges, para que se aperfeiçoe a plena comunhão de vida instalada entre eles.

Imperioso destacarmos que a lista de deveres conjugais mencionados no artigo 1.566, do Código Civil, não é taxativa, mesmo porque a vida conjugal pode exigir outros deveres entre os consortes para a consolidação da vida comum. No

---

5. Segundo FERNANDO CAPEZ, in *Curso de Direito Penal*. Parte Geral. 15. São Paulo: Saraiva. 2011, v. 1. p. 9, Direito Penal é "o segmento do ordenamento jurídico que detém a função de selecionar os comportamentos humanos mais graves e perniciosos à coletividade, capazes de colocar em risco valores fundamentais para a convivência social, e descrevê-los como infrações penais, cominando-lhes, em consequência, as respectivas sanções".

6. FARIAS, Cristiano Chaves de. ROSA, Conrado Paulino da. *Direito de família na prática*. Comentado artigo por artigo. São Paulo: JusPodivm, 2022.

artigo em comento, o inciso I dispõe sobre o dever da fidelidade recíproca, que justamente se refere a monogamia, restringindo a prática sexual com outras pessoas. Porém, devemos destacar que tendo em vista a lógica contemporânea da família eudemonista, cabe somente ao casal decidir as premissas de suas vidas afetivas.

Sobre o ponto, Dimas Messias de Carvalho expõe que "A responsabilidade civil dentro no direito de família é tema novo que desperta debates e divisão entre os estudiosos [...]"[7]. Ainda sobre o tema o professor Rolf Madaleno[8] aponta a omissão do Código Civil quanto ao tema e que há notória divergência jurisprudencial e doutrinária a respeito.

Pablo Stolze Gagliano e Rodolfo Pamplona Filho entendem:

> [...] que a fidelidade é (e jamais deixará de ser) um valor juridicamente tutelado e tanto o é que fora erigido como dever legal decorrente do casamento. A violação desse dever poderá, independente da dissolução da sociedade conjugal ou da relação de companheirismo, gerar consequências jurídicas, inclusive indenizatórias[9].

Seguimos a doutrina permissiva da responsabilidade civil dentro do Direito Civil. Isso porque o direito moderno tem a preocupação primordial ao respeito à dignidade da pessoa humana e, portanto, a obrigação de indenizar é genérica e não pode privilegiar o familiar da obrigação de indenizar, caso tenha causado danos.

Para a prática do ato de infidelidade virtual, pode-se adotar a mesma fundamentação legal que ampara as indenizações quando alguém viola direito e causa danos, conforme delineado nos artigos 186, 187 e 927, todos do Código Civil. Assim, a depender a situação, pode caracterizar danos morais ou materiais.

A reparação civil em se tratando de infidelidade virtual, via de regra, não se justifica por meras discordâncias, é necessário mais que isso, que haja atos ilícitos, abusivos, que afrontam e ferem de morte a dignidade da pessoa humana. Como por exemplo, atos de infidelidade que ofendem a honra e expõe o parceiro a vexames.

Desta forma, acolhe-se a posição intermediária de Cristiano Chaves de Farias e Nelson Rosenvald:

> A aplicação das regras de responsabilidade civil na seara familiar, portanto, dependerá da ocorrência de um ato ilícito, devidamente comprovado. A simples violação de um dever decorrente de norma de família não é idônea, por si só, para a reparação de um eventual dano[10].

---

7. CARVALHO, Dimas Messias de. *Direito das famílias*. 4. ed., São Paulo: Saraiva, 2015, p. 134.
8. MADALENO, Rolf *Apud* CARVALHO, Dimas Messias de. *Direito das famílias*. 4. ed., São Paulo: Saraiva, 2015, p. 134.
9. GAGLIANO, Pablo Stolze; PAMPLONA FILHO, Rodolfo. *Manual de direito civil*: volume único. São Paulo: Saraiva, 2017, p. 1225.
10. FARIAS, Cristiano Chaves de; ROSENVALD, Nelson *Apud*. CARVALHO, Dimas Messias de. *Direito das famílias*. 4. ed., São Paulo: Saraiva, 2015, p. 137, 138.

Resta claro que a responsabilidade civil se estende de modo a acompanhar as evoluções tecnológicas e sociais. Devendo o Estado atuar somente nos casos em que for comprovado o verdadeiro abalo real, capaz de causar danos psicológicos ou sentimentais. Inclusive o Superior Tribunal de Justiça, já se manifestou sobre o tema de infidelidade virtual, na qual reconheceu a indignidade do cônjuge que mantinha um relacionamento virtual, trocando mensagens eletrônicas de cunho amoroso. Veja-se:

Agravo Em Recurso Especial 1.269.166 - SP (2018/0064652-9) Relatora: Ministra Maria Isabel Gallotti Agravante: L de A B Advogados: Silvia Felipe Marzagão - SP206840 Eleonora Gomes Saltão de Queiroz Mattos e outro (S) - SP222851 Agravado: C B Advogados: Regina Beatriz Tavares da Silva - SP060415 Ana Gabriela Lopez Tavares da Silva - SP234931 Fernanda Fernandes Galluci - SP287483 Luís Eduardo Tavares dos Santos - SP299403 Decisão Trata-se de agravo contra decisão que negou seguimento a recurso especial interposto em face de acórdão assim ementado: indignidade. Cônjuge. Infidelidade virtual. Comprovação. Cessação da obrigação alimentar. Procedência do pedido. Litispendência. Pressuposto processual negativo. Correlação com ação de separação judicial. Impossibilidade. Ausência de identidade entre os elementos identificadores da ação. Efeitos diversos. Extinção afastada. Julgamento do mérito, nos termos do art. 515, § 3º, do CPC. *Indignidade. Cônjuge. Reconhecimento. Infidelidade virtual comprovada nos autos. A ré manteve relacionamento afetivo com outro homem durante o casamento. Troca de mensagens eletrônicas de cunho amoroso e sentimental. Caracterização de infidelidade, ainda que virtual. Ofensa à dignidade do autor.* A infidelidade ofende a dignidade do outro cônjuge porquanto o comportamento do infiel provoca a ruptura do elo firmado entre o casal ao tempo do início do compromisso, rompendo o vínculo de confiança e de segurança estabelecido pela relação afetiva. A infidelidade ofende diretamente a honra subjetiva do cônjuge e as consequências se perpetuam no tempo, porquanto os sentimentos negativos que povoam a mente do inocente não desaparecem com o término da relação conjugal. Tampouco se pode olvidar que a infidelidade conjugal causa ofensa à honra objetiva do inocente, que passa a ter sua vida social marcada pela mácula que lhe foi imposta pelo outro consorte. Mesmo que não se entenda que houve infidelidade, a grave conduta indevida da ré em relação ao seu cônjuge demonstrou inequívoca ofensa aos deveres do casamento e à indignidade marital do autor. Indignidade reconhecida. Cessação da obrigação alimentar declarada. Procedência do pedido. Recurso provido. Nas razões de recurso especial, alega a parte agravante violação do artigo 1.078, parágrafo único, do Código Civil, além de divergência jurisprudencial. Sustenta que as provas para seu suposto comportamento indigno foram forjadas pela parte adversa, de modo que o Tribunal de origem não poderia ter declarado o fim da obrigação de prestar alimentos. Assim posta a questão, observo que o recurso não poderia ser acolhido sem reexame de prova, a partir da qual se poderia concluir, como pretendido, pela inexistência de comportamento indigno. Com efeito, o dispositivo tido por violado reza o seguinte: Com o casamento, a união estável ou o concubinato do credor, cessa o dever de prestar alimentos. Parágrafo único. Com relação ao credor cessa, também, o direito a alimentos, se tiver procedimento indigno em relação ao devedor. No caso, *o Tribunal de origem entendeu provado o requisito para a exoneração da obrigação de alimentos e destacou que a parte agravada juntou documentos a evidenciar a relação amorosa entre a agravante e terceiro.* Afirmou, também, que a agravada não produziu provas, limitando-se, em defesa, a impugnar a validade da prova e a lisura do trabalho do tabelião *que lavrou ata com a transcrição das mensagens eletrônicas.* Aplica-se ao caso a Súmula 7 do STJ. O dissídio jurisprudencial, a seu turno, não foi comprovado. A agravante junta ementa do julgado colacionado como paradigma, mas não indica nenhuma circunstância a fim de demonstrar a semelhança do caso com o acórdão recorrido. Ausente o necessário cotejo analítico, não há que se falar em divergência. Em face do exposto, nego provimento ao agravo. Intimem-se. Brasília (DF), 18 de dezembro de 2018. Ministra Maria Isabel Gallotti Relatora (STJ - AREsp: 1269166 SP 2018/0064652-9, Relator: Ministra Maria Isabel Gallotti, Data de Publicação: DJ 01/02/2019 (grifo nosso).

Resta evidente que no Direito das famílias contemporâneo, há sim a responsabilização moral e até material, podendo também ser afastada a obrigação de prestar alimentos ao cônjuge infiel, em virtude do reconhecimento da indignidade, conforme exposto no julgado acima.

Outro ponto que merece destaque é que dentro do direito de família está cada vez mais comum a contratualização das relações familiares. Inclusive no exterior é super comum os casais famosos de Hollywood, convencionarem cláusulas que importem multa em caso de infidelidade conjugal. Esse acordo é um negócio jurídico que pode ser pactuado por meio de contrato, escritura pública ou pacto antenupcial, o que não impede de prever regras extrapatrimoniais, desde que elas não sejam contrárias à legislação brasileira. É direito das partes convencionarem seus relacionamentos, inclusive especificando o que configura infidelidade. Pois nós, seres humanos, temos percepções diferentes, o que pode configurar uma infidelidade virtual para um, pode não ser visto como infidelidade virtual na percepção do outro. E quem melhor do que nós mesmos para pactuarmos as regras?

Por fim, é mais fácil comprovar efetivamente dano moral, por exemplo: com laudos médicos que comprovem que tal situação gerou uma ansiedade ou até mesmo uma depressão, ou, um dano material onde o cônjuge traído acabou desembolsando despesas com terapia, em decorrência da infidelidade virtual. Contudo, comprovar a infidelidade virtual em si, é bem mais desafiador, justamente em virtude das percepções de cada um e do ambiente em que ela ocorre, por isso será abordado em tópico específico.

4. PRODUÇÃO DE PROVAS NO PROCESSO CIVIL BRASILEIRO

Antes de serem abordados os desafios na produção de provas da infidelidade virtual é necessário tecer algumas considerações acerca da produção de provas no processo civil brasileiro.

O objeto da prova são os fatos alegados pelo autor ou requerido, devendo ser apropriado, preciso, pertinente e relevante ao processo, não sendo necessário provar os fatos notórios, confessados pela parte contrária, incontroversos ou que tenham presunção legal de existência ou veracidade, conforme enuncia o artigo 374, do CPC de 2015.

Embora as partes possam utilizar todos os meios legais e morais, ainda que não previstas em lei, deverão utilizar-se dos meios adequados, devendo ser juridicamente idôneos, conforme previsto no artigo 369, do Código de Processo Civil Brasileiro.

Ressalta-se que, atualmente, rompeu-se com a ideia de que o juiz é o único destinatário da prova[11]. "[...] Pode-se dizer que o juiz é o destinatário direto da prova, enquanto as partes e demais interessados são destinatários indiretos"[12]. Faz-se mister trazer à baila lição de Alexandre Freitas Câmara sobre meios de prova:

> Meios de prova são os mecanismos através dos quais a prova é levada para o processo. Alguns deles estão expressamente previstos em lei (como a prova testemunhal ou a documental, por exemplo) e, por isso, são chamados de *provas típicas* (ou meios típicos de prova). Além desses, porém, admite-se a produção de meios de prova que não estão previstos expressamente, as chamadas *provas atípicas* (ou meios atípicos de prova) [...]"[13] (grifo do autor).

Como exemplo de prova típica tem-se a ata notarial, a qual "[...] é um instrumento público que serve para determinar a existência de um fato que tenha relevância jurídica. Ela é lavrada por um notário, dotado de fé pública [...]"[14].

Alexandre Freitas Câmara aponta como exemplo de sua utilização um "[...] caso em que se queira provar qual o conteúdo de determinada página na Internet, para o fim de posteriormente postular-se reparação de danos por violação de direitos autorais [...] basta pedir a um notário que acesse a aludida página e descreva seu conteúdo"[15].

No que concerne às provas típicas Patrícia Corrêa Sanches aduz:

> [...] A partir do art. 384 do CPC, alguns tipos de provas típicas são elencados: ata notarial (art. 384), depoimento pessoal (art. 385), confissão (art. 389), exibição de documento ou coisa (art. 396), prova documental (art. 405), prova testemunhal (art. 442), prova pericial (art. 464), e inspeção judicial (art. 481) – embora a boa doutrina discuta a natureza da exibição de documento ou coisa como elemento de prova[16].

---

11. Enunciado 50, do Fórum Permanente de Processualistas Civis: Os destinatários da prova são aqueles que dela poderão fazer uso, sejam juízes, partes ou demais interessados, não sendo a única função influir eficazmente na convicção do juiz.

12. CÂMARA, Alexandre Freitas. *O novo processo civil brasileiro*. 3 ed., rev., atual. e ampl. São Paulo: Atlas, 2017, p. 231.

13. CÂMARA, Alexandre Freitas. *O novo processo civil brasileiro*. 3 ed., rev., atual. e ampl. São Paulo: Atlas, 2017, p. 239, 240.

14. SOUZA, Bernardo de Azevedo e; MUNHOZ, Alexandre; CARVALHO, Romullo. *Manual prático de provas digitais*. São Paulo: Thomson Reuters Brasil, 2023, p. 77.

15. CÂMARA, Alexandre Freitas. *O novo processo civil brasileiro*. 3 ed., rev., atual. e ampl. São Paulo: Atlas, 2017, p 246.

16. SANCHES, Patrícia Corrêa. Importância e validade da prova digital nas ações de alimentos. In: PORTANOVA, Rui; CALMON, Rafael; D'Alessandro, Gustavo (Coords.). *Direito de família conforme interpretação do STJ*: alimentos aspectos processuais. Indaiatuba: Foco, 2023.

No que tange à prova documental, novamente Alexandre Freitas Câmara leciona:

> Documento é toda atestação, escrita ou por qualquer outro modo gravada, de um fato. Assim, são documentos os escritos, as fotografias, os vídeos, os fonogramas, entre outros suportes capazes de conter a atestação de um fato qualquer[17].

Quando se fala de documentos, a primeira coisa que vem à mente são os documentos físicos, porém, os documentos também podem se apresentar na forma digital, o que é cada vez mais comum na sociedade contemporânea, em virtude das pessoas estarem cada vez mais conectadas e utilizando as novas tecnologias, as quais surgem com uma velocidade cada vez mais maior.

Patrícia Corrêa Sanches faz importante reflexão diferenciando documentos físicos e digitais, veja-se:

> Mas, afinal, o que podemos considerar como documento? O documento pode ser físico ou digital, e permite o registro de um fato de maneira permanente. Nesse contexto, o vídeo, o áudio, as mensagens trocadas por e-mail ou por aplicativos – SMS, WhatsApp, e Messenger, são exemplos de documentos digitais, assim como os livros, os demais escritos no papel ou na parede, os antigos retratos expostos nos móveis da sala são exemplos de documentos físicos[18].

Nessa toada, quando se fala de infidelidade virtual a atividade probatória ocorrerá, em regra, no ambiente digital, utilizando-se de documentos digitais na maioria das vezes, restando fazer a análise dos meios mais adequados para produção de tais provas e os desafios para que estas sejam idôneas e aceitas no processo.

5. OS DESAFIOS NA PRODUÇÃO DE PROVAS DA INFIDELIDADE VIRTUAL

Conforme destacado, a infidelidade virtual pode levar a consequências jurídicas. Contudo, para que isso ocorra é essencial a atividade probatória no sentido de carrear aos autos provas do dano causado, bem como da prática da infidelidade virtual em si.

Como já se apontou, é mais fácil produzir provas sobre o dano, já a produção de provas da infidelidade virtual é mais complexa, pois, via de regra, trata-se de ato praticado pelo parceiro infiel com terceiro em ambiente virtual, por meio de conversas privadas em redes sociais e aplicativos de mensagens instantâneas. Logo,

---

17. CÂMARA, Alexandre Freitas. *O novo processo civil brasileiro*. 3 ed., rev., atual. e ampl. São Paulo: Atlas, 2017, p. 251.
18. SANCHES, Patrícia Corrêa. Importância e validade da prova digital nas ações de alimentos. In: PORTANOVA, Rui; CALMON, Rafael; D'Alessandro, Gustavo (Coords.). *Direito de família conforme interpretação do STJ*: alimentos aspectos processuais. Indaiatuba: Foco, 2024.

revelam-se os desafios para obtenção dessas provas e, na ausência destas, o parceiro traído não logrará êxito no pleito, por mais robustas que forem as provas do dano.

Óbvio que, quando a infidelidade deixa o ambiente virtual e passa o físico, facilita-se a produção de provas, podendo-se utilizar gravações de vídeo, fotos, testemunhas e outros meios lícitos e mais comuns. Contudo, muitas vezes a infidelidade permanece somente no ambiente virtual, sendo desafiador a atividade probatória. Nesse contexto, emergem as provas digitais como importantes ferramentas para provar a infidelidade virtual, sendo a principal prova na maioria dos casos.

Conceituando provas digitais Patrícia Corrêa Sanches, aduz que:

> A prova digital é um arquivo eletrônico que pode demonstrar um fato ocorrido de forma permanente, com o objetivo de contribuir para o convencimento do juízo, desde que, processualmente, fiquem atestadas a integridade e autenticidade dos documentos juntados a esse fim[19].

Com relação aos meios de provas que podem ser utilizados, não há restrições, contanto que sejam lícitos (artigo 369, do CPC/15; artigo 157, do CPP e artigo 5º, LVI, da CF/88). Reforçando, Rafael Calmon aponta que "O rito das ações de família não possui restrições probatórias. Logo, qualquer prova lícita poderá ser produzida"[20].

Bernardo de Azevedo e Souza, Alexandre Munhoz e Romullo Carvalho apontam como exemplo obtenção de provas por meio ilício "[...] o acesso não autorizado a contas de e-mail ou mensagens instantâneas [...]"[21], como *WhatsApp*, por exemplo.

Um ponto que merece reflexão é que a infidelidade virtual ocorre em ambiente privado entre o parceiro infiel e terceira pessoa, sendo necessária enorme cautela para a prova utilizada não ser considerada ilícita, eis que podem ir de encontro ao direito à privacidade, o qual está entre um dos princípios que disciplinam o uso da internet no Brasil (artigo 3º, II, da Lei 12.965/14 – Marco Civil da Internet). Não se descarta a probabilidade de provar a infidelidade virtual por meio da confissão do parceiro infiel ou do terceiro. Entretanto, não é aconselhável ficar à mercê de acontecimento futuro, salvo se a confissão ocorrer antes do ajuizamento do processo e houver registro de tal confissão, inclusive por meio de aplicativos de mensagens instantâneas como *WhatsApp*, *Facebook Messeger*, *Telegram*, *Direct do Instagram*.

---

19. SANCHES, Patrícia Corrêa. Importância e validade da prova digital nas ações de alimentos. In: PORTANOVA, Rui; CALMON, Rafael; D'Alessandro, Gustavo (Coords.). *Direito de família conforme interpretação do STJ*: alimentos aspectos processuais. Indaiatuba: Foco, 2023.
20. CALMON, Rafael. *Manual de direito processual das famílias*. 3 ed. – São Paulo: SaraivaJur, 2023, p. 72.
21. SOUZA, Bernardo de Azevedo e; MUNHOZ, Alexandre; CARVALHO, Romullo. *Manual prático de provas digitais*. São Paulo: Thomson Reuters Brasil, 2023, p. 87.

Claro que o exemplo acima não reflete o que acontecerá em todos os casos, sendo a produção de provas da infidelidade um dos maiores desafios, por isso, procura-se refletir sobre esse ponto, não se abstendo de provocar reflexões também sobre qual melhor forma de documentação das provas obtidas por meio de aplicativos de mensagens instantâneas.

Antes de fazer essas reflexões é necessário esclarecer que as fontes possíveis de informação, podem ser caracterizadas em fontes abertas, como publicações abertas nas redes sociais, e fontes fechadas, como troca de mensagens privadas de terceiros[22].

Nesse prisma, se a informação acerca da consumação da infidelidade virtual se encontrar em fontes abertas, como postagens ou comentários no *Facebook* ou *Instagram*, por exemplo, seria mais fácil documentá-la por *print screens*, ata notarial, por uma ferramenta como o *Verifact*, por inspeção judicial, perícia etc. Devendo-se se atentar com relação a robustez da prova, mas seria lícita. Entretanto, conforme já se apontou, as provas da infidelidade virtual, via de regra, seriam provenientes de fontes de informação fechadas (*WhatsApp*, *Facebook Messeger*, *Telegram*, *Direct* do *Instagram* etc.).

Para discutirmos sobre a (i)licitude das provas obtidas em fontes fechadas, faz-se mister trazer à baila alguns requisitos exigidos pelos tribunais para validação das mensagens instantâneas como prova judicial:

> Os tribunais divergem sobre a validade jurídica de conversas trocadas nos aplicativos, sendo escassos os entendimentos sobre o Facebook Messeger e Telegram. A jurisprudência relacionada ao WhatsApp, porém pende no sentido de que as mensagens instantâneas podem ser reconhecidas como prova judicial se houver o cumprimento de três requisitos, que, por extensão, entendemos cabíveis também ao Facebook Messeger e Telegram. Estes são, em síntese, os três são [sic] requisitos exigidos pelos tribunais: (1) as conversas devem ser obtidas por meio lícito (licitude da prova); (2) não podem sofrer adulteração por qualquer meio artificioso (integralidade da prova); e (3) e devem ser coletadas com o uso de metodologia científica, atendimento às normas e técnicas forenses, além de observância da cadeia de custódia (cientificidade da prova) [...].[23]

No que concerne a utilização de *print screens*, a 5ª Turma do STJ[24] os admitiu como provas, por entender que eles não comprometeram a cadeia de custódia (artigo 158-A, do CPP), porém, se trata de caso criminal e os *prints* não foram as

---

22. SOUZA, Bernardo de Azevedo e; MUNHOZ, Alexandre; CARVALHO, Romullo. *Manual prático de provas digitais*. São Paulo: Thomson Reuters Brasil, 2023, p. 55, 56.
23. SOUZA, Bernardo de Azevedo e; MUNHOZ, Alexandre; CARVALHO, Romullo. *Manual prático de provas digitais*. São Paulo: Thomson Reuters Brasil, 2023, p. 86, 87.
24. STJ. AgRg no HC: 752444 SC 2022/0197646-2. Relator Ministro Ribeiro Dantas. Brasília, 04 out 2022, T5 - Quinta Turma, Data de Publicação: DJe 10/10/2022.

únicas provas utilizadas. Já o TRT – 2[25] não considerou como meio de convencimento eficaz *prints* de *WhatsApp*, sem outras provas nos autos. Tal entendimento vem sendo perfilhado em outros tribunais.

Os autores acima citados alertam que os *print screens* podem ser editados facilmente, destacando que:

> [...] existem aplicativos que geram conversas falsas simulando a interface de serviços de mensageria como o WhatsApp. O conceito por trás do WhatsFake, *app* idealizado para "criar mensagem de brincadeira" que conta com mais de 500 mil downloads, se disseminou ao redor do mundo, fomentando a criação de *apps* similares para Telegram e Instagram[26] (grifo do autor).

Inobstante a este fato, pode ser que o conteúdo seja apagado pouco tempo após o envio, havendo tempo de fazer somente o *print screen*. Nesse caso, merece ser avaliada a possibilidade de juntá-lo, tendo em vista que, se a parte contrária não o impugnar, pode ser considerado autêntico (artigo 411, III e artigo 422, § 1º, ambos do CPC/15). Contudo, é aconselhável buscar outras provas para, somado aos prints, dar maior robustez ao acervo probatório.

Outra tecnologia difundida é o *Blockchain*, o qual utiliza código *HASH*, objetivando garantir a imutabilidade dos dados, porém, não garante que os dados inseridos não tenham sido manipulados anteriormente ou sejam falsos.

A ata notarial seria mais segura que o *print screen* em virtude da fé pública do tabelião, porém, não é imune a impugnação. De outro lado, a utilização de ferramentas como *Verifact* promete maior segurança, preservando a cadeia de custódia (artigo 158-A, do Código de Processo Penal). Porém, não teria viabilidade em todos os casos. Outra prova que tem maior credibilidade, sendo mais tradicional é a prova pericial[27].

No que concerne à utilização de informações de fontes fechadas como provas, ou seja, a utilização de mensagens instantâneas e privadas, trocadas pelo parceiro infiel e terceiro, na maioria das vezes seriam consideradas provas ilícitas, salvo se houvesse o consentimento de um dos interlocutores (artigo 154-A, do Código Penal). Entretanto, há posicionamento mitigando essa regra e autorizando a utilização de provas ilícitas nas relações de família, com base no princípio da proporcionalidade, quando um cônjuge pratica atos contrários a boa-fé conjugal, bem como se por outro meio não fosse possível a demonstração da lesão. Tal mitigação objetiva a busca da verdade e preservação do direito à ampla defesa.

---

25. TRT-2. 10005468220215020014 SP. Relator: Gabriel Lopes Coutinho Filho. Brasília, 07 jul. 2022.
26. SOUZA, Bernardo de Azevedo e; MUNHOZ, Alexandre; CARVALHO, Romullo. *Manual prático de provas digitais*. São Paulo: Thomson Reuters Brasil, 2023, p. 73.
27. SOUZA, Bernardo de Azevedo e; MUNHOZ, Alexandre; CARVALHO, Romullo. *Manual prático de provas digitais*. São Paulo: Thomson Reuters Brasil, 2023, p. 75-81.

Ressaltou-se no julgado pesquisado que a utilização não afastaria a possibilidade de apuração de ilícito cível e criminal[28].

No caso citado foram juntados *prints* de mensagens de *SMS*, enviadas do celular de um cônjuge que desviava patrimônio com intuito de fraudar a meação, para o celular do outro que estava sendo lesado. Este descobriu a lesão ao pegar o aparelho do cônjuge para utilizar em uma fazenda onde só o aparelho que continha as mensagens tinha sinal.

Rolf Madaleno[29] cita alguns autores como Yussef Said Cahali, Rizzato Nunes, Eduardo Cambi, José Carlos Teixeira Giorgis, que defendem a utilização da prova ilícita em processos de direito de família com base no princípio da proporcionalidade, devendo o magistrado avaliar os direitos em conflito, conveniência e necessidade da utilização da prova ilícita para o deslinde da causa.

É nessa seara que os profissionais do direito submergem atualmente, onde se confundem o real e o falso, a prova lícita e a ilícita, sendo cada dia mais desafiador discernir a diferença com segurança, sendo necessário aprimoramento tanto para produzir provas confiáveis, quanto para impugnar com fundamentos concretos provas falsas, pois, se não impugnadas, fazem prova plena dos fatos e coisas que reproduzem (artigo 225, do Código Civil de 2002).

6. CONCLUSÃO

Os desafios na produção de provas da infidelidade virtual no Direito Processual Civil brasileiro é uma reflexão necessária, fazendo-se um paralelo ao Direito Processual das Famílias foi necessário conceituar infidelidade, discorrendo sobre as consequências jurídicas inerentes a ela, diferenciando-a do adultério. Ademais, ainda que haja pouquíssimos julgados relacionados ao tema, na doutrina já temos diversos autores se manifestando sobre o tema, desde doutrina contraria, doutrina intermediária, da qual somos signatários juntamente com o Professor Cristiano Chaves de Farias, e a doutrina restritiva.

Por fim, concluímos que a troca de mensagens virtuais, com cunho amoroso, pode sim, gerar o dever de indenizar, havendo ferramentas e técnicas que possibilitam produzir provas mais robustas. Devemos ter zelo ao trocar mensagens com terceiros, pois o uso da internet de forma inadequada, pode se tornar um verdadeiro "inimigo virtual" dentro da sua casa.

---

28. STJ. REsp: 1730414 PR 2018/0060329-5. Relator: Ministro Antonio Carlos Ferreira. Brasília, 28 jul. 2021.
29. MADALENO, Rolf. *Direito de família*. 7 ed., rev., atual. e ampl. Rio de Janeiro: Forense, 2017, p. 280-286.

7. REFERÊNCIAS

ARAÚJO, Ingrid Pinto Cardoso. *Infidelidade virtual.* 2014. Disponível em: <https://ibdfam.org.br/artigos/974/Infidelidade+virtual>. Acesso em: 14 ago. 2023.

CALMON, Rafael. *Manual de direito processual das famílias.* 3 ed. São Paulo: SaraivaJur, 2023.

CÂMARA, Alexandre Freitas. *O novo processo civil brasileiro.* 3 ed., rev., atual. e ampl. São Paulo: Atlas, 2017.

CAPEZ, Fernando. *Curso de Direito Penal.* Parte Geral. (arts. 1º ao 120). 15. ed. São Paulo: Saraiva, 2011. v. 1.

CARVALHO, Dimas Messias de. *Direito das famílias.* 4. ed., rev., atual. e ampl. São Paulo: Saraiva, 2015.

FARIAS, Cristiano Chaves de. ROSA, Conrado Paulino da. *Direito de Família na Prática.* Comentado artigo por artigo. São Paulo: JusPodivm, 2022.

GAGLIANO, Pablo Stolze; PAMPLONA FILHO, Rodolfo. *Manual de direito civil:* volume único. São Paulo: Saraiva, 2017.

MADALENO, Rolf. *Direito de família.* 7 ed. rev., atual. e ampl. Rio de Janeiro: Forense, 2017.

MARTINS, Barbara Ricoldi. *A infidelidade virtual e a possibilidade de indenização por dano moral.* 2021. Disponível em: <https://jus.com.br/artigos/89098/a-infidelidade-virtual-e-a-possibilidade-de-indenizacao-por-dano-moral>. Acesso em: 15 ago. 2023.

NUCCI, Guilherme de Souza. *Manual de processo penal e execução penal.* 13. ed. rev., atual. e ampl. Rio de Janeiro: Forense, 2016. PINHEIRO, Patricia Peck. *Direito digital.* 7. ed. São Paulo: Saraiva Educação, 2021. e-book.

SANCHES, Patrícia Corrêa. Importância e validade da prova digital nas ações de alimentos. In: PORTANOVA, Rui; CALMON, Rafael; D'Alessandro, Gustavo (Coords.). *Direito de família conforme interpretação do STJ:* alimentos aspectos processuais. Indaiatuba: Foco, 2023.

SOUZA, Bernardo de Azevedo e; MUNHOZ, Alexandre; CARVALHO, Romullo. *Manual prático de provas digitais.* São Paulo: Thomson Reuters Brasil, 2023.

SOUZA, Fernando Baldez de. *A admissibilidade das provas ilícitas nos processos de direito de família.* 2019. Disponível em: <https://ibdfam.org.br/artigos/1334/A+admissibilidade+das+provas+il%C3%ADcitas+nos+processos+de+direito+de+fam%C3%ADlia>. Acesso em: 14 ago. 2023.

FALSAS ACUSAÇÕES DE ABUSO SEXUAL E ALIENAÇÃO PARENTAL

Liza Jung

Pós-Graduanda em Direito Processual das Famílias e Sucessões (ATAME/DF). Membro do IBDFAM. Cofundadora do projeto social *Marias no Tatame* Cofundadora da *Confraria da Alienação Parental*. Advogada capacitada em alienação parental (PUC/RJ).

Eduardo G. Amorim

Pós-Graduado em Direito de Família e Sucessões pela EBRADI – Escola Brasileira de Direito. Pós-Graduando em Direito Processual das Famílias e Sucessões (Atame/DF). Advogado.

Naara Pedrosa

Pós-graduanda em Direito Processual Civil pela Unichristus/CE. Pós-Graduanda em Direito Processual das Famílias e Sucessões (Atame/DF). Mediadora e Conciliadora de Conflitos pelo TJ/CE. Advogada.

Yuri Vargas

Pós-graduado em Direito Processual Civil pela PUC-SP/ESA-MS. Pós-Graduando em Direito Processual das Famílias e Sucessões (Atame/DF). Advogado.

Alexandre Chaves

Pós-Graduando em Direito Processual das Famílias e Sucessões (Atame/DF). Advogado.

Sumário: 1. Introdução – 2. O conceito de alienação parental e abuso sexual contra crianças e adolescente sob o viés constitucional, legislativo e das ações de família – 3. As falsas memórias e as projeções no abuso sexual e na alienação parental – 4. O papel da perícia nas ações que versem sobre as falsas acusações de abuso ou violência sexual – 5. Jurisprudências – 6. Conclusão – 7. Referências.

1. INTRODUÇÃO

Este texto visa projetar luzes sobre o abuso sexual contra crianças e adolescentes, inserido no contexto da alienação parental, bem como apresentar dados estatísticos sobre as falsas acusações dentro dos processos litigiosos de família.

Valendo-se de ensinamentos doutrinários e jurisprudenciais, de início, busca demonstrar como as falsas acusações de abuso sexual se dão através do fenômeno da alienação parental de forma biopsicossocial. Em seguida, conceitua as falsas memórias, demonstrando como acontecem na prática e apresentando suas projeções no processo judicial. Na sequência, enfatiza a importância da perícia psicossocial e biopsicossocial, bem como a necessária capacitação dos profissionais da rede de proteção e o comprometimento com a aplicação do devido processo legal aliado às Resoluções do Conselho Federal de Psicologia. O texto ainda contextualiza a relação da perícia prevista no Código de Processo Civil com as Leis 12.318/10 e 13.431/17, na perspectiva de crítica científica sobre a forma e o modo como vêm sendo realizadas as perícias no Brasil, bem como sobre a carência de profissionais capacitados. Para finalizar, traz jurisprudência, concluindo que, muito embora o abuso sexual seja uma pauta verdadeira em nossa sociedade, há que se falar nas crescentes falsas acusações como resultado do uso de conflitos pessoais no âmbito dos litígios familiares pela guarda dos filhos, decorrentes de comorbidades psicológica/psiquiátricas dos adultos envolvidos ou mesmo da carência de perícias mais aprofundadas e da ausência de políticas públicas sobre o tema.

2. O CONCEITO DE ALIENAÇÃO PARENTAL E ABUSO SEXUAL CONTRA CRIANÇAS E ADOLESCENTE SOB O VIÉS CONSTITUCIONAL, LEGISLATIVO E DAS AÇÕES DE FAMÍLIA

A sociedade, desde tempos imemoriais, depara-se com a existência do abuso sexual de crianças e adolescentes, prática esta que, por ausência de legislações específicas, acabava ficando sem punição. Afinal os infantes, desde o nascituro, eram tratados como objetos, uma pequena fração do patriarcado, no qual o homem (marido) era titular da mulher (esposa), dos filhos e administrador de todo patrimônio que era constituído no âmbito de uma única forma de entidade familiar: o casamento.

Com a elaboração de tratados internacionais e a busca pela adequação dos novos anseios sociais, a criança deixa sua natural objetificação, passando a ser sujeito de direitos – inclusive com proteção expressa pelo art. 227 da Constituição Federal de 1988 -, conceito este que inovou ao implementar os princípios do melhor ou superior interesse da criança e do adolescente e sua proteção integral. Não só nossa Lei Máxima proporcionou avanço a respeito. A promulgação da Lei 8.069/1990, sob o formato do Estatuto da Criança e do Adolescente, garantiu aos infantes uma proteção que ultrapassa meros direitos, mas gera um significativo olhar para essa classe de ultravulneráveis pertencentes à nossa sociedade.

Com o relevante avanço constitucional e infraconstitucional até então implementado para proteger as crianças e adolescentes, reforçou-se a proibição de descumprimento do princípio da boa-fé objetiva nos litígios pela guarda dos filhos, momento em que as pessoas, não raro em sua pior versão, acabam por abusar das leis de cunho exclusivamente protetivo da infância para promover atos de vingança privada, o que resvala naturalmente em atos de violência psicológica e abuso moral destes infantes.

A partir disso, houve a necessidade de edição de leis tutelares, dentre as quais destacamos a Lei 12.318/10 (Lei da Alienação Parental) e a Lei 14.344/22, mais conhecida como "Lei Henry Borel", a qual obriga não só a família, mas qualquer instituição ou pessoa, a denunciar todo tipo de violência contra crianças e adolescentes, sob pena de responsabilidade criminal, devendo levar a notícia ao Ministério Público, às Delegacias de Polícia ou a qualquer órgão componente da rede de proteção.

A respeito da Lei da Alienação Parental e de sua interdisciplinaridade, Bruna Barbieri Waquim[1] escreve que:

> A discussão sobre os papéis de pais e mães na preservação da integridade psicológica de seus filhos e estabeleceu um campo de interdisciplinarmente entre Direito e Psicologia que não pode ser subestimado, sob pena da má compreensão dos próprios conceitos e institutos que permeiam a atividade jurídica quanto a essa matéria tão específica.

Ainda de acordo com ela, a expressão "alienação parental" trata de fenômeno identificado e classificado no *corpus* DA Psicologia, o que significa todo distanciamento que exista entre a prole e o genitor, sendo que esse afastamento poderá se dar por justo motivo ou não.[2] Barbieri vai ainda mais longe, quando deixa de usar a terminologia "alienação parental", passando para sua inovação terminológica "alienação familiar induzida", que, em suas palavras, nada mais significa do que "um conjunto de comportamentos de um ou mais familiares que visa(m) prejudicar o exercício do direito fundamental à convivência familiar entre crianças e adolescentes e outros familiares".[3]

Apresentado o conceito de Alienação Parental, importante contextualizar o abuso sexual contra crianças e adolescentes dentro da temática abordada, haja vista que as falsas acusações são mais incidentes justamente neste campo. Segundo Andreia Soares Calçada,[4] uma melhor aceitação do abuso sexual infantil

---

1. WAQUIM, Bruna Barbieri. *Alienação familiar induzida*: aprofundando o estudo de alienação parental. 2. ed. Rio de Janeiro: Lumen Juris, 2018, p. 10.
2. *Op. cit.*, p. 20.
3. *Op. cit.*, p. 59.
4. CALÇADA, Andreia Soares. *Perdas irreparáveis*: alienação parental e falsas acusações de abuso sexual, 3. ed. Rio de Janeiro: Fólio Digital, 2002, p. 19.

como fenômeno real se deu a partir do recente trabalho apresentado pelo médico norte-americano Henry Kempe, cujo título é "A síndrome da criança espancada". Desde então, o tema ganhou forma, chegando a vários estados estadunidenses, obrigando médicos e outros profissionais da área de saúde a informar às autoridades policiais sobre a existência de casos suspeitos.

No Brasil, a violência sexual contra crianças e adolescentes pode se expressar tanto por meio do abuso sexual como da exploração sexual, compreendendo toda forma de violência, negligência, discriminação, exploração, crueldade e opressão, encontrando tipificação em diversos dispositivos espalhados tanto pelo Código Penal – a exemplo dos arts. 213, § 1º, 217-A (Estupro e Estupro de Vulnerável), 215-A (Importunação Sexual), 216-B (Registro não autorizado da intimidade sexual), 218 (Corrupção de Menores), 218-A (Satisfação da Lascívia mediante presença de criança ou Adolescente) e 218-B (Favorecimento da prostituição ou de outra forma de exploração sexual de criança ou adolescente ou de vulnerável) -, quanto pelo Estatuto da Criança e do Adolescente – como os arts. 240 (Produção de filmes com cenas de sexo explícito e pornográfico), 241 (Venda e guarda de foto pornográfica), 241-A (Divulgação de fotos e vídeos pornográficos pela *internet*), e 241-D (Aliciamento e assédio para fins de praticar ato libidinoso), por exemplo.

Conclui-se, portanto, que há um novo olhar voltado para a infância e para a adolescência em nossa sociedade, olhar este cada vez mais acurado e rígido na busca da proteção dos direitos fundamentais dos infantes, o que encontra eco na previsão do parágrafo 4º do supramencionado art. 227 da Constituição Federal, que enuncia que "§ 4º A lei punirá severamente o abuso, a violência e a exploração sexual da criança e do adolescente". Isso reforça em nosso ordenamento jurídico as legislações que visam à proteção do superior proteção da criança e do adolescente, apesar das hostilidades e dos graves conflitos existentes entre os adultos, que são seus responsáveis legais.

Nesse contexto, é preciso que se fale sobre a vingança privada e afetiva pela não superação do desamor marital ou até mesmo por feridas narcísicas introspectadas por estes adultos, as quais podem os levar à promoção de falsas denúncias de abuso sexual de seus próprios filhos. Tal conduta pode se dar, inclusive, por meio do uso de artifícios como a implantação das falsas memórias, fazendo com que a criança ou adolescente viva o abuso com se verdadeiro fosse. A partir disso, fomentam-se escutas reiteradas pela rede de proteção infantil e comparecimentos destes infantes em delegacias e tribunais, logística esta que, por si, pode abrir quadros de síndromes psiquiátricas e até mesmo transtornos de personalidade, com traumas e perdas irreparáveis, como se verá com mais detalhes no próximo tópico.

3. AS FALSAS MEMÓRIAS E AS PROJEÇÕES NO ABUSO SEXUAL E NA ALIENAÇÃO PARENTAL

Como leciona Glicia Brazil,[5] muito diferentemente do que se acredita, a memória é uma área do cérebro não estática. De acordo com ela, nosso cérebro possui áreas que processam informações que vão desde o registro do que foi experimentado por aquela criança, como o armazenamento dessa experiência e o acesso das lembranças, o que pode ser chamado de recordação ou evocação.

Esse assunto tem especial relevância no âmbito da violência psicológica e coação moral, uma vez que o estudo das falsas memórias possui a alienação parental enquanto um fenômeno destruidor da psiquê infantil, sendo este um fator "plus" do estudo analítico do tema. As falsas memórias possuem estudo cognitivo, no qual os especialistas[6] dividem a memória em três operações básicas: a) codificação; b) armazenamento, e; c) recuperação. A codificação é a entrada sensorial (os sentidos que a pessoa possui da experiência) em um perfil da memória, perfil este que se dá de forma diferente em cada ser humano. O armazenamento tem a ver com a permanência desse registro e a recuperação é o processo em que se evoca a memória. Vale dizer que são processos independentes, o que quer dizer que uma lembrança não irá reconstruir com perfeição os fatos ocorridos, como um filme que vemos duas ou mais vezes, mas, em cada indivíduo, sua lembrança será construída memórias influenciadas por expectativas e crenças pessoas de cada pessoa, estando sob a influência, inclusive do presente.[7]

Como se sabe, uma personalidade se dá pela junção do temperamento (o que herdamos de nossos ancestrais) ao nosso caráter (que são as nossas vivências desde que estamos em nossa vida uterina). Temperamento aliado ao caráter forma a personalidade, que pode ser saudável ou não. Por isso, caso uma criança venha a passar por uma verdadeira violência sexual, ou venha a ser forçada a lembrar de um falso abuso (implantação de falsas memórias – alienação parental), estará sujeita a diversas comorbidades psíquicas, podendo, inclusive, desenvolver uma personalidade doentia, como exemplo, transtorno de personalidade antissocial, borderline, dentre outros.[8]

Pela natural formação da personalidade, cada ser humano vivencia um fato de uma forma única, como se fosse uma espécie de digital ou DNA mental, tornando as recordações variáveis, cabendo à cada um incluir na memória partes

---

5. BRAZIL, Glicia Barbosa de Mattos. *Psicologia jurídica*: a criança, o adolescente e o caminho do cuidado na justiça. Indaiatuba, SP: Editora Foco, 2022.
6. *Op. cit.*, p. 52.
7. *Op. cit.*, p. 52.
8. MECLER, Katia. *Psicopatas do cotidiano*: como reconhecer, como conviver, como se proteger. Rio de Janeiro: Casa da Palavra, 2015, p. 14.

de seu passado e presente, o que poderá modificar um pouco os fatos, de acordo com suas expectativas.[9]

Conforme leciona Lilian Stein: "As pessoas só lembram que a memória existe quando ela falha. Aí querem melhorar a memória (...)",[10] o que, em outras palavras, significa que 'memória boa é memória falha', como diz a professora Glicia Brazil em suas aulas. Portanto, o conjunto de crenças preexistentes e novas informações formatam uma lembrança que, segundo nosso cérebro, deve ser coerente com aquilo que vivemos ou recebemos de algum terceiro. Esse curioso mecanismo nos conduz ao fenômeno chamado "implante de memórias" ou "falsas memórias", ou seja, fatos que jamais aconteceram, mas que de alguma forma a pessoa é levada a acreditar e a vivenciar.[11]

Demonstrado este pequeno espectro do mecanismo da memória em nosso cérebro, devemos fazer especial conexão do tema com o depoimento especial, momento em que a criança ou o adolescente é conduzido ao Tribunal ou Delegacia de Polícia para depor sobre aquilo que recorda ter vivenciado (abuso ou violência sexual), não podendo, em hipótese alguma, o especialista responsável por tal escuta levar o infante a qualquer dos vícios subjetivos da memória, qual sejam: sugestionabilidade, repetição e distorção, o que quase sempre ocorre pela falta de bons profissionais, gerando vícios no relato infantil e a manutenção de longos processos criminais e cíveis.

A Lei 13.431/17, que foi regulamentada pelo Decreto 9.603 de 2018, instituiu sistemas de garantias dos direitos das crianças e dos adolescentes vítimas ou testemunhas de violência, seja ela qual for. Definindo o que é violência física, o que é violência psicológica e o que é violência sexual, esta lei traz em seus 29 artigos maneiras e mecanismos de coibir e prevenir todo ato de violência direcionado a estas tão preciosas e importantes fases da vida, que são a infância e a adolescência, etapas estas que refletirão expressivamente por toda a fase adulta da pessoa.

Atentando-se sempre ao bem estar e à saúde das crianças e dos adolescentes, de forma a identificar precocemente as falsas acusações de violências, principalmente as psicológicas, como a alienação parental, é de suma importância a atuação de equipes multidisciplinares em conjunto ao Poder Judiciário de forma técnica e fundada, para ouvir e estimular a oitiva das crianças e dos adolescentes nas causas em que há relatos de violências contra si praticadas, principalmente identificando

---

9. STEIN, Lilian Milnitsky [et al.]. *Falsas memórias*: fundamentos científicos em suas aplicações clínicas e jurídicas. Porto Alegre: Artmed, 2010, p. 21-24.
10. Disponível em: https://noticias.uol.com.br/saude/listas/sua-memoria-nao-e-ruim-ler-e-focar-ajuda--a-guardar-o-que-e-importante.htm.
11. CALÇADA, Andreia Soares. *Perdas irreparáveis*: alienação parental e falsas acusações de abuso sexual, 3. ed. Rio de Janeiro: Fólio Digital, 2002, p. 52.

a falsa acusação de violência em caso que possa ter ocorrido atos de alienação parental, para mitigar e eliminar qualquer dano à convivência das crianças e dos adolescentes com suas linhagens parentais por meio de adultos disfuncionais.

Concluímos, então, que a doutrinação da memória em pessoas vulneráveis, principalmente no tocante ao delicado tema de abuso sexual, reflete diretamente em atos de alienação parental, gerando longos processos, tanto na seara criminal quanto nas varas de família, podendo muitos adultos inocentes ser condenados injustamente pelo que jamais fariam às pessoas que mais amam, podendo ser encarcerados e maculados como abusadores, "penas" estas das quais jamais se livrarão, ainda que sejam absolvidos judicialmente por sentença transitada em julgado.

4. O PAPEL DA PERÍCIA NAS AÇÕES QUE VERSEM SOBRE AS FALSAS ACUSAÇÕES DE ABUSO OU VIOLÊNCIA SEXUAL

Com o aumento do número de ações em que envolvem conflitos familiares, sobretudo a respeito da guarda de filhos, as falsas acusações de abuso sexual cresceram consideravelmente nos últimos anos.[12] É de se esperar que, ao receberem uma notícia de abuso contra criança e adolescente, o Magistrado e o membro do Ministério Público atuante nas varas de família tendam a suspender a convivência entre pais e filhos, e, imediatamente, promover o encaminhamento dos autos do processo à equipe técnica multidisciplinar da Comarca, iniciando-se então a fase pericial.

Segundo Conrado, Alcina e Glicia,[13] o rito das perícias psicológicas nas ações em que envolvam crianças e adolescentes é traçado pelos arts. 464 e ss. do Código de Processo Civil, com forma prevista nas Resoluções 08/2010 e 06/2019 do Conselho Federal de Psicologia, objetivando-se coletar elementos quando a discussão na demanda envolve o afeto, as relações familiares ou interfamiliares, bem como o comportamento dos indivíduos inseridos no núcleo familiar. Complementarmente, a inteligência do art. 5º, § 3º da Lei 12.318/10 leva a concluir que a perícia psicológica, em casos de acusação de abuso sexual e alienação parental, inicia-se com a remessa dos autos ao núcleo de psicologia, cujo *expert* terá o prazo de 90 dias para a elaboração do laudo, o qual poderá ser prorrogado por determinação judicial apenas se houver a devida justificativa.

É através da perícia psicológica, tida por nosso ordenamento jurídico como "perícia na modalidade exame" (art. 464, *caput*, do CPC), que o psicólogo é ca-

---

12. Disponível em: https://extra.globo.com/noticias/rio/nas-varas-de-familia-da-capital-falsas-denuncias-de-abuso-sexual-podem-chegar-80-dos-registros-5035713.html.
13. ROSA, Conrado Paulino da; BARROS, Alcina Juliana Soares; BRAZIL, Glicia Barbosa de Mattos. *Perícias psicológicas e psiquiátricas nos processos de família*. Salvador: JusPodivm, 2022, p. 96-101.

paz de escutar crianças e adolescentes, utilizando-se de técnicas balizadas nas Resoluções do Conselho Federal de Psicologia e no Código de Ética Profissional.

Antes de ordenar a remessa dos autos ao perito, contudo, deve o magistrado estar atento aos requisitos legais para que o futuro laudo seja provido de validade e eficácia jurídica. Por isso, o art. 156, *caput*, do Código de Processo Civil, determina que o psicólogo possua conhecimento técnico científico para atuar sobre casos que envolvam especificidades de abuso e alienação parental de crianças e adolescentes. Já o parágrafo primeiro do mesmo artigo exige que o perito esteja devidamente habilitado nos quadros do Tribunal de Justiça, cuja inexistência possibilitará que o magistrado indique um profissional de sua confiança, devendo recair sobre profissional ou órgão técnico ou científico comprovadamente detentor do conhecimento necessário à realização da perícia (art. 156, § 5º do CPC).

Levando-se em conta a especificidade do tema, nomeado o perito, este deve apresentar currículo com a devida comprovação de especialização em abuso infantil e infanto-juvenil, no prazo de 5 dias, como determina o art. 465 do mesmo diploma, que também impõe que se abra prazo de 15 dias para que as partes nomeiem assistentes técnicos e formulem quesitos. Os professores Conrado, Alcina e Glicia,[14] há pouco citados, ainda mencionam que, em demanda em que se discuta alienação parental, é imprescindível que o perito apresente histórico profissional acadêmico, para concluir pela existência ou não do abuso e até mesmo de atos de alienação parental, como bem preceitua o art. 5º, § 2º da Lei 12.318/2010. Além de histórico profissional, que deve ser obrigatoriamente apresentado pelo perito, o *expert* deve indicar que o método por ele utilizado é predominantemente aceito pelos especialistas da área do conhecimento do objeto periciado, qual seja, abuso sexual e alienação parental (inteligência do art. 473, III do Código de Processo Civil).

A perícia biopsicossocial também encontra guarida na Lei 12.318/10, em seu art. 5º, § 1º, dando especial enfoque ao aspecto de que a investigação dos peritos deve avaliar a personalidade dos envolvidos e promover exames da forma como a criança ou adolescente se manifesta a respeito do suposto fato vivenciado.

É nessa situação que podem ser chamados ao processo profissionais como psiquiatras, pediatras, urologistas pediatras, proctologistas e outros.

Para exemplificar a utilidade da participação de citados profissionais, pode-se citar uma ação de suspensão de guarda e convivência com acusação de que a criança tenha sofrido uma fissura anal praticada por um dos seus genitores. O magistrado poderá convocar um proctologista pediatra para avaliar a criança ou somente ordenar a elaboração de um laudo por Instituto Médico Legal, o qual

---

14. *Op. cit.*, p. 74.

poderá, por exemplo, conter a informação de que a fissura relatada nos autos seria tão pequena que jamais poderia ter sido feita por um adulto, mas sim pela própria criança, que por alguma razão, poderia ter machucado a si mesma.

A importância da perícia biopsicossocial é tão grande que talvez possa "resolver" o caso independentemente da continuidade da instrução processual, o que poderia impedir a revitimização da criança com escutas sucessivas pela rede de proteção, que em muitos casos é frágil e carente sob as perspectivas estrutural e de pessoal.

É válido mencionar que "não há mentira que resista a uma boa perícia", como lecionam os mestres antes citados,[15] os quais inda enfatizam que é vedado ao perito psicólogo emitir opiniões que estejam além do exame técnico ou científico por ele aplicado (CPC, art. 473, §2º). Ao que parece, o que querem dizer os autores é que, a partir da percepção do psicólogo, o caso poderá demandar estudos mais aprofundados por outras áreas do conhecimento, como por exemplo, a psiquiatria. Por isso, se o laudo pericial contiver desconformidades diante dos diplomas legais e resoluções do Conselho Federal de Psicologia, poderá a parte, sentindo-se em desvantagem, pedir a repetição do estudo com a produção de novo laudo pericial conclusivo, faculdade esta prevista no art. 480 de Código de Processo Civil.

Dada a interdisciplinaridade entre o Direito das Famílias e outras ciências, sobretudo a psiquiatria, o perito médico que queira atuar como psiquiatra forense precisará apresentar formação especializada em residência médica de psiquiatria (R4), devidamente reconhecida e validada pelo Conselho Nacional de Residência Médica, após a conclusão da especialização em psiquiatria, estando a obrigado a estudar pelo período de um ano as práticas de psiquiatria forense, após o seu ingresso no programa.[16]

Isso é muito importante, porque em muitas ações de guarda, convivência e alienação parental, nos deparamos com adultos e crianças emocionalmente doentes, carecendo de cautelosa perícia nos moldes do R4, posto que em alguns casos se observa nas pessoas envolvidas a ocorrência de transtornos de personalidade, psicoses, tentativas de suicídios, automutilações, depressões, dentre outras síndromes psiquiátricas. Referidos sintomas não podem ser tratados como fatos isolados, principalmente quando uma ou mais partes envolvidas apresenta sinais de doenças de natureza mental e inclinação para cometer homicídios ou falsas acusações contra a parte contrária, podendo inclusive tentar ou consumar tais atos contra o vulnerável, sujeito da disputa. Diga-se, ainda, que não somente os envolvidos no conflito familiar atuam na consecução de violências contra as

---

15. *Op. cit.*, p. 83.
16. ROSA, Conrado Paulino da; BARROS, Alcina Juliana Soares; BRAZIL, Glicia Barbosa de Mattos. *Perícias psicológicas e psiquiátricas nos processos de família.* Salvador: JusPodivm, 2022, p. 177-183.

crianças e adolescentes, já que o próprio Estado pode vir a cometer a chamada violência institucional, prevista na Lei 13.431/2017, em seu art. 4º, IV.

No que diz respeito especificamente às falsas acusações de abuso sexual, é possível observar esse tipo de violência, quando, no atuar de suas profissões, os próprios ocupantes de cargos públicos – a exemplo de peritos, magistrados e promotores de justiça – acabam não respeitando as regras na produção do laudo psicossocial, deixando, em muitos casos, de chamar ao processo profissionais psiquiatras para averiguar e avaliar se existe algum tipo de comorbidade mental no acusador ou constatar se o acusado, de fato, é portador de perfil de pessoa que cometeria crimes sexuais contra crianças e adolescentes.

Em casos de violência ou abuso contra criança e adolescente, o princípio constitucional da presunção da inocência pode ser colocado em patente rota de colisão com outro princípio de grande magnitude, também extraído da Constituição Federal de 1988 – o princípio da proteção integral (art. 227).

Ultrapassada a abordagem da importância da perícia, é salutar abordar o depoimento especial. Segundo a Lei 13.431/17 o depoimento especial poderá ser colhido tanto pela autoridade policial, quanto pelo Poder Judiciário (art. 8º). O problema reside, em muitos casos, na falta de recursos e na ausência de capacitação da rede de proteção, no momento de se de colher tal prova, o que pode fazer com que crianças e adolescentes sejam submetidos à oitiva em delegacias especializadas, porém sem o devido respeito à norma, maculando-se o devido procedimento. Esse proceder ainda pode trazer à tona os vícios subjetivos da memória, quais sejam, sugestionabilidade, repetição e distorção, o que prejudica em muito a fidedignidade do relato infantil.

A fim de se evitar estes e outros vícios, a coleta do depoimento especial deve ser feita em sala neutra, conforme previsão do artigo 10 da Lei n. 13.431/10, tendo o infante, dentre outros, o direito de ser assistido por profissional capacitado e o de conhecer os profissionais que participam dos procedimentos de escuta especializada e depoimento especial (art. 5º, XI), bem como o de ser informado sobre a presença ou não do autor do fato na sala de audiência, o qual, se lá estiver, poderá ter seu afastamento autorizado pelo juiz se restar verificado que isso pode prejudicar o depoimento especial ou colocar o depoente em situação de risco (art. 12, § 3º). Por outro lado, quando o depoimento for colhido em sede policial, a criança ou adolescente passa pela escuta de um policial que, ao final, produzirá uma ata de depoimento especial. Importante frisar o formato da ata produzida, para que não seja elaborado laudo conclusivo, como se de documento confeccionado por perito se estivesse tratando, o que poderá gerar nulidade absoluta do documento por recair na produção de uma prova inválida – Teoria do fruto da árvore envenenada (art. 5º, LVI da CF/88; art. 157, § 1º do CPP).

De acordo com o art. 11, *caput* da lei de regência, o depoimento especial tem caráter de produção antecipada de prova, e por isso deve ocorrer uma única vez. Nos casos em que a criança detenha menos de sete anos de idade ou tenha, supostamente, sofrido violência sexual, o rito da produção de antecipação de provas será obrigatoriamente respeitado (inteligência do art. 11, *caput*, e § 1º, I e II da Lei 13.431/17).

No Estado do Rio de Janeiro, por exemplo, o Núcleo de Depoimento Especial, por vezes chamado de NUDECA – Núcleo Especializado de Promoção e Defesa dos Direitos da Criança e do Adolescente,[17] é quem dirá se a criança está apta a ser ouvida judicialmente por este rito, pois devido à tenra idade, algumas podem apresentar "memória de essência",[18] um tipo de memória que é sensorial, em que a criança lembra-se de um todo, jamais de detalhes, demonstrando para o especialista apenas como ela se sente a respeito daquele episódio específico, sendo, por isso, desaconselhável a escuta de crianças muito pequenas.

Para que qualquer falsa acusação de abuso sexual possa ser o mais rapidamente possível identificada, parece ser ideal que o processo seja remetido à perícia biopsicossocial para análise do fato e do núcleo familiar onde o infante esteja inserido. Além disso, a legislação federal e as diretrizes traçadas por protocolos estaduais devem ser respeitadas, principalmente no tocante à natureza cautelar do rito a ser empregado à escuta de crianças de certa idade (art. 11, § 1º, I e II, da Lei 13.431/2017; art. 156 do CPP), para assegurar a intervenção urgente das autoridades competentes, a qual deve ser efetuada logo que a situação de perigo seja conhecida, especialmente para preservar a integridade física e emocional da criança, assegurando-lhe proteção integral e a possibilidade de superar a suposta violação.

Um dos problemas que não podem ser ignorados é que a criança, vítima de suposto abuso sexual, poderá ou não ser ouvida neste formato, já que, em diversas demandas, ela já chega ao Judiciário com grande histórico de escutas pela rede de proteção. Afinal, incluir esse infante, ainda em tenra idade, no depoimento especial, poderia ser revitimizador e constrangedor, sem se esquecer que esta

---

17. NUDECA – *Conheça a história no Tribunal de Justiça do Estado do Rio de Janeiro*: chromeextension:// efaidnbmnnnibpcajpcglclefindmkaj/http://cgj.tjrj.jus.br/documents/1017893/1037310/Historico_Depoimento+Esepcial_artigo_Sandra+Levy_.pdf/2128a3b1-9dea-251c-e415-4d9f959cd224.
18. De acordo com o modelo ou teoria do "Traço Difuso" (*Fuzzy Trace Theory*), desenvolvido por C. J. Brainerd e V. F. Reyna, e amplamente aceito para se explicar as falsas memórias, existiriam dois tipos de memória, que funcionariam de forma independente e simultânea: a memória de essência e a memória literal. Em suma, a primeira armazenaria informações específicas de forma detalhada e precisa, enquanto a segunda armazenaria somente as informações representativas do significado da experiência como um todo (Brainerd, C. J., & Reyna, V. F. Fuzzy trace theory and children's false memories. *Journal of Experimental Child Psychology*, 71, 81-129).

criança possivelmente apresentará muitos vícios subjetivos de sua memória, não conseguindo trazer um relato fidedigno aos autos do processo.

Outra forma de *experts* atuarem em demandas que envolvam falsas denúncias de abuso sexual, é através de uma das novidades trazidas pelo Código de Processo Civil, qual seja, a audiência do artigo 699. É que esta modalidade de audiência deve ser designada "quando o processo envolver discussão sobre fato relacionado a abuso ou a alienação parental", ocasião em que não necessariamente será produzida a prova oral (pelo depoimento do infante), mas sim colhido seu depoimento pelo juízo, na presença do promotor de justiça e de algum especialista porventura convocado pelo juízo. Essa modalidade pode ser eficaz contra as falsas acusações, pois, diferentemente do depoimento especial, não estamos diante de um declarações de testemunhas, mas sim de um depoimento da própria criança, no qual ela expõe ao juiz suas subjetividades, dores, sofrimentos, dificuldades etc.

Um fato que não deixa de ser curioso é que as acusações de abuso sexual de crianças e adolescentes iniciam-se, em diversas ocasiões, nas varas de família, pois, pelo devido processo legal, seria de se esperar que tudo tivesse início nas varas criminais ou nas delegacias de polícia. É nesse contexto que Andreia Calçada[19] promoveu levantamento informal de 27 processos entre 2003 e 2013 em que atuou como assistente técnica, chegando à conclusão alarmante de que as acusações de abuso sexual, em 14 deles, eram fruto de vingança afetiva, e, em segundo lugar, 7 processos estavam atrelados a vingança financeira. No mesmo estudo, Andreia também concluiu que o maior problema nos laudos periciais que relatavam a ocorrência de abuso sexual eram os seguintes: a) em 67% deles, o alienado e o acusado não foram ouvidos pela equipe multidisciplinar da comarca, não sendo inseridos no exame; b) em 81% deles, a criança tinha sua fala verbal levada em consideração; c) em 74% deles, não houve entendimento e nem significado da motivação da acusação de abuso sexual dentro do histórico familiar; d) apenas em 6 processos houve: a avaliação da personalidade do acusado e se havia associação dele a perfil de pessoas que cometem crimes sexuais contra crianças; a avaliação do acusador e de outras pessoas envolvidas, e, a inserção de critérios avaliativos sobre a alienação parental (levando em consideração em que parte deles houve a contratação de assistentes técnicos), o que auxilia o perito a enxergar tais critérios; e) em 37% deles, houve erro de diagnóstico pelo perito que embasou seu diagnóstico nos sintomas relatados pelo responsável da criança; f) em 78% deles, os profissionais que atuavam nas demandas não respeitaram princípios basilares da profissão do psicólogo, como resoluções do Conselho Federal de psicologia, bem como o Código de Ética profissional, em 17 processos os peritos foram literalmente parciais; g) em 02 processos, houve a tomada de decisões, que caberia

---

19. *Op. cit.*, p. 125.

FALSAS ACUSAÇÕES DE ABUSO SEXUAL E ALIENAÇÃO PARENTAL **217**

somente ao juízo, pela equipe técnica, multidisciplinar; h) em 6 processos, a Lei Maria da Penha foi empregada de forma abusiva, com falsas denúncias de violência doméstica; i) somente em 6 processos, houve investigação da relação entre pais e filhos, e; j) em 100% deles, houve afastamento inicial do genitor do filho.

De todos os dados levantados pela professora, contudo, a estatística mais perigosa e alarmante parece ser aquela que apontou que que crianças que estavam em psicoterapia antes da decisão judicial (7 processos), tiveram prejuízos, pois o profissional clínico contribuiu de forma contundente a consolidar falsas memórias de abuso sexual. Ainda de acordo com ela, a falta de conhecimento e capacitação de psicólogos nos tribunais de justiça ou indicados pelos magistrados promoveu afastamento considerável entre pais e filhos, mesmo naqueles casos em que, ao final, os genitores foram sido inocentados. Segundo o mesmo estudo, pelos erros e desconhecimento dos peritos, em alguns casos as perdas foram irreparáveis, vez que a prole jamais quis reatar o contato paterno ou materno-filial.

Isso parece recomendar trazer aos processos em que se suspeitem de falsas denúncias, profissionais da área de saúde mental, para que se possa saber de forma mais segura se as pessoas estão sendo levadas a se comportar dessa maneira em virtude de estarem acometidas por doenças mentais, a exemplo de transtorno de personalidade antissocial, transtorno de personalidade narcisista e síndrome de Münchausen por procuração – todos estão na classificação internacional de doenças mentais, presentes ainda no DSM-V (sistema diagnóstico e estatístico de classificação dos transtornos mentais, segundo o modelo categorial, destinado à prática clínica e à pesquisa em psiquiatria).[20]

Andreia Calçada[21] alerta que psicólogos clínicos que atendem crianças e adolescentes em meio a um litígio judicial, sobretudo quando existe uma denúncia de abuso sexual, podem fornecer sua avaliação pessoal ao juízo, mas com todo cuidado, a fim de não acirrar desnecessariamente, e sem embasamento, o litígio que já se encontra em estágio avançado. Ela também afirma que crianças que estejam frequentando psicoterapia (profissional clínico) antes de ser proferida decisão judicial em ações cujo abuso sexual é objeto, podem prejudicar a investigação. Em arremate, Andreia afirma que "um dado realmente significativo é que metade dessas decisões foi tomada mesmo quando iam contra o desejo das crianças (CLAWAR; RIVLIN, 1991, p. 150)".

Com base em tudo o que foi dito, sugerimos que os profissionais do Direito e da Psicologia evitem considerar unicamente a opinião de crianças e adolescentes nesses litígios, pois eles podem estar sofrendo algum processo de alienação.[22]

---

20. Disponível em: -e-estatistico-de-transtornos-mentais-dsm-5.pdf.
21. *Op. cit.*, pp. 133, 131, 152.
22. *Op. cit.*, p. 152.

No próximo e derradeiro tópico, serão analisadas algumas decisões judiciais proferidas sobre o tema.

5. JURISPRUDÊNCIAS

No ano de 2021, a mídia especializada noticiou que, no Rio de Janeiro, a genitora de uma criança foi condenada ao pagamento de indenização para a avó paterna por falsa acusação de abuso sexual contra neta.[23] Tal julgado nos faz entender que o tema, ainda que de forma insuficiente, tem sido reconhecido em nossa jurisprudência. O remédio jurídico possível em casos de absolvição pela pessoa falsamente acusada seria a medida criminal por intermédio da denunciação caluniosa (art. 339 do CP) e a medida cível por meio do pedido de indenização por danos morais. No mesmo ano de 2021, o Tribunal de Justiça de Minas Gerais também teve oportunidade de reconhecer falsas acusações de abuso sexual de um adulto contra outro em litígios tendo por objeto a guarda de filhos.[24]

Quer nos parecer, no entanto, que exista necessidade de reposicionamento dos Tribunais Pátrios no tocante às medidas necessárias ao combate da prática de alienação parental promovida por meio das falsas acusações no âmbito das ações de família, com a finalidade precípua de garantir a máxima proteção aos menores envolvidos. Em casos assim, talvez seja ideal a aplicação de medidas mais enérgicas, como a inversão da guarda em favor do alienado, com a finalidade de beneficiar exclusivamente o infante, consoante dispõe o art. 6º, V da Lei 12.318/10, pois o estabelecimento da guarda compartilhada com ampliação de convivência com o adulto injustamente acusado, pode representar medida insuficiente para estancar a problemática, podendo provocar o ajuizamento de futuras e inacabáveis ações judiciais com o mesmo teor. Foi justamente isso que aconteceu em um caso versando sobre suposta ocorrência de alienação parental grave – o que se encaixa perfeitamente em casos de falsas acusações de abuso ou violência sexual de crianças e adolescentes -, em que o Tribunal de Justiça de Minas Gerais assim decidiu:

> Ementa: Agravo De Instrumento – Ação Regulamentação De Guarda E Regime De Convivência – Deferimento Da Tutela De Urgência – Fixação Da Guarda Provisória Da Menor Em Favor Do Genitor – Princípio Do Melhor Interesse Da Criança E Do Adolescente – Alienação Parental Por Parte Da Genitora Da Infante – Comprovação – Utilização De Instrumentos Processuais Aptos À Inibição Ou Atenuação Dos Seus Efeitos – Art. 6º, V, da Lei 12.318/10 – Ausência de conduta desabonadora do recorrido – Manutenção da inversão da guarda – Recurso não provido. Conforme estabelecem a Constituição Federal e a Lei 8.069/90, em face da situação

---

23. Disponível em: https://www.migalhas.com.br/quentes/344406/avo-recebera-r-50-mil-por-falsa-acu-sacao-de-abuso-sexual-contra-neta.
24. TJMG – Apelação Cível: AC 5000407-22.2017.8.13.0313, 7ª Câm. Cível, DJe de 02/08/2021.

de vulnerabilidade em que se encontram, deve-se observar devida proteção das crianças e dos adolescentes como princípio basilar e orientador do direito de família, visando a propiciar as melhores condições para o bom e adequado desenvolvimento dos menores. A guarda, que se destina a regularizar a posse de fato do menor, gera vínculo jurídico modificável, mas a mudança de guardião apenas deve ocorrer quando a gravidade das circunstâncias fáticas a recomendarem. Demonstrado que a genitora praticou reiteradamente a alienação parental e inexistente qualquer conduta desabonadora do pai em relação à filha, mantém-se a decisão que outorgou a guarda provisória da infante ao genitor, à luz do disposto no art. 6º, V, da Lei n. 12.318/10. Recurso não provido.

(TJ-MG – AI: 10000212063465001 MG, Relator: Corrêa Junior, Câmaras Cíveis, 6ª Câmara Cível, DJe de 07/02/2022).

6. CONCLUSÃO

Sem qualquer pretensão de esgotar o assunto, mas, apenas, de convidar a comunidade jurídica a refletir a respeito, este estudo tentou demonstrar que as falsas acusações de abuso sexual podem ser evitadas por intermédio da capacitação de profissionais que atuem nas ações de família, a fim de que haja uma melhor compreensão sobre a prática de atos como alienação parental e seus reflexos, o que será fundamental para prevenção da violência psicológica infantil.

7. REFERÊNCIAS

BLUSH, Gordon J.; ROSS, Karol L. Sexual Allegations in Divorce: the SAID syndrome. *Family Court Review*, n. 25, v. 1, March 2005.

BRAINERD, C. J., & REYNA, V. F. Fuzzy trace theory and children's false memories. *Journal of Experimental Child Psychology*, 71.

BRAZIL, Glicia Barbosa de Mattos. *Psicologia jurídica*: a criança, o adolescente e o caminho do cuidado na justiça. Indaiatuba, SP: Editora Foco, 2022.

CALÇADA, Andreia Soares. *Perdas irreparáveis*: alienação parental e falsas acusações de abuso sexual. 3. ed. Rio de Janeiro: Fólio Digital, 2022.

CLAWAR, Stanley; RIVLIN, Brynne. *Children held hostage*: dealing with programmed and brainwashed children. Chicago, IL: American Bar Association, 1991.

MECLER, Katia. *Psicopatas do cotidiano*: como reconhecer, como conviver, como se proteger. Rio de Janeiro: Casa da Palavra, 2015.

ROSA Conrado Paulino da; BARROS, Alcina Juliana Soares; BRAZIL, Glicia Barbosa de Mattos. *Perícias psicológicas e psiquiátricas nos processos de família*. Salvador: JusPodivm, 2022.

STEIN, Lilian Milnitsky [et al.]. *Falsas memórias*: fundamentos científicos em suas aplicações clínicas e jurídicas. Porto Alegre: Artmed, 2010.

WAQUIM, Bruna Barbieri. *Alienação familiar induzida*: aprofundando o estudo de alienação parental. 2. ed. Rio de Janeiro: Lumen Juris, 2018.

PROBLEMÁTICAS DO DIVÓRCIO NA ATUALIDADE

Ana Lígia Cagliari Homem de Mello

Mestre em Direito Processual Penal (Unip). Pós-graduanda em Direito Processual das Famílias e Sucessões (Atame/DF). Membro IBDFAM. Membro da Comissão da Mulher (OAB – Ilhabela/SP). Advogada (Ilhabela/SP).

Clarice Calgarotto

Pós-graduanda em Direito Processual das Famílias e Sucessões) (Atame/DF). Membro IBDFAM. Membro da Comissão de Direito de Família (OAB – Balneário Camboriú/SC). Advogada (Balneário Camboriú/SC).

Ana Rachel de Miranda Ferreira Carneiro

Pós-graduada em Direito das Famílias e Sucessões (UNIDERP). Pós-graduanda em Direito Processual das Famílias e Sucessões (Atame/DF). Presidente da Comissão de Direito das Famílias e da Comissão da Criança e Adolescente (OAB/Teresópolis). Advogada (Teresópolis/RJ).

Adriana Sayuri Okayama

Pós-graduada em Direito Civil (Unicam) e Direito Processual Civil (Unip). Especialização em Direito das Famílias e Sucessões (CEU). Pós-graduanda em Direito Processual das Famílias e Sucessões (Atame/DF). Conciliadora (TJSP). Membro IBDFAM. Advogada (Barueri/SP).

Sumário: 1. Introdução – 2. A evolução histórica do divórcio no Brasil – 3. O processo de divórcio; 3.1 O processo do divórcio antes e depois da EC 66/2010 – 4. O divórcio na atualidade – 5. O divórcio litigioso; 5.1 A tentativa de composição antes da litigiosidade; 5.2 A decretação do divórcio por decisão proferida antes da prolação da sentença; 5.3 Do denominado "divórcio liminar" – 6. O divórcio consensual; 6.1 O divórcio consensual judicial; 6.2 O divórcio consensual extrajudicial – 7. Considerações finais – reflexão acerca de uma visão desjudicializada do divórcio – 8. Rferências.

1. INTRODUÇÃO

Nas últimas décadas, o Brasil tem vivenciado significativas mudanças no que diz respeito ao divórcio, cuja permissão se deu a partir da legislação pátria no ano de 1977, tendo ocorrido frequentemente por meio de um processo complexo, moroso e muitas vezes marcado por conflitos legais e emocionais entre os cônjuges.

Sendo assim, o presente artigo tem por objetivo analisar as problemáticas enfrentadas pelos cônjuges quando decidem romper o matrimônio. Com as mudanças legislativas e da sociedade, este processo vem evoluindo, tornando-se mais célere e menos custoso buscando reduzir os desgastes emocionais, em especial, quando realizado de forma consensual entre os envolvidos.

Neste artigo, abordaremos a evolução do divórcio no Brasil, dando enfoque à análise dos principais aspectos legais e sociais do divórcio consensual, bem como aos seus benefícios e dificuldades legais. Dessa maneira, o presente estudo busca ajudar a compreender mais profundamente como o divórcio consensual no Brasil pode contribuir para pacificar e simplificar o rompimento do vínculo matrimonial, com enfoque na desjudicialização do ato.

2. A EVOLUÇÃO HISTÓRICA DO DIVÓRCIO NO BRASIL

A figura do divórcio, no mundo moderno, surge no Código Civil Francês de 1804, com base em conceito oriundo do Direito Romano da Antiguidade. No Brasil, por conta do padroado enviado por Portugal, a religião católica sempre teve grande influência na sociedade, na política e na legislação, inclusive com previsão constitucional[1]. Até o Brasil se tornar um Estado laico[2], existia apenas o casamento religioso, o qual era indissolúvel, só podendo ser rompido com a morte de um dos cônjuges. Em substituição ao casamento religioso foi instituído o casamento civil, por meio do Decreto 181/1890, da lavra de Rui Barbosa. O decreto também introduziu a figura do divórcio, mas sem o condão de dissolver o matrimônio, servindo tão somente para separar os corpos e cessar o regime de bens[3].

Em que pese o Brasil ter se tornado um Estado laico, a sociedade manteve o viés do patriarcado, onde a família era sagrada e constituída apenas pelo casamento e somente o homem podia exercer a função de "chefe" da sociedade conjugal. O Código Civil Brasileiro de 1916 (CC/16) manteve os preceitos patriarcais tão somente substituindo a palavra "divórcio" do Decreto 181/1890 pela figura do "desquite". A norma ainda exigia que o pedido deveria ser justificado, imputando ao outro a culpa pelo rompimento, bem como não era permitido ao casal contrair novo matrimônio; eventual prole de relação futura seria considerada como "filho ilegítimo" ou "filho bastardo".

Apenas com a aprovação da Emenda Constitucional (EC) 09, de 1977, que alterou o § 1º do art. 175, da Constituição de 1967, o Brasil passou a permitir a

---

1. Art. 5º, da Constituição Imperial do Brasil de 1824.
2. Decreto 119-A, de 07 de janeiro de 1890, promulgado pelo Marechal Manoel Deodoro da Fonseca.
3. Decreto 181, de 24 de janeiro de 1890. "*Art. 88. O divorcio não dissolve o vinculo conjugal, mas autoriza a separação indefinida dos corpos e faz cassar o regime dos bens, como si o casamento fosse dissolvido.*"

dissolução do casamento por meio do divórcio. A Lei 6.515/77 (que regulamentou o § 1º, do art. 175, da Constituição de 1967) substituiu a expressão "desquite" por "separação" e permitiu aos que estivessem separados judicialmente por, no mínimo, 03 anos, pudessem se divorciar; somente aos separados de fato há mais de 05 anos, na data de 28/06/1977, foi permitido o divórcio direto. Mas o divórcio só era permitido uma única vez.

Como forma de redemocratização e com o objetivo de decretar o fim da Ditatura Militar, em 1988 foi promulgada a chamada Constituição Cidadã (CF/88) elaborada com a participação de inúmeros grupos populares, constituindo o Brasil como Estado Democrático de Direito. Com ideias mais liberais, permitindo, inclusive, o "empoderamento" da mulher e a alteração do papel do homem no casamento, a CF/88 trouxe novas acepções ao conceito de família ao incluir a união estável entre homem e mulher, bem como a comunidade formada por qualquer dos pais e seus descendentes. Contudo, para que o casamento fosse dissolvido, manteve a necessidade de prévia separação judicial, por, no mínimo, 01 ano, ou da separação de fato, por 02 anos. A limitação para que o divórcio fosse concedido por mais de uma vez vigorou até a edição da Lei 7.841, de 17 de outubro de 1989, que revogou o art. 38, da Lei 6.515/77. O divórcio direto, da forma como é realizado atualmente, como um direito potestativo e sem necessidade de prévia separação, apenas foi possível com a Emenda Constitucional 66, de 13 de julho de 2010 (EC 66/2010), cuja proposta legislativa foi sugerida pelo Instituto Brasileiro de Direito de Família (IBDFAM), conforme consta da exposição de motivos:

> A presente Proposta de Emenda Constitucional nos foi sugerida pelo Instituto Brasileiro e Direito de Família [...] dois processos judiciais (separação judicial e divórcio por conversão) resulta em acréscimos de despesas para o casal, além de prolongar sofrimentos evitáveis.
>
> Por outro lado, essa providência salutar, de acordo com valores da sociedade brasileira atual, evitará que a intimidade e a vida privada dos cônjuges e de suas famílias sejam revelados e trazidos ao espaço público dos tribunais, como todo o caudal de constrangimentos que provocam, contribuindo para o agravamento de suas crises e dificultando o entendimento necessário para a melhor solução dos problemas decorrentes da separação.
>
> Levantamentos feitos das separações judiciais demonstram que a grande maioria dos processos são iniciados ou concluídos amigavelmente, sendo insignificantes os que resultaram em julgamentos de causas culposas imputáveis ao cônjuge vencido. Por outro lado, a preferência dos casais é nitidamente para o divórcio que apenas prevê a causa objetiva da separação de fato, sem imiscuir-se nos dramas íntimos; afinal, qual o interesse público relevante em se investigar a causa do desaparecimento do afeto ou do desamor? [...][4]

---

4. CÂMARA DOS DEPUTADOS, 2005, p. 31647.

3. O PROCESSO DE DIVÓRCIO

A evolução do divórcio no Brasil, em especial após a promulgação da CF/88, trouxe evidente mudança do paradigma das relações familiares e da forma como é tratado pelas regras jurídicas. Atualmente, com a "modernização" da sociedade e a liberdade para exprimir as suas vontades, as uniões amorosas e familiares são aceitas independentemente da formalização do ato, da identidade de gênero ou da orientação sexual de seus componentes. Até mesmo os relacionamentos advindos do "poliamor", aos poucos estão sendo aceitos na sociedade, e suas problemáticas vêm sendo enfrentadas pelo ordenamento jurídico.[5]

No entanto, a figura do casamento formal ainda se encontra em voga como forma do casal exteriorizar para a sociedade a sua entrega e o seu amor, seja ele heteroafetivo ou homoafetivo[6]. E isso se reflete diretamente nos números divulgados pela Associação dos Notários e Registradores do Brasil (ANOREG), somente no ano de 2022 foram celebrados, no país, mais de 814 mil casamentos entre casais heteroafetivos e mais de 11 mil entre casais homoafetivos[7]. Mas, quando o relacionamento termina, com o chamado desamor, para aqueles que formalizaram a união pelo casamento, somente sobeja o divórcio. E o modo consensual é o melhor remédio para o rompimento, pois se adequa aos desejos de ambas as partes. De outro modo, não havendo consenso entre o casal resta o divórcio litigioso, que geralmente é bem mais custoso, tanto sob os aspectos financeiros quanto emocionais, além da decisão final ser imposta por um magistrado, terceiro alheio à relação conjugal.

3.1 O processo do divórcio antes e depois da EC 66/2010

Até a entrada em vigor da EC 66/2010, o divórcio deveria ser precedido pela separação judicial ou de fato. Caso houvesse consenso, os cônjuges deveriam requerer ao Juízo competente a homologação da separação, cujo acordo deveria, obrigatoriamente, abarcar a guarda, visita e alimentos aos filhos menores. A partilha de bens também deveria ser apresentada, podendo, excepcionalmente, ser realizada em outro momento[8]. Após, deveriam aguardar mais um ano para,

---

5. Entretanto, o Conselho Nacional de Justiça (CNJ) decidiu pela proibição de que os Tabelionatos de Notas lavrem escrituras de uniões poliafetivas no âmbito do Pedido de Providências (PP 0001459-08.2016.2.00.0000).

6. Um dos primeiros passos para o reconhecimento da união homoafetiva, foi o julgamento do Supremo Tribunal Federal (STF) da Ação Direta de Inconstitucionalidade (ADI) 4.277 e da Arguição de Descumprimento de Preceito Fundamental (ADPF) 132, que reconheceu a isonomia entre os casais heteroafetivos e os homoafetivos, e pelo Conselho Nacional de Justiça (CNJ) ao editar a Resolução 175/2014, que regulamentou a celebração do casamento civil entre pessoas do mesmo sexo.

7. ANOREG - Associação dos Notários e Registradores do Brasil (2022).

8. De acordo com o que dispunha o § 1º, do art. 1.121, do CPC/73, apenas a partilha de bens poderia ser realizada posteriormente.

finalmente, dissolverem o casamento por meio da chamada ação de conversão da separação em divórcio. Apenas se comprovassem a separação de fato por mais de dois anos poderiam pleitear diretamente o divórcio. Não havendo acordo para o rompimento, o processo dar-se-ia de forma litigiosa seguindo os ditames do Código de Processo Civil de 1973 (CPC/73), sendo que o reconhecimento da culpa influía diretamente no direito de guarda dos filhos menores, ao uso do nome do marido pela mulher e o direito do cônjuge inocente em receber alimentos, tornando o trâmite mais doloroso e desgastante. Contudo, este entendimento ultrapassado foi sendo desarraigado do nosso ordenamento jurídico e, antes mesmo da alteração legislativa supramencionada, o saudoso Ministro Ruy Rosado Aguiar, no julgamento do Recurso Especial (REsp) 467.184/SP, já reconhecia que a simples vontade de separar dos cônjuges seria suficiente para a decretação da separação judicial, independentemente de quem tivesse dado causa ao rompimento:

> Separação. Ação e reconvenção. Improcedência de ambos os pedidos. Possibilidade da decretação da separação. Evidenciada a insuportabilidade da vida em comum, e manifestado por ambos os cônjuges, pela ação e reconvenção, o propósito de se separarem, o mais conveniente é reconhecer esse fato e decretar a separação, sem imputação da causa a qualquer das partes. Recurso conhecido e provido em parte.[9]

Após a aprovação e publicação da EC 66/2010, também conhecida como "Emenda do Divórcio", os termos do § 6º do artigo 226 da CF/88 foram alterados passando a dispor que "*o casamento civil será dissolvido pelo divórcio*", sem exigir qualquer outro requisito. A partir deste momento histórico, com a consagração de uma nova ótica acerca do Direito das Famílias contemporâneo, o Estado foi se afastando, intervindo cada vez menos nos relacionamentos entre os casados, dando espaço e autonomia à vontade dos cônjuges para modificar a situação jurídica familiar de forma mais confortável, como por exemplo, ao permitir a alteração do regime de bens no curso do casamento. Portanto, passamos gradativamente de um direito de família quase inteiramente regrado pelo Estado para um direito das famílias com mínima intervenção estatal.

4. O DIVÓRCIO NA ATUALIDADE

Hoje se vislumbra maior liberdade para as famílias instituírem suas próprias regras, inclusive no momento da dissolução da sociedade conjugal, possibilitando que o divórcio ocorra de forma menos gravosa para os envolvidos, podendo seus membros desfrutarem de forma mais efetiva do jargão "minha família, minhas

---

9. REsp 467.184/SP, relator Ministro Ruy Rosado de Aguiar, Quarta Turma, julgado em 5/12/2002, DJ de 17/2/2003, p. 302.

regras"[10]. Atualmente, o casamento pode ser dissolvido de forma litigiosa ou consensual, que poderá ser judicial ou extrajudicial, de acordo com o caso concreto.

Para fins de ilustração, de acordo com a última estatística divulgada pelo Instituto Brasileiro de Geografia e Estatística (IBGE), somente no ano de 2021 foram concedidos 386.405 divórcios, sendo 299.438 de forma judicial (200.860 consensuais, e 98.578 litigiosos) e 86.967 de forma extrajudicial[11].

5. O DIVÓRCIO LITIGIOSO

Quando um relacionamento não possui mais afeto, geralmente o principal desejo do casal deveria ser um rompimento rápido e indolor. Entretanto, o que se observa muitas vezes é a necessidade da judicialização do conflito, principalmente por conta da falta de diálogo entre o casal e dos sentimentos antagônicos presentes nessa fase, seja pela falta de consenso quanto ao término do relacionamento, seja porque não estão de acordo com os termos do divórcio. E, deixar para o Estado a decisão sobre a vida dos componentes desta família, como bem ensina o Mestre Rodrigo da Cunha Pereira, trará marcas e memórias indeléveis:

> O litígio conjugal é a falência do diálogo e uma forma, às vezes, inconsciente, de sua manutenção. Cada um acredita estar dizendo a verdade e quer que o Estado-Juiz diga quem é o certo ou errado, isto é, quem é culpado e quem é inocente. Anula-se na consciência tudo de bom que houve entre eles, e emergem predominantemente os rancores e as mágoas. O ódio prevalece sobre o amor, e as pessoas ficam cegas por uma razão, em nome de se buscar direitos. O final é sempre trágico. Não há ganhadores ou perdedores em uma disputa em que se busca um culpado e se perdem a referência e a noção do mal e das marcas indeléveis que o litígio deixa, principalmente nos filhos[12].

5.1 A tentativa de composição antes da litigiosidade

O Código de Processo Civil (CPC), em vigor desde março de 2016, é enfático ao determinar que as partes envolvidas (aqui inclusos também os Juízes e o Ministério Público) devem buscar a composição consensual dos conflitos, como forma de garantir o pleno acesso à justiça com a duração razoável do processo. Nesses casos, na esteira do artigo 694 do CPC, uma vez recebida a petição inicial do pedido de divórcio litigioso, o magistrado deve buscar empreender esforços para a resolução consensual do conflito. Para tanto, poderá fazer o uso de ferra-

---

10. Tema em voga atualmente, onde os cônjuges, de forma preventiva, tanto antes como após o casamento, disciplinam os mais variados temas, em especial, aqueles que envolvam os bens e os filhos, como por exemplo, quem irá administrar os bens da família, cláusula "antibaixaria" em caso de separação, dentre outras.

11. IBGE - Instituto Brasileiro de Geografia e Estatística (2023).

12. PEREIRA, 2023 p. 246.

mentas assertivas como as sessões de mediação, conciliação e o uso de práticas colaborativas, com o auxílio de profissionais de outras áreas de conhecimento. Por esta razão, determina o artigo 695, do CPC, que o réu deverá ser citado para comparecer à audiência de mediação e conciliação, cuja presença é obrigatória, sob pena de ser aplicada multa por ato atentatório à dignidade da justiça[13].

Todavia, deve-se esclarecer que a participação na sessão de mediação é facultativa. Isto porque um dos princípios que regem a mediação é a aceitação e a voluntariedade da parte em tentar restabelecer o diálogo com o outro cônjuge[14]. Em outras palavras, as partes são obrigadas a comparecer à audiência de mediação, mas só participarão da sessão se assim desejarem, submetendo-se às regras do procedimento. Restabelecido o diálogo e o consenso sobre o todo, ou ainda, apenas de parte dos pedidos, o magistrado homologará o acordo, prosseguindo o processo quanto às demais questões e seguindo o rito previsto no artigo 697 do CPC, onde o réu poderá apresentar sua defesa. Com a defesa, o magistrado terá duas possibilidades: (i) julgar antecipadamente o mérito ou (ii) sanear o feito, quando poderá julgar parcialmente o mérito e iniciar a fase probatória para firmar o seu convencimento e sentenciar o processo, como se verá a seguir.

5.2 A decretação do divórcio por decisão proferida antes da prolação da sentença

Com a EC 66/2010, o exercício do direito de se divorciar não depende mais da aceitação ou contestação da parte adversa, sendo um direito potestativo como ensina o Dr. Pablo Stolze Gagliano:

> [...] com a entrada em vigor da nova Emenda, é suficiente instruir o pedido de divórcio com a certidão de casamento, não havendo mais espaço para a discussão de lapso temporal de separação fática do casal ou, como dito, de qualquer outra causa específica de descasamento.[15]

Na mesma esteira, leciona o Dr. Conrado Paulino da Rosa que, hodiernamente, já é possível a decretação do divórcio apenas levando-se em conta a vontade de um dos cônjuges, visto tratar-se de direito que independe de qualquer produção de prova[16].

Por essa razão, eventual defesa da parte adversa ficaria restrita a suscitar questões processuais e a impugnar eventuais conflitos sobre alimentos, guarda de filhos e partilha de bens. Assim, sendo incontroverso o direito do cônjuge em dissolver o casamento, o magistrado poderá valer-se do instituto do julgamento antecipado

---

13. Art. 77, § 1º, do CPC.
14. TARTUCE, 2021. p. 204.
15. GAGLIANO, 2018. p. 69.
16. ROSA, 2023. p. 354.

parcial do mérito para, de pronto, decretar a dissolução do casamento, mediante decisão interlocutória (art. 356, I e II, do CPC). Quanto aos demais pedidos, se for o caso, o magistrado prosseguirá com o feito, saneando o processo e iniciando a fase probatória, inclusive conforme entendimento do IBDFAM[17]. Uma vez que a causa do divórcio não interfere na dissolução do casamento, a decisão parcial de mérito já permite que o casal possa "retomar" a vida, inclusive, contraindo novo matrimônio.

Diferentemente do que acontecia no passado, a "culpa" pelo rompimento apenas diz respeito ao casal, não interferindo no direito à partilha dos bens comunicáveis ou mesmo na guarda e convivência com os filhos comuns. Nesta linha, ensina o Magistrado e Prof. Rafael Calmon:

> Como não haverá possibilidade de o direito à separação ou ao divórcio ser verdadeiramente controvertido, a pretensão deduzida pelo autor se torna "incontroversa", autorizando que o juiz julgue antecipadamente ao menos essa parcela da lide, ainda que tenham sido deduzidos outros pedidos na petição inicial, a exemplo da fixação de alimentos, da atribuição da guarda de filhos e da partilha do patrimônio comum[18].

5.3 Do denominado "Divórcio Liminar"

Nos dias atuais, seguindo essa mesma linha de raciocínio, o Poder Judiciário vem sendo instado a se manifestar sobre o que a comunidade jurídica denomina "divórcio liminar", onde, em sede de tutela antecipada, pleiteia-se, de imediato e sem a oitiva da parte contrária, a declaração judicial do rompimento do vínculo conjugal. E neste ponto, a doutrina e a jurisprudência divergem.

Com posicionamento contrário à possibilidade do divórcio liminar, podemos destacar o já citado Prof. Rafael Calmon. Segundo ele, nem mesmo a nomenclatura – "divórcio liminar" – pode ser prestigiada no cotidiano forense, pois o ordenamento jurídico não prevê a possibilidade de pedidos definitivos serem acolhidos de forma liminar. E complementa que o direito potestativo não se confunde com direito absoluto, pois a concessão *in limine litis* do divórcio violaria os princípios constitucionais ao contraditório e a ampla defesa, não seria permitido à parte adversa *"ao menos, oportunidade de alegar eventuais irregularidades processuais e de ter seus motivos analisados pelo Juízo."* [19]

Outros juristas, entretanto, entendem ser possível a aplicação da tese de decretação do divórcio em sede de tutela antecipada, sem a prévia oitiva do outro

---

17. Enunciado 18, do IBDFAM: "Nas ações de divórcio e de dissolução da união estável, a regra deve ser o julgamento parcial do mérito (art. 356 do Novo CPC), para que seja decretado o fim da conjugalidade, seguindo a demanda com a discussão de outros temas".
18. CALMON, 2023. p. 220.
19. CALMON, op. cit. p. 222.

cônjuge, com base no que dispõem os incisos II e IV, do artigo 311, do CPC[20]. Sobre o tema – tutela antecipada – o Mestre Humberto Theodoro Júnior explica que o legislador previu que elas terão lugar quando forem necessárias à sua concessão com urgência ou para combater a injustiça suportada pela parte diante da evidência de seu direito material:

> Se o processo democrático deve ser justo, haverá de contar com remédios adequados a uma gestão mais equitativa dos efeitos da duração da marcha procedimental. É o que se alcança por meio da tutela sumária da evidência: favorece-se a parte que à evidência tem o direito material a favor de sua pretensão, deferindo-lhe tutela satisfativa imediata, e imputando o ônus de aguardar os efeitos definitivos da tutela jurisdicional àquele que se acha em situação incerta quanto à problemática juridicidade da resistência manifestada.
>
> [...]
>
> Prevalece, pois, nesse segmento da tutela provisória, a proteção do direito, como objetivo principal. O que se tem em mira, nessa modalidade de tutela provisória, não é afastar o perigo de dano gerado pela demora do processo, é eliminar, de imediato, a injustiça de manter insatisfeito um direito subjetivo, que, a toda evidência, existe e, assim merece a tutela do Poder Judiciário[21].

No mesmo sentido, o também Magistrado Fernando da Fonseca Gajardoni, ao tecer seus comentários sobre o artigo 311, do CPC, explana que:

> A tutela da evidência (ou do direito provável) dispensa a prova da urgência, isto é, de perigo de dano ou de riso ao resultado útil do processo (art. 311 CPC). Trata-se de uma situação em que o juiz antecipa ao autor os efeitos da tutela, mesmo não havendo urgência para a sua obtenção, prestigiando, por conseguinte, o princípio da razoável duração do processo (art. 5º, LXXVIII, da CF). A tutela de evidência, de certo modo, é uma espécie de tutela antecipada (satisfativa), embora sem o requisito da urgência."[22].

Portanto, a tutela de evidência é a medida cabível para antecipar os efeitos de uma decisão judicial em situações nas quais o interessado demonstra ter evidências documentais do seu direito, não necessitando aguardar todo o trâmite do processo para ter acolhido o seu pedido. E é com este pensamento - não há defesa para o pedido de divórcio – que uma vez comprovado documentalmente o casamento, é direito do cônjuge romper esta união, ainda que o outro cônjuge não concorde, como explica a Ilustre Dra. Fernanda Tartuce:

---

20. A tutela da evidência será concedida, independentemente da demonstração de perigo de dano ou de risco ao resultado útil do processo, quando: [...] II - as alegações de fato puderem ser comprovadas apenas documentalmente e houver tese firmada em julgamento de casos repetitivos ou em súmula vinculante; [...] IV - a petição inicial for instruída com prova documental suficiente dos fatos constitutivos do direito do autor, a que o réu não oponha prova capaz de gerar dúvida razoável. Parágrafo único. Nas hipóteses dos incisos II e III, o juiz poderá decidir liminarmente.
21. THEODORO JR, 2022. p. 526.
22. MARCATO, 2022, p. 452.

Nesse cenário, cabe perquirir: faz sentido que o *Estado* coloque óbices à dissolução imediata do vínculo matrimonial? A resposta é negativa.

[...]

Como se nota, a possibilidade de concessão de tutelas provisórias foi ampliada no CPC/2015: este passou a contemplar expressamente a existência de hipóteses de deferimento, mesmo que o requerente não se situe em um contexto de emergência.

[...]

A tutela provisória de evidência ali prevista busca assegurar o gozo de efeitos de um direito reputado claro (direito evidente). Embora o cabimento geral de tal tutela esteja expresso no CPC em quatro situações específicas, tal rol não é taxativo. As hipóteses de tutela de evidência não se exaurem na lista do art. 311 do CPC: a tutela de evidência é compatível com os procedimentos especiais (cf. Enunciado 422 do FPPC) e com os procedimentos recursais (CPC, arts. 995, parágrafo único, 1.012, § 4º, 1.019, inc. I, 1.026, § 1º e 1.029, § 5º; Enunciado 423 do FPPC)"[23].

Deve-se destacar que o IBDFAM também entende ser possível a decretação do divórcio em sede de tutela provisória, tendo aprovado no XIII Congresso Brasileiro de Direito das Famílias e Sucessões (2021), o Enunciado 46[24]. E seguindo esta linha de pensamento, a tese do divórcio liminar vem sendo acolhida por grande parte dos Tribunais de Justiça como São Paulo (TJSP), Rio de Janeiro (TJRJ), Santa Catarina (TJSC), Bahia (TJBA) e Distrito Federal (TJDF).

Observa-se que o deferimento do requerimento de tutela de evidência, de forma liminar, como explica a Desembargadora Maria da Glória Bandeira de Mello, do TJRJ, ao julgar o Agravo de Instrumento 0042493-26.2019.8.19.0000, "*a oitiva do réu e a produção de outras provas em nada alteraria a manifestação de vontade da parte interessada na dissolução da união conjugal e consequente mudança do estado civil*", é a razão pela qual não haveria justificativa para se aguardar a citação e instauração do contraditório. Nesse mesmo sentido, o Desembargador José Carlos Ferreira Alves, do TJSP, em julgamento realizado no último dia 28 de julho de 2023, decretou o divórcio liminar das partes litigantes, sob o argumento de que:

Agravo De Instrumento – Família – Divórcio Litigioso – Inconformismo contra decisão que indeferiu o pedido liminar de decretação de divórcio direto – Análise crítica acerca da divergência doutrinária e jurisprudencial em relação à matéria e morosidade excessiva de projeto de lei que trata do "divórcio impositivo" no âmbito extrajudicial – Possibilidade de decretação de divórcio em sede liminar – Direito potestativo – O não deferimento do pedido de decretação liminar do divórcio por puro preciosismo jurídico atinente ao enquadramento legal da medida no âmbito da legislação processual civil acaba por impor desmesurado e desnecessário sofrimento à jurisdicionada – Decisão reformada, sendo possível a decretação,

---

23. TARTUCE, 2020. p. 03-05.
24. "Excepcionalmente, e desde que justificada, é possível a decretação do divórcio em sede de tutela provisória, mesmo antes da oitiva da outra parte."

em sede liminar, do divórcio das partes, devendo prosseguir a ação para efetivar a regular triangularização processual – Recurso provido.[25]

No entanto, apesar da tese de "divórcio liminar" estar em grande discussão entre os juristas, o tema dificilmente será analisado de forma peremptória pelos Tribunais Superiores. Isto porque não é cabível a interposição de Recurso Extraordinário ou Especial contra acórdão que aprecia pedido liminar[26]. As poucas decisões monocráticas proferidas pelo STJ sobre o tema, apontam ainda que a reanálise do pedido liminar implicaria na apreciação de matéria fático-probatória o que é vedado pela Súmula 07, do STJ[27].

Neste sentido, colaciona-se trecho a seguir:

> [...] O recurso especial aponta ofensa aos arts. 311, IV, do CPC e 1.571, IV, do CC, alegando, em síntese, ser possível a concessão de tutela de evidência, a fim de decretar o divórcio sem exercício do contraditório, por ser direito potestativo da recorrente.
>
> [...]
>
> A jurisprudência do eg. STJ, em consonância com o entendimento firmado pelo col. STF na Súmula 735, consolidou-se no sentido de ser incabível, em princípio, recurso especial de acórdão que decide sobre pedido de antecipação de tutela. Admite-se, tão-somente, discutir eventual ofensa aos próprios dispositivos legais que disciplinam a tutela de urgência, desde que não haja necessidade de reexame do acervo fático-probatório dos autos, providência manifestamente proibida nesta instância, nos termos da Súmula 7/STJ.[28]

Ainda sobre o tema, e, a título de conhecimento, no ano de 2019, o Tribunal de Justiça de Pernambuco (TJPE) editou o Provimento 06/2019, regulamentando o "divórcio impositivo" onde um dos cônjuges poderia requerer extrajudicialmente a averbação do seu divórcio independentemente da presença ou anuência do outro, cabendo ao Oficial de Registro Civil apenas notificá-lo do ocorrido. Contudo, o Ministro Humberto Martins, na qualidade de Corregedor Nacional de Justiça, determinou que todos os Tribunais de Justiça se abstivessem de emitir atos regulamentando esta forma de divórcio[29], por falta de previsão legal expressa.

A esse respeito, doutrinadores contemporâneos defendem a possibilidade de se regulamentar o divórcio impositivo, isto é, uma modalidade de divórcio impositivo extrajudicial a ser celebrado somente por um dos cônjuges, a fim de encerrar o vínculo conjugal, mesmo sem a anuência da outra parte. Inclusive,

---

25. TJSP; Agravo de Instrumento 2182730-42.2023.8.26.0000; Relator (a): José Carlos Ferreira Alves; Órgão Julgador: 2ª Câmara de Direito Privado; Foro de Lençóis Paulista - 3ª Vara Cumulativa; Data do Julgamento: 28/07/2023; Data de Registro: 28/07/2023.
26. Súmula 735, do STF: Não cabe recurso extraordinário contra acórdão que defere medida liminar.
27. Súmula 07, STJ: A pretensão de simples reexame de prova não enseja recurso especial.
28. Decisão monocrática proferida pelo Ministro Raul Araujo, no dia 21 de maio de 2023, no julgamento do AREsp n. 2.074.896.
29. Recomendação 36/2019 (CNJ).

tramita no Senado Federal o Projeto de Lei 3457/2019[30] que busca permitir "que um dos cônjuges requeira a averbação do divórcio no cartório de registro civil independentemente da anuência do outro cônjuge com a separação". Na esteira da evolução, a finalidade, tanto deste Projeto de Lei, quanto das decisões proferidas pelo Poder Judiciário ao decretar o divórcio liminar, é simplificar e desburocratizar o procedimento para a dissolução do vínculo conjugal quando não há consenso entre os cônjuges ou não se localiza uma das partes, evitando-se desgastes emocionais advindos do trâmite prolongado do processo.

Portanto, considerando-se que atualmente não há como obrigar uma pessoa a permanecer casada quando não existe mais amor naquela união e, tendo-se em vista que permanecer ao lado de quem não se ama, ainda que apenas no papel, é condená-la a viver em calvário, sem dignidade e infeliz, fica aqui a reflexão acerca desse tema ainda controvertido, mas de suma importância para o Direito das Famílias contemporâneo.

6. O DIVÓRCIO CONSENSUAL

Falar em divórcio é muito difícil para os envolvidos, pois envolve sentimentos que muitas vezes as partes não querem demonstrar e até mesmo sentir. Encarar todos os obstáculos que advêm do reconhecimento da falência da união não é fácil, mas pode ser simplificado, menos dolorido, menos custoso e mais célere com a possibilidade da dissolução consensual. Por esta razão, quando ainda existe abertura para um diálogo franco e honesto, é sempre aconselhável que a dissolução ocorra de modo consensual, seja por meio de demanda judicial ou por escritura pública.

6.1 O divórcio consensual judicial

Para que seja viável o divórcio consensual, seja ele judicial ou extrajudicial, é imprescindível que ambos os cônjuges estejam plenamente de acordo quanto a todas as questões relacionadas à família, como partilha de bens, fixação de alimentos, guarda de filhos ou animais de estimação, regime de convivência e outros[31], conforme determina o artigo 731, do CPC.

Entretanto, é importante ressaltar que no divórcio consensual judicial, nos casos em que envolvam filhos menores ou incapazes, ou quando a mulher esteja grávida, mesmo que ambos os cônjuges estejam de acordo quanto a todas as ques-

---

30. Projeto de iniciativa do Senador Rodrigo Pacheco que, hoje, encontra-se na CCJ para nomeação de relator com apresentação de duas emendas ao texto.
31. Caso não exista consenso apenas em relação a partilha de bens, o CPC permite ela seja realizada posteriormente, podendo ser homologado o divórcio e os demais temas, desde já.

tões referentes ao divórcio, será obrigatória a intervenção do Ministério Público. A exigência decorre do artigo 698 do CPC que prevê a necessidade da participação do Ministério Público nas ações em que haja interesses de incapazes, sendo que na figura do incapaz está abarcado o direito do nascituro. Daí a necessidade da informação sobre eventual gravidez do cônjuge virago.

Com a concordância do Ministério Público sobre os termos apresentados, se for caso de sua intervenção (existência de menores e incapazes), o magistrado apenas homologará o acordo, não sendo necessária a designação de audiência de ratificação. De qualquer forma, evidencia-se tratar-se de procedimento bem mais simples e célere, além de muito menos oneroso aos envolvidos, tanto no aspecto financeiro, administrativo e, principalmente, psicológico e emocional.

6.2   O Divórcio consensual extrajudicial

Como forma de facilitar ainda mais o desejo dos cônjuges em pôr fim ao casamento e dispensar a intervenção estatal, foi editada no ano de 2007, a Lei 11.441, que inseriu no CPC/73 o artigo 1.124-A. Dessa forma, permitiu-se que o divórcio fosse formalizado por meio de escritura pública em Tabelionato de Notas, desde que os cônjuges estivessem de acordo com todos os termos do divórcio, sem a existência de filhos menores e incapazes, sendo obrigatória a assistência por advogado. A previsão deste procedimento também se encontra no CPC em vigor, em seu artigo 733, que tão somente acrescentou expressamente a questão da existência de nascituro como impedimento.

Onde há consenso, há diálogo e, onde há diálogo, há espaço para soluções mais rápidas, eficazes e menos onerosas e "doloridas", sendo esta uma das vantagens do divórcio extrajudicial. Por essa razão, em dezembro de 2019, o Tribunal de Justiça de Goiás (TJGO) editou o Provimento 42, inovando ao autorizar a lavratura das escrituras de divórcio com filhos menores e incapazes, desde que comprovado o prévio ajuizamento de ação judicial para resolver as questões parentais atinentes à guarda, convivência e alimentos[32]. O intuito da norma foi desburocratizar o divórcio, mas ao mesmo tempo, resguardar o interesse dos incapazes.

Nessa mesma linha, o Enunciado 571 da VI Jornada de Direito Civil aduz que "se comprovada a resolução prévia de todas as questões referentes aos filhos menores ou incapazes, o tabelião de notas poderá lavrar escrituras públicas de dissolução conjugal". Em igual sentido:

> É possível a utilização da via extrajudicial para o divórcio e dissolução da união estável, nos termos do artigo 733, do CPC/15 se, havendo consenso entre as partes, inexistir nascituro e

---

32. O provimento é oriundo de proposta apresentada pela Seção de Góias do IBDFAM.

as questões relativas às crianças e adolescentes e aos filhos não emancipados e curatelados (como guarda, convivência familiar e alimento) já tiverem definição na via judicial.[33]

Recentemente, na I Jornada de Direito Notarial e Registral realizado em 2022, pelo Conselho da Justiça Federal (CJF), foi aprovado o Enunciado 74, dispondo que: "O divórcio extrajudicial, por escritura pública, é cabível mesmo quando houver filhos menores, vedadas previsões relativas a guarda e alimentos aos filhos." A justificativa é bem pertinente, pois a legislação tem que ser interpretada restritivamente, portanto, só cláusulas relativas aos incapazes ficam de fora do divórcio extrajudicial.

Com esta alteração da norma, assevera-se que, mais uma vez, a autonomia privada foi respeitada, podendo as partes tratarem de todas as questões que envolvem o fim do casamento no cartório, através de escritura pública, como partilha de bens, alimentos entre os cônjuges, permanência ou alteração do nome de casado e, por óbvio a declaração de que, por comum acordo, as partes não querem mais continuar casados. Nesse compasso, desde que a legislação possibilitou o divórcio extrajudicial, no ano de 2007, podemos observar um aumento de mais 400% nas escrituras públicas de divórcio, sendo que somente no ano de 2022 foram realizados 69.647 divórcios nesta modalidade, cujo número vem aumentando em comparação aos pedidos judiciais[34].

7. CONSIDERAÇÕES FINAIS – REFLEXÃO ACERCA DE UMA VISÃO DESJUDICIALIZADA DO DIVÓRCIO

Quando um casal possui filhos incapazes ou nascituro e quer se divorciar, pode pensar que a única alternativa viável é judicializar a questão e deixar a autonomia da vontade de lado, o que não é verdade! Com o avanço social, o direito das famílias também precisa evoluir, acompanhar todas essas mudanças e adequar suas normas às novas formas, o que torna esse ramo do direito tão apaixonante e dinâmico.

Colocar um ponto final em um relacionamento e decidir se divorciar é um grande passo, mas entender que a autonomia da vontade é o que permeia as relações é fundamental. Por isso, quando há espaço para o diálogo – mesmo havendo menores – a legislação deve evoluir a fim de permitir que os envolvidos escolham a melhor forma de formalizar os seus desejos, seja através de um acordo judicial ou extrajudicial. Afinal, são eles que no dia a dia deverão cumpri-lo, sob pena de responderem em caso de descumprimento. Hoje se tem

---

33. Enunciado 22 do IBDFAM.
34. ANOREG - Associação dos Notários e Registradores do Brasil (2022).

ciência de que é muito mais eficaz o cumprimento de um acordo do que de uma decisão imposta por um terceiro, o qual não faz parte daquela relação familiar.

Entretanto, no atual momento em que vivemos, ainda que o casal escolha o divórcio extrajudicial, por ser mais célere e menos "dolorido", todas as questões envolvendo os filhos menores devem ser judicializadas para que haja segurança jurídica e a intervenção do Ministério Público assegurando os interesses dos incapazes. E, nesses casos, em sendo necessário judicializar para resolver essas questões, qual seria a forma de desburocratizar e desjudicializar o processo de divórcio quando ambas as partes estão de acordo em todos os termos? A única saída para as partes seria mesmo esse misto, fazendo metade extrajudicial e metade judicial? Acredita-se que não.

Decidir se casar, decidir ter ou não filhos, decidir se divorciar. Todas estas são decisões pessoais de cada indivíduo que, em conjunto com seu parceiro, vai direcionar e escolher qual o caminho a ser traçado por aquela família. Da mesma forma, a autonomia desse casal deve ser respeitada quando ele decidir se divorciar e adotar quais serão as "regras" que a família irá seguir a partir de então.

Há um ponto importante ao qual se deve prestar atenção: a maioria dos processos que chega ao Judiciário possivelmente se justifique pela falta de diálogo entre as partes, pois, as relações familiares estão demasiadamente inflamadas e necessitam de ajuda externa para a resolução do conflito. Então, se um dos envolvidos deseja a separação ou mesmo quando há consenso entre eles, cabe ao Estado fornecer instrumentos para que esta intenção seja manifestada e projete efeitos de forma mais célere, menos burocrática, evitando-se os desgastes que este rompimento causa, não só para os pais, mas, principalmente, para os filhos menores, se existirem.

Por isso, nas causas de ausência de consenso, permitir a decretação liminar do divórcio é uma forma de o Estado conceder aos envolvidos o direito de retomar a vida e buscar, enfim, a felicidade que todos almejam. Quando o casal concorda que não há mais amor naquele relacionamento e, de forma pacífica e harmoniosa, estabelece as novas regras que a família irá seguir, em especial quando existem filhos incapazes[35], o Estado deve facilitar a forma mais justa e humana para formalização deste ato.

Por ser um "remédio" menos "amargo", e considerando que o casal tem a vontade em comum de pacificar a dissolução do casamento, estimular-se o divórcio extrajudicial pode ser a melhor opção para todos: para a família, que irá

---

35. Os pais podem dissolver o casamento, mas nunca o vínculo familiar entre os pais e os filhos nunca será rompido, como explica a Ministra Nancy Andrighi: "Existem, pois, ex-cônjuges e ex-companheiros; não podem existir, contudo, ex-pais." (REsp 1.003.628/DF, relatora Ministra Nancy Andrighi, Terceira Turma, julgado em 14/10/2008, DJe de 10/12/2008).

fixar a nova "lei" entre seus componentes, sem maiores desgastes emocionais que advêm de um processo judicial burocrático e, evidentemente, menos custoso e mais célere; para o Estado, que não necessita despender tempo e valores para, em regra, apenas homologar um acordo, destinando seus recursos para o julgamento dos conflitos que, de fato e de direito, necessitam da sua atenção.

O ordenamento jurídico precisa se moldar à realidade e à evolução social, e, como dito, se há consenso entre o casal em todos os aspectos do divórcio, nada mais justo do que utilizar esse diálogo para dar uma resolução mais rápida e igualmente eficaz para uma situação tão delicada para a família. Apenas para reforçar este entendimento, temos como exemplo a legislação portuguesa, que estimula e facilita o divórcio extrajudicial, sempre que possível, ainda que existam filhos incapazes ou nascituros. E nesses casos, antes de qualquer ato do registrador português, o acordo sobre as responsabilidades parentais é encaminhado ao Ministério Público que acolherá os termos ou poderá exigir a sua alteração de forma a resguardar os direitos dos incapazes. Caso não haja concordância com as alterações solicitadas pelo Ministério Público, o processo seguirá para o tribunal, com a judicialização do pedido de divórcio[36].

De forma muito semelhante, aqui no Brasil, o Deputado Kim Kataguiri apresentou, em 04/05/2021, a PL 731/2021[37], visando a alteração do CPC, a fim de permitir o divórcio, a separação e a dissolução da união estável por via extrajudicial, mesmo nos casos em que o casal tenha filhos incapazes:

> Art. 733. [...].
>
> § 3º. Quando o casal tiver filhos incapazes ou nascituro, o tabelião lavrará a minuta final da escritura pública, nela incluindo as disposições do art. 731, II, III e IV e, em seguida, a remeterá para o órgão do Ministério Público. Se o órgão do Ministério Público anuir com as disposições relativas aos direitos indisponíveis dos nascituros e dos incapazes, autorizará o tabelião a lavrar a escritura, que independerá de homologação judicial e será título hábil para qualquer ato de registro e levantamento de importâncias.
>
> § 4º. Se o órgão do Ministério Público fizer exigências de adaptação das disposições sobre incapazes ou nascituro e o casal com elas concordar, o tabelião lavrará a escritura.
>
> § 5º. Se o casal não concordar com as exigências feitas pelo Ministério Público ou se, por motivo fundamentado, o Ministério Público não concordar com a realização extrajudicial do procedimento, o tabelião lavrará escritura em que conste os termos originais do acordo feito pelo casal, as exigências feitas pelo Ministério Público ou o motivo da recusa do Ministério Público em fazer o procedimento pela via extrajudicial e anotará na escritura, em destaque, que o divórcio, a separação ou a dissolução da união estável não foi realizada, não servindo a escritura para qualquer registro ou levantamento.

---

36. AMA - Agência de Modernização Administrativa (2020).
37. Na data de 01/08/2023, a PL e seus apensos ainda aguardam a conclusão das comissões.

§ 6º. No caso do parágrafo anterior, o divórcio, a separação ou a dissolução da união estável será feito necessariamente de forma judicial, devendo o casal juntar à petição inicial a escritura; caso não faça a juntada, o Ministério Público poderá fazê-lo.

§ 7º. Se, no procedimento registral, o órgão do Ministério Público tiver razões para entender que há violência ou qualquer violação a direitos do nascituro, das crianças e dos adolescentes, tomará, necessariamente, as medidas judiciais e extrajudiciais para fazê-las cessar de imediato e punir os responsáveis. (NR)

Segundo o Deputado, ao expor os motivos do projeto de lei, com a alteração legislativa seria possível permitir os procedimentos extrajudiciais, mesmo em caso de presença de incapaz ou nascituro, estimulando a solução extrajudicial de conflitos e aliviando ainda mais as sobrecarregadas varas de família, ao mesmo tempo em que os interesses da criança e do nascituro seriam protegidos.

Comprovando-se que este procedimento administrativo é possível, deve-se lembrar que o CNJ, por meio do Provimento 63/2017, permite o reconhecimento da maternidade ou paternidade socioafetiva dos maiores de 12 anos, diretamente junto aos Cartórios de Registro Civil. Atendidos os requisitos legais, o registrador encaminhará o pedido e documentos para o Ministério Público para parecer. Em caso de parecer desfavorável, o pedido é arquivado devendo as partes judicializarem o pleito. Logo, o PL 731/2021 vai ao encontro do desejo da sociedade atual, em facilitar o divórcio onde existam filhos incapazes, podendo os tabelionatos de notas se utilizarem do mesmo expediente do Provimento 63/2017 para que o Ministério Público emita seu parecer quanto às cláusulas que envolvam crianças e adolescentes.

Em suma: este artigo tem a intenção de instigar seus leitores para uma reflexão mais acurada sobre a necessidade de adequação e evolução imediata da legislação brasileira acerca da mínima intervenção do Poder Judiciário nas relações familiares, em especial quanto ao rompimento do casamento quando não há mais amor entre os componentes do casal, que procuram o caminho mais célere e menos custoso para que possam seguir com as suas vidas em busca da almejada felicidade.

8. RFERÊNCIAS

AMA - AGÊNCIA DE MODERNIZAÇÃO ADMINISTRATIVA (Portugal) (ed.). *Pedir o divórcio ou a separação*. Portugal, 29 abr. 2020. Disponível em: https://eportugal.gov.pt/guias/pedir-o-divorcio-ou-a-separacao#:~:text=O%20processo%20de%20div%C3%B3rcio%20sem%20consentimento%20tem%20de%20se%20apresentado,o%2C%20pode%20pedir%20apoio%20judici%C3%A1rio. Acesso em: 1 ago. 2023.

CALMON, Rafael. *Manual de direito processual das famílias*. SP: Editora Saraiva, 2023. E-book. ISBN 9786553626232. Disponível em: https://integrada.minhabiblioteca.com.br/#/books/9786553626232/. Acesso em: 06 ago. 2023.

CARTÓRIO em Números. 4. ed. ed. [S. l.]: ANOREG - Associação dos Notários e Registradores do Brasil, 2022. Disponível em: https://www.anoreg.org.br/site/wp-content/uploads/2022/12/Carto%CC%81rios-em-Nu%CC%81meros-Edic%CC%A7a%CC%83o-2022.pdf. Acesso em: 1 ago. 2023.

COSTA, Ligia Bertaggia de A. *40 anos da lei do divórcio: o atendimento ao princípio da liberdade e da autonomia da vontade.* SP: Editora Manole, 2018. E-book. ISBN 9788520457214. Disponível em: https://integrada.minhabiblioteca.com.br/#/books/9788520457214/. Acesso em: 01 ago. 2023.

COLTRO, Antônio Carlos M.; DELGADO, Mário L. *Separação, divórcio, partilhas e inventários extrajudiciais.* 2. ed. SP: Grupo GEN, 2010. E-book. ISBN 978-85-309-6177-0. Disponível em: https://integrada.minhabiblioteca.com.br/#/books/978-85-309-6177-0/. Acesso em: 04 ago. 2023.

DOUTRINA DA IGREJA CATÓLICA. In: *WIKIPÉDIA, a enciclopédia livre.* Flórida: Wikimedia Foundation, 2023. Disponível em: <https://pt.wikipedia.org/w/index.php?title=Doutrina_da_Igreja_Cat%C3%B3lica&oldid=65864947>. Acesso em: 13 maio 2023.

GAGLIANO, Pablo S. *O divórcio na atualidade.* SP: Editora Saraiva, 2018. E-book. ISBN 9788553604050. Disponível em: https://integrada.minhabiblioteca.com.br/#/books/9788553604050/. Acesso em: 04 ago. 2023.

EHRHARDT JUNIOR, Marcos (Coord.). *Enunciados doutrinários do IBDFAM - 2022/2023.* Belo Horizonte/MG: Instituto Brasileiro de Direito de Família, 2022. ISBN 978-85-69632-07-8. Disponível em: https://ibdfam.org.br/upload/ebook/ebook_enunciados.pdf. Acesso em: 1 ago. 2023.

THEODORO JR., Humberto. *Curso de direito processual civil.* SP: Grupo GEN, 2021. v. 1. *E-book.* ISBN 9786559642120. Disponível em: https://integrada.minhabiblioteca.com.br/#/books/9786559642120/. Acesso em: 27 ago. 2023.

MADALENO, Rolf. *Direito de família.* SP: Grupo GEN, 2023. E-book. ISBN 9786559648511. Disponível em: https://integrada.minhabiblioteca.com.br/#/books/9786559648511/. Acesso em: 14 ago. 2023.

MARCATO, Antonio C. *Código de Processo Civil Interpretado.* SP: Grupo GEN, 2022. *E-book.* ISBN 9786559772148. Disponível em: https://integrada.minhabiblioteca.com.br/#/books/9786559772148/. Acesso em: 27 ago. 2023.

ROSA, Conrado Paulino da. *Curso de Direito de Família contemporâneo.* 10. ed. JusPodivm, 2023.

TARTUCE, Fernanda. Divórcio liminar como tutela provisória de evidência: avanços e resistências. *Revista Magister de Direito Civil e Processual Civil,* Porto Alegre/RS, v. 95, mar.-abr. 2020. Disponível em: http://www.fernandatartuce.com.br/wp-content/uploads/2020/06/Divorcio-liminar-como-tutela-de-evidencia-Fernanda-Tartuce.pdf. Acesso em: 6 ago. 2023.

TARTUCE, Fernanda. *Processo civil no direito de família:* teoria e prática. SP: Grupo GEN, 2021. E-book. ISBN 9786559642809. Disponível em: https://integrada.minhabiblioteca.com.br/#/books/9786559642809/. Acesso em: 06 ago. 2023.

ANOTAÇÕES